全国高等职业教育物流专业课程改革规划教材

浙江省高校"十一五"规划重点教材

物流配送运作与实训

主　编　李朝敏

副主编　陈　杰　李　华

主　审　崔国成

中国物资出版社

图书在版编目（CIP）数据

物流配送运作与实训/李朝敏主编 . —北京：中国物资出版社，2012.1

（全国高等职业教育物流专业课程改革规划教材　浙江省高校"十一五"规划重点教材）

ISBN 978 - 7 - 5047 - 4069 - 4

Ⅰ.①物… Ⅱ.①李… Ⅲ.①物资配送—物资管理—高等职业教育—教材 Ⅳ.①F252.2

中国版本图书馆 CIP 数据核字（2011）第 244482 号

策划编辑　陈凤玲		**责任印制**　方朋远		
责任编辑　陈凤玲		**责任校对**　孙会香　梁　凡		

出版发行　中国物资出版社		
社　　址　北京市丰台区南四环西路 188 号 5 区 20 楼	**邮政编码**　100070	
电　　话　010 - 52227568（发行部）	010 - 52227588 转 307（总编室）	
010 - 68589540（读者服务部）	010 - 52227588 转 305（质检部）	
网　　址　http://www.clph.cn		
经　　销　新华书店		
印　　刷　三河市西华印务有限公司		
书　　号　ISBN 978 - 7 - 5047 - 4069 - 4/F · 1626		
开　　本　787mm×1092mm　1/16		
印　　张　12.25	**版　　次**　2012 年 1 月第 1 版	
字　　数　276 千字	**印　　次**　2012 年 1 月第 1 次印刷	
印　　数　0001—3000 册	**定　　价**　25.00 元	

序　言

　　《全国高等职业教育物流专业课程改革规划教材》是在《物流业调整和振兴规划》大力实施，以及全国高等职业教育课程改革逐步推进的背景下，由中国物资出版社教材中心与高等职业教育专家及众多一线教师在广泛研究和讨论的基础上，所开发的一套适合全国高等职业院校物流专业教学的教材。

　　2009年物流产业被国务院列为十大振兴产业之一，《物流业调整和振兴规划》提出要加快物流人才的培养，发展多层次教育体系和在职人员培训体系。为此，要求出版社和学校充分利用社会资源，与企业、科研机构大力合作，编写精品教材。

　　教育部2006年16号文件《关于全面提高高等职业教育教学质量的若干意见》提出了我国高等职业教育人才培养的教学模式：工学结合、任务驱动、项目导向、顶岗实习。大力提倡高等职业院校与行业企业合作开发课程，根据技术领域和职业岗位（群）的任职要求，参照相关的职业资格标准，改革课程体系和教学内容，建立突出职业能力培养的课程标准，规范课程教学的基本要求。为此，国家将启动1000门工学结合的精品课程建设。改革教学方法和手段，融"教、学、做"为一体，强化学生能力的培养。加强教材建设，重点建设好3000种左右国家规划教材，与行业企业共同开发紧密结合生产实际的实训教材。

　　为了加强高等职业院校学生实践能力和职业技能的培养，配合高等职业院校大力推行工学结合、校企合作的培养模式。中国物资出版社在对物流企业进行大量实地调研的基础上，组织编写了这套基于工作过程教学模式的教材。教师在教学中使用本套教材，可以很好地引导学生提高学习主动性和实践操作能力。

　　本套教材是高等职业教育物流专业基础课程和有针对性的专业课程的配套教材，包括：《现代物流基础》、《物流客户服务》、《物流企业管理实务》、《企业物流管理》、《第三方物流管理》、《商品养护技术》、《商品学》、《物流法律法规》、《物流企业会计核算与报表分析》、《仓储管理实务》、《运输管理实务》、《配送管理实务》、《采购与供应商管理操作实务》、《供应链管理》、《物流信息管理》、《物流成本管理》、《国际物流管理》、《国际货运代理》、《物流企业营销实务》、《物流技术与设备运用》、《物流单证与结算》、《仓储与配送管理》、《物流配送运作与实训》。

　　本套教材的编写人员主要是在教学实践第一线任教的教师，他们熟练掌握物流基础知识，了解学生需求，具有丰富的教学实践经验，通过参加中国物资出版社组织的"基于工学整合的教材研讨会",他们已掌握了基于工作过程教学模式的教材编写的基本思想。此外,本套教材还邀请了具有丰富的物流相关岗位实践操作经验的企业人员参与编写和审稿,从而使本套教材更加贴近物流工作的实际,这就为培养具有较强实操能力的物流专业学生提供了教学保障。

本套教材不仅可以作为高等职业教育物流专业学生的教材,也可以作为对初级物流从业人员进行培训的教材,还可以作为刚刚踏入物流行业的从业人员的实际操作指南。

编委会
2010 年 2 月

前　言

目前，高职高专物流管理专业教学中，配送管理方面教材主要有《配送实务》、《配送作业实务》、《仓储与配送管理》、《运输与配送管理》等。尽管大部分教材中加入了案例分析等实践内容，但还远远不能满足强调技能型人才培养的高职高专"教、学、做一体化"教学改革的需要。配送管理是物流管理领域的重要岗位之一，也是许多毕业生的就业选择。配送管理课程作为物流专业核心课程，急需出版一本在任务驱动下可开展项目化教学及情景实训教学的教、学、做一体化教材。本书正是基于这种需求而编写的。

本教材依据高职教育的职业能力培养目标和"工学结合"人才培养模式的基本特征，围绕物流配送管理岗位与工作任务的要求，依据项目化编排原则组织教材内容，以突出配送管理一线职业能力、工作任务与过程、专业技能的要求。同时，坚持以提高学生综合素质为基础，以学生具备较强的专业技能为前提，以培养学生配送管理能力特别是创新能力和实践能力为主线，兼顾学生后续发展能力培养，确立教材内容体系，以"必须、够用"为度，服从培养需要，强调实用性和针对性，充分体现学生的可持续发展能力与职业迁移能力。

1. 按照任务驱动下的项目化编排原则组织教材内容。着重从配送管理过程与工作任务实际出发，侧重优化配送中心布局及设施设备选择、优化配送组织结构及岗位设置、整合配送流程与配送作业管理、设计配送方案、评价配送作业绩效等物流配送的基本作业和管理。本教材内容主要包括配送管理的基本理论知识、基本模式、基本技能。同时，注意吸纳最新科研成果、企业的成熟实用技术。

2. 充分考虑高职学生的学习特点和习惯，丰富教材特色元素。在内容设计上，穿插"探索园地"、"互动地带"、"知识拓展"、"课外训练"、"复习思考题"等，丰富教材特色元素，图文并茂，字表相适。使学生手、口、脑并用，充分调动学生课堂学习的积极性，促进学生对知识的理解，从而使学生在学习过程中将知识转化为技能，并体现教材的实用性与前瞻性。

3. 围绕物流配送管理岗位要求，参照物流师职业资格标准，设置优化教材体系。充分考虑学生就业的企业类型，教材内容设计紧紧围绕连锁零售企业、快递公司及制造企业配送部门的实际需要，尽量做到简明扼要，重点突出，力求突出配送管理岗位技术重点，突出操作性特点。

4. 按照"教、学、做一体化"要求，既编排理论内容，又编排配套实训项目。

打破传统教材编写中理论教材与实训教材分离的做法，除在理论内容穿插实践任务、案例分析外，增加紧扣理论内容和就业岗位的3个实训项目。3个实训项目均由企业一线专家参加编写。

本教材是在借鉴和吸收国内外物流配送管理理论以及最新研究成果的基础上，密切结合我国连锁零售企业、物流企业以及制造企业物流配送及管理过程中的实际情况，从配送管理过程与工作任务实际出发，阐述了物流配送运作的基本作业和管理，并撰写了以连锁零售企业、快递企业以及制造企业为典型的物流配送运作与管理的实训项目。

本教材由李朝敏（嘉兴职业技术学院）主编，崔国成教授（嘉兴职业技术学院）主审。项目一、项目二、项目五、项目六由李朝敏编写；项目三由崔国成编写；项目四由陈杰（嘉兴职业技术学院）、李朝敏编写（其中任务一由李朝敏编写，任务二由陈杰编写）；项目七由李朝敏、袁建平（沃尔玛华东配送中心）编写；项目八由马剑春（曾就职于顺丰速运嘉兴分公司）编写；项目九由李华（嘉兴职业技术学院）、汪清河（敏实集团）编写。

本教材适合作为高职高专院校物流管理、工商企业管理及电子商务等相关专业教材，也可以供企事业单位的物流管理人员作为参考。

在编写本教材的过程中，作者参考了许多同行的经验和成果，引用了大量专家的著作、论文及电子文献，在此表示衷心的感谢！同时，感谢中国物资出版社对我们的帮助和支持！

由于编写时间仓促和作者水平有限，书中错误在所难免，恳请读者批评指正。

编　者

2011 年 9 月

目　录

项目一　认识物流配送活动

岗位描述

该项目属于对物流配送的概论，是所有物流配送相关岗位人员应该了解和掌握的内容。

知识目标

1. 掌握物流配送的含义与特征、种类与模式。
2. 掌握商贸企业物流配送、快递企业物流配送和制造企业物流配送的内涵。
3. 了解我国三类企业物流配送的现状及发展趋势。

技能目标

1. 能够从理论上正确理解物流配送的内涵，从实际中正确认识物流配送的模式。
2. 根据所学理论，能够分析比较现实中的物流配送活动的异同点和优缺点。
3. 能够按照一定的方法完成企业调研任务并将结果制作成演示文稿。

教学方法提示

本项目属于物流配送的入门介绍，必须紧密结合实际案例去分析相关配送理论。建议教师首先要带领学生参观典型的企业配送运作，以便学生直观地认识配送活动，提高学习兴趣；其次是教师要准备充足的各种类型配送的文字案例及视频资料，以弥补所参观企业类型的单一性，便于学生形象而全面地去比较和理解知识。

项目导读 ▶▶▶

苏宁的本质是什么
——物流配送企业

苏宁电器是早已走进中国亿万百姓生活中的家电连锁零售企业。但苏宁集团董事长兼总裁张近东最新思维却是：苏宁虽身处零售业，但本质是一个物流公司，与 DHL、UPS 这些物流巨头本质上没任何区别。不同的是，苏宁做的是将物流网络、信息系统布局在中国，投递的货物是家用电器。"沃尔玛给苏宁的最大启示，不是全球的布点、2000 亿美元的营业额，而是它用于全球连锁管理的信息和物流配送系统。"张近东说。这是为什么？这至少说明物流配送在苏宁电器成长中占有非常重要的地位。

"比物流能力，对手恐怕会很失望。"苏宁易购（苏宁电器旗下网上商城）总经理凌国胜的话不是危言耸听。大多数 BtoC 企业并非出自物流业，然而，物流却又是这些企业运营的命脉，苏宁靠零售起家，在前期扩张中，已经不断培植起自己庞大的物流基地，在原有 100 个物流中心、3000 多个售后服务网点基础上，又不断新增区域性物流基地。在物流软实力的较量上，苏宁在前 6 年的管理与物流双项信息投资上，前后就已高达 3 亿元人民币。按凌国胜的话说，苏宁强大的物流硬实力和信息化在 5 年内难有对手。"苏宁提前进入了第三代物流。"他说。

"代别"不是简单的数字区别，显现的是企业管理能力、信息化、核心竞争力等综合素质。与第一代相比，第二代物流不再是全人工配送，而是通过半自动化、半人工的方式，将各类商品从区域大库分拨运送到区域内的二级城市；第三代则完全执行了智能全自动，苏宁与世界先进的物流技术与设备供应商——德马泰克合作，引进先进的准时化精细管理配送系统，实现更高级的 3C 小件配送能力，从而节省了过去因从大区到分区配送所产生的时间成本，以及长途运输、收发货、清点入库等繁复的管理成本，在一个区域内完成自我配送。

创建第三代物流模式考验的是苏宁的整合创新能力，苏宁必须融合所有的第三方智慧资源。除了引进德马泰克硬件设施之外，苏宁还与 IBM 共同开发了独具特色的 WMS（仓库管理软件）和 TMS（运输管理软件）系统。通过 WMS 系统，苏宁实现订单管理、库存管理、收货管理、拣选管理、盘点管理、移库管理，实现了管理条码化和仓库作业的实时监控；通过 TMS 系统提高配送服务响应时间，提高车辆资源利用率，将电子地图、GPS 全面用于零售等配套的服务行业，实现准时配送。

苏宁集团的物流配送能力日渐完善，并逐渐成为企业的核心竞争力。

思考：一个连锁零售企业为何将物流配送看得如此之重？

任务一　认识物流配送的含义与特征、种类与模式

任务分析一：物流配送的含义与特征

（一）什么是物流配送

物流配送活动与人类的生产、生活息息相关。从现代制造企业的零配件供应，到商贸企业的终端服务，再到人们日常生活，都离不开物流配送。电子商务的迅猛发展

进一步拓展了配送活动的范围，同时催生了一批专业从事配送的生力军——快递公司。那么，什么是物流配送？按照原国家质量技术监督局发布的国家标准，配送（Distribution）是指"在经济合理区域范围内，根据用户要求，对物品进行拣选、加工、包装、分割、组配等作业，并按时送达指定地点的物流活动"。配送管理是对配送活动进行的计划、组织、协调与控制，以最低的配送成本达到客户所满意的服务水平。

（二）物流配送的特征

1. 物流配送不等同于一般性送货

送货只是物流配送业务中的一个步骤，除此之外还有"拣选"、"加工"、"包装"、"分割"、"组配"等工作步骤。配送活动的复杂程度因企业而异，如汽车制造商的零部件配送比较复杂，而超市的蔬菜配送较为简单。但即便是简单的配送活动也要比我们通常讲的"送货到门"复杂得多。随着信息化的普及和纵深发展，配送系统已成为企业物流管理系统甚至整个企业资源管理系统中的重要组成部分。现代化的、完善的信息系统管理是物流配送业务正常运行的基本保障，而一般性送货并没有如此高的要求。

2. 物流配送是一种"中转"形式

配送是从物流节点至用户的一种特殊的货物输送形式。从事货物输送的是专职流通企业或专业流通部门（如配送中心），而不是生产企业；配送是"中转"型送货，而一般送货尤其从工厂至用户的送货往往是直达型的；一般送货是生产什么，有什么送什么，配送则是企业需要什么送什么。要做到需要什么送什么，就必须在一定的中转场所实现并满足这种需求，从而使配送必然以"中转"形式出现。

3. 物流配送以现代化的技术和装备作为支撑

当前，在配送活动中广泛采用了现代信息技术和半自动化、自动化甚至智能化装备，使配送在规模、水平、效率、速度、质量等方面远远超过以往的送货形式。由于大量采用各种自动扫描、自动传输、拣选等机电装备，使得整个配送作业现场像工业生产中广泛应用的流水线，实现了流通工作的一部分工厂化。因此，可以说配送也是科学技术进步的一个产物。

4. 物流配送是一种专业化的分工方式

以往的送货形式只是作为推销的一种手段，目的仅仅在于多销售一些商品，而配送则是一种专业化的分工方式，是专业化分工在流通领域的体现。因此，如果说一般的送货是一种服务方式的话，配送则可以说是一种体制形式。

（三）发展物流配送业务的意义

1. 完善了输送及整个物流系统

采用配送方式，从范围来讲是把支线运输与小搬运统一起来，使输送过程得以优化和完善。通过建立大型的现代化的物流节点，发展配送业务，实现仓库布局合理，货物包装的集装化，装卸机械化、托盘化、省力化、自动化等，促进物流系统的完善；配送业务的发展可以提高专业营运车辆的比例和运输效率，降低空载率，减少迂回运输、相向运输等，完善整个社会的输送系统。

2. 实现企业的低库存或零库存

实现了高水平的配送尤其是采取准时配送方式后，生产企业可以完全依靠配送中心的准时配送而不需保持自己的库存或者只需保持少量保险储备而不必留有经常储备，这就可以实现生产企业多年追求的"零库存"，将企业从库存的包袱中解脱出来，同时解放出大量储备资金，从而改善企业的财务状况。

3. 简化手续，方便用户

配送活动一般实行计划配送，而对少数用户的临时需要，也进行即时配送服务。用户一次购买活动就可以买到多种商品，简化了交易次数及相应的手续。由于配送的"送"的功能，用户不必考虑运输方式、路线及装卸货物等问题，就可在自己的工厂或流水线处见到所需的物品，大大减轻了客户的工作量，节省了开支，方便了客户，从而提高了物流服务质量。

4. 提高物资供应的保证程度

配送的发展在某种程度上可以提高供应的保证程度，使整个社会的生产比较协调地发展。如专业的蔬菜配送中心在农超对接中发挥了巨大的作用，可有效协调和衔接蔬菜生产与蔬菜销售，既方便了菜农，也方便了居民。此外，以配送中心为主体的配送系统已成为一些大型连锁超市物资供应的神经中枢，而且低成本、大规模的配送逐渐成为大型连锁超市制胜的法宝。

5. 降低成本，提高效益

由于专业化分工的缘故，引入现代配送的企业在满足客户配送需求的同时，能够比其他企业更好地利用现代管理手段控制成本，而且配送管理中的先进管理理念和方法也被引入企业的整个物流系统甚至其他业务领域，从而提高了企业的效益。

6. 为电子商务的发展提供了物流支持

电子商务与物流是一对具有共生关系的事物。从商务角度来看，电子商务的发展需要具备两个重要的条件：一是货款的支付，二是商品的配送。网上购物方便快捷，无论怎样减少流通环节，唯一不能减少的就是商品配送，配送服务如不能相匹配，则网上购物就不能发挥其方便快捷的优势。因此，物流配送的完善是电子商务发展的必要条件。

互动地带

配送与运输都实现了物品的位移，它们有什么区别？你能分析出在目前的交通线路上，哪些运输工具在从事配送活动，哪些运输工具在从事运输活动吗？

任务分析二：物流配送的种类与模式

(一) 物流配送的种类

1. 按配送主体所处行业分类

（1）制造业的配送活动

制造业的配送主要有两种情况，一种是指在生产企业内部进行的为各生产工序服务的物料配送；另外一种是指在生产企业外部进行的面向采购的原材料、零部件的供应配送，以及面向销售的产品配送。这样，制造业配送就由供应配送、生产配送和销售配送三部分组成，各个部分在客户需求的驱动下连成一体，通过各自的职能分工与合作，贯穿于整个制造业配送中。

（2）商贸业的配送活动

商贸业的配送主体主要包括批发企业和零售企业两大类。二者对于配送的理解、要求、管理等都不相同。批发企业配送的客户不是流通环节的终点消费者，而是零售商业企业。因此，批发商业企业必然要求配送系统不断满足其零售客户多批次、少批量的订货及流通加工等方面的需求。而对于零售企业来说，其配送的客户是流通环节终点的各类消费者，因此，一方面，由于经营场所的面积有限，他们希望上游供应商（包括批发企业）能向其提供小批量的商品配送；另一方面，为了满足各种不同客户的需要，他们又都希望尽可能多地配备商品种类。

（3）物流企业配送

物流企业指从事物流活动的经济组织，至少从事运输（含运输代理、货物快递）或仓储一种经营业务，并能够按照客户物流需求对运输、储存、装卸、包装、流通加工、配送等基本功能进行组织和管理，具有与自身业务相适应的信息管理系统，实行独立核算、独立承担民事责任的经济组织。从这个定义上看，物流企业是专门从事物流活动（运输、储存、装卸、包装、流通加工、配送等）的企业，物流企业在配送过程中并不拥有货物的所有权，而是根据所服务客户的需求，为客户提供配送支持服务。

2. 按实施配送的起点不同分类

（1）以仓库为起点的配送

仓库配送是以一般仓库为据点进行的配送形式。它可以是把仓库完全改造成配送中心，也可以是以仓库原功能为主，在保持原功能的前提下，增加一部分配送职能。由于不是专门按配送中心要求设计和建立的，因此，仓库配送规模较小，配送的专业化程度低。但它可以利用原仓库的储存设施及能力、收发货场地、交通运输线路等，开展中等规模的配送，并可以充分利用现有条件而不需要大量投资。

（2）以配送中心为起点的配送

组织者是专职配送的配送中心，规模较大，有的配送中心需要储存各种商品，储存量也比较大。有的配送中心专职于配送，储存量较小，货源靠附近的仓库补充。

配送中心专业性较强，和客户有固定的配送关系，一般实行计划配送，需配送的商品有一定的库存量，一般情况很少超越自己经营范围。配送中心的设施及工艺流程是根据配送需要专门设计的，因此，配送能力强，配送距离较远，配送品种多，配送数量大。承担工业生产用主要物资的配送及向配送商店实行补充性配送等，配送中心配送是配送的重要形式。从实施配送较为普遍的国家看，配送中心配送是配送的主体形式，不但在数量上占主要部分，而且是某些小配送单位的总据点，因而发展较快。配送中心配送覆盖面较宽，配送规模大。因此，必须有配套的大规模实施配送的设施，如配送中心建筑、车辆、路线等，一旦建成便很难改变，灵活机动性较差，投资较高，在实施配送时难以一下子大量建设配送中心。

（3）以商店为起点的配送

组织者是商业或物资的门市网点，这些网点主要承担商品的零售，规模一般不大，但经营品种较齐全。除日常零售业务外，还可根据客户的要求将商店经营的品种配齐，或代客户订购一部分本商店平时不经营的商品，和商店经营的品种一起配齐送给客户。这种配送组织者实力有限，往往只是小量、零星商品的配送。这种配送是配送中心配送的辅助及补充。商店配送有两种形式：一是兼营配送形式。商店在进行一般销售的同时兼行配送的职能。商店的备货，可用于日常销售及配送，因此，有较强的机动性，可以将日常销售与配送相结合，互为补充。这种形式在一定铺面条件下，可取得更多的销售额。二是专营配送形式。商店不进行零售销售而专门进行配送。一般情况是商店位置条件不好，不适于门市销售而又有某方面经营优势及渠道优势，可采取这种方式。

（4）以工厂为起点的配送

组织者是生产企业，尤其是进行多品种生产的生产企业，可以直接由本企业进行配送而无须再将产品发运到配送中心进行配送。生产企业配送由于避免了一次物流中转，所以，有一定优势。但是，生产企业尤其是现代生产企业往往进行大批量、低成本生产，品种较单一，因此，不能像配送中心那样依靠产品凑整运输取得优势，实际上生产企业配送不是配送的主体。工厂配送在地方性较强的产品生产企业中应用较多，如就地生产、就地消费的食品、饮料、百货等，在生产资料方面，某些不适于中转的化工产品及地方建材也可采取这种方式。

互动地带

网上购物已成为大学生基本的购物途径，你从网上购买了哪些物品？这些物品配送的起点是哪里？共有几种可能？

3. 按配送商品种类及数量分类

（1）单（少）品种、大批量

一般来说，对于工业企业需要量较大的商品，由于单独一个品种或几个品种就可以达到较大输送量，可以实行整车运输，这种情况下就可以由专业性很强的配送中心实行配送，往往不需要再与其他商品进行搭配。这种情况下，由于配送中心的内部设置、组织、计划等工作也较为简单，因此，配送成本较低。但是，如果可以从生产企业将这些商品直接运抵用户，同时又不至于使用户库存效益下降时，采用直送方式则往往效果更好一些。

（2）多品种、少批量配送

多品种、少批量配送是根据用户的要求，将所需的各种物品（每种物品的需要量不大）配备齐全，凑整装车后由配送据点送达用户。这种配送作业水平要求高，配送中心设备要求复杂，配货送货计划难度大，因此，需要有高水平的组织工作保证和配合，而且在实际中，多品种、少批量配送往往伴随多用户、多批次的特点，配送频度往往较高。

配送的特殊作用主要反映在多品种、少批量的配送中。因此，这种配送方式在所有配送方式中是一种高水平、高技术的方式。这种方式也与现代社会中的"消费多样化"、"需求多样化"等新观念刚好相符。

（3）配套成套配送

这种配送方式是指根据企业的生产需要，尤其是装备型企业的生产需要，把生产每一台件所需要的全部零部件配齐，按照生产节奏定时送达生产企业，生产企业随即可将此成套零部件送入生产线以装配产品。在这种配送方式中，配送企业承担了生产企业大部分的供应工作，使生产企业可以专注于生产，与多品种、少批量的配送效果相同。

4. 按配送的时间及数量分类

（1）定时配送

定时配送是指按规定时间间隔进行配送，如数天或数小时一次等，每次配送的品种及数量可按计划执行，也可在配送之前以商定的联络方式（如电话、计算机终端输入等）通知配送品种及数量。这种方式时间固定，易于安排工作计划、易于计划使用车辆，对客户来讲，也易于安排接货力量（如人员、设备等）。但是，由于配送物品种类经常变化，配货、装货难度较大，在要求配送数量变化较大时，也会使配送运力安排出现困难。定时配送包括日配、隔日配送、周配送、旬配送、月配送、准时配送等。

（2）定量配送

定量配送是指按规定的批量在一个指定的时间范围内进行配送。这种方式数量固定，备货工作较为简单，可以按托盘、集装箱及车辆的装载能力规定配送的定量，能有效利用托盘、集装箱等集装方式，也可做到整车配送，配送效率较高。由于时间不严格限定，可以将不同客户所需物品凑整车后配送，运力利用也较好。对客户来讲，每次接货都处理同等数量的货物，有利于人力、物力的准备。

（3）定时定量配送

定时定量配送是指按照规定配送时间和配送数量进行配送。这种方式兼有定时、定量两种方式的优点，但特殊性强，计划难度大，适合采用的对象不多，不是一种普遍的方式。

（4）定时定路线配送

在规定的运行路线上制定到达时间表，按运行时间表进行配送，客户可按规定路线及规定时间接货及提出配送要求。采用这种方式有利于安排车辆及驾驶人员。在配送客户较多的地区，也可免去过分复杂的配送要求所造成的配送组织工作及车辆安排的困难。对客户来讲，既可对一定路线、一定时间进行选择，又可有计划地安排接货力量。但这种方式应用领域也是有限的。

（5）即时配送

即时配送是完全按客户突然提出的配送要求的时间和数量随即进行配送的方式，是有很高的灵活性的一种应急的方式。采用这种方式的品种可以实现保险储备的零库存，即用即时配送代替保险储备。

5. 按加工程度分类

（1）加工配送

加工配送是指和流通加工相结合的配送。在配送据点中设置流通加工环节，或是流通加工中心与配送中心建立在一起。当社会上现成的产品不能满足客户需要，客户根据本身工艺要求需要使用经过某种初加工的产品时，可以在加工后通过分拣、配货再送货到户。流通加工与配送相结合，使流通加工更有针对性，减少了盲目性，配送企业不但可以依靠送货服务、销售经营取得收益，而且可通过加工增值取得收益。

（2）集疏配送

集疏配送是只改变产品数量组成形态而不改变产品本身物理、化学性态的与干线运输相配合的配送方式。如大批量进货后小批量、多批次发货，零星集货后以一定批量送货等。

6. 按配送企业专业化程度分类

（1）综合配送

综合配送是指配送商品种类较多，不同专业领域的产品在一个配送网点中组织对客户的配送。这一类配送由于综合性较强，故称之为综合配送。综合配送可减少客户为组织所需全部物资进货的负担，只需和少数配送企业联系，便可解决多种需求。因此，它是对客户服务意识较强的配送形式。综合配送的局限性是由于产品性能、形状差别很大，在组织时技术难度较大。因此，一般只是在性状相同或相近的不同类产品方面，实行综合配送，差别过大的产品难以综合化。

（2）专业配送

专业配送是按产品性状不同适当划分专业领域的配送方式。专业配送并非越细分越好，实际上同一性状而类别不同的产品，也是有一定综合性的。专业配送的主要优势是可按专业的共同要求优化配送设施，优选配送机械及配送车辆，制定适用性强的工艺流程，从而大大提高配送各环节的工作效率。专业配送主要适用于大型生产生活物资的流通领域，现在已形成的专业配送形式主要包括中、小件杂货的配送、金属材料的配送、燃料煤的配送、水泥的配送、燃料油的配送、木材的配送、化工产品的配送、生鲜食品的配送和家具及家庭用具的配送。

7. 按配送的功能分类

（1）销售配送

销售配送是指配送企业是销售性企业，或者是指销售企业将其作为销售战略一环所进行的促销型配送。一般来讲，这种配送的配送对象是不固定的，用户也往往是不固定的，配送对象和用户往往是根据对市场的占有情况而定，其配送的经营状况也取决于市场状况，因此，这种形式的配送随机性较强，而计划性较差。各种类型的商店配送一般多属于销售配送。

（2）供应配送

供应配送是指用户为了自己的供应需要所采取的配送形式。在这种配送形式下，一般来讲是由用户或用户集团组建配送据点，集中组织大批量进货（以便取得批量折扣），然后向本企业配送或向本企业集团若干企业配送。在大型企业或企业集团或联合公司中，常常采用这种配送形式组织对本企业的供应，例如商业中广泛采用的连锁商店，就常常采用这种方式。

（3）销售与供应一体化配送

销售与供应一体化配送是指对于基本固定的用户和基本确定的配送产品，销售企业可以在自己销售的同时，承担用户有计划供应者的职能，既是销售者，同时又成为用户的供应代理人，起到用户供应代理人的作用。

销售与供应一体化的配送是配送经营中的重要形式，这种形式有利于形成稳定的供需关系，有利于采取先进的计划手段和技术手段，有利于保持流通渠道的畅通稳定。

（4）代存代供配送

代存代供配送是指用户将属于自己的货物委托给配送企业代存、代供，有时还委托代订，然后组织对本身的配送。这种配送在实施时不发生商品所有权的转移，配送企业只是用户的委托代理人。商品所有权在配送前后都属于用户所有，所发生的仅是商品物理位置的转移。配送企业仅从代存、代送中获取收益，但不能获得商品销售的经营性收益。在这种配送方式下，商、物是分流的。

（二）物流配送的模式

配送模式是企业对配送所采取的基本战略和方法。企业选择何种配送模式，主要取决于以下几方面的因素：配送对企业的重要性、企业的配送能力、市场规模与地理范围、服务及配送成本等。根据国内外的经验及我国的配送理论与实践，目前，主要形成了以下三种配送模式：自营配送模式、共同配送模式和第三方配送模式。

1. 自营配送模式

自营配送模式是指企业物流配送的各个环节由企业自身筹建并组织管理，实现对企业内部及外部货物配送的模式。一般而言，采取自营性配送模式的企业大都是规模较大的集团公司。有代表性的是连锁企业的配送，其基本上都是通过组建自己的配送系统来完成企业的配送业务，包括对内部各场、店的配送和对企业外部顾客的配送，如苏宁电器就是采用这种模式。

（1）自营配送模式的优点

①企业对供应链各个环节有较强的控制能力，易于与生产和其他业务环节密切配合，全力服务于本企业的经营管理，确保企业能够获得长期稳定的利润。对于竞争激烈的产业，企业自营物流配送模式有利于企业对供应和分销渠道的控制。

②可以合理地规划管理流程，提高物流作业效率，减少流通费用。对于规模较大、产品单一的企业而言，自营物流可以使物流与资金流、信息流、商流结合更加紧密，从而大大提高物流作业乃至全方位的工作效率。

③可以使原材料和零配件采购、配送以及生产支持从战略上一体化，实现准时采购，增加批次，减少批量，调控库存，减少资金占用，成本降低，从而实现零库存、零距离和零营运资本。

④反应快速、灵活，企业自营物流配送模式由于整个物流体系属于企业内部的一个组成部分，与企业经营部门关系密切，以服务于本企业的生产经营为主要目标，能够更好地满足企业在物流业务上的时间、空间要求，特别是要求物流配送较频繁的企业，自建物流能更快速、灵活地满足企业要求。

（2）自营配送模式的缺点

①一次性投资大，成本较高。虽然企业自营配送模式具有自身的优势，但由于物流体系涉及运输、仓储、包装等多个环节，建立物流系统的一次性投资较大，占用资金较多，对于资金有限的企业来说，物流系统建设投资是一个很大的负担。企业自营配送模式一般只服务自身，依据企业自身物流量的大小而建立。而单个企业的物流量一般较小，企业物流系统的规模也较小，这就导致物流成本较高。

②规模较小的企业所开展的自营配送模式规模有限，物流配送的专业化程度较低。对于规模不大的企业而言，其产品数量有限，采用自营配送模式，不能形成规模效应，一方面，导致物流成本过高，产品在市场上的竞争能力下降；另一方面，由于规模有限，物流配送的专业化程度低，不能满足企业的需要。

③企业配送效率低下，管理难以控制。对于绝大多数企业而言，物流部门只是企业的一个后勤部门，物流活动也并非为企业所擅长。在这种情况下，企业自营配送模式就等于迫使企业从事不擅长的业务活动，企业的管理人员往往需要花费过多的时间、精力和资源去从事辅助性的工作，结果是辅助性的工作没有抓起来，关键性业务也无法发挥出核心作用。

2. 共同配送模式

关于共同配送的定义，有几种不同的说法。日本工业标准（JIT）的解释是："为提高物流效率，对许多企业一起进行配送。"日本运输省的定义是："在城市里，为了使物流合理化，在几个定期运货的货主合作下，由一个卡车运输者使用一个运输系统进行的配送。"我国《商业经济专业知识与实务》中指出："共同配送是由几个配送中心联合起来，共同制订计划，在具体执行时共同使用配送车辆，共同对某一些地区用户进行配送的组织形式。"何公定教授在其《运输组织学》的讲义中将共同配送定义为："由多个企业为了实现配送规模经济和运输资源共享而联合组织实施的配送活动。"总之，共同配送的本质是通过作业活动的规模化，降低作业成本，提高物流资源的利用效率。

早在 1961 年时，美国哈灵顿仓储服务公司就将 Quaker 公司、General Mills 公司、Pillsbury 公司以及其他公司的日用食品杂货订单整合成一个整车运输发往同一个销售商，这样就大大降低了运输成本。在当时，这种做法只是被简单地称之为"库存整合"，其实是共同配送的一种形式。目前，共同配送被认为是高效率的配送模式之一，是现代社会中采用较广泛、影响面较大的一种配送方式。欧洲共同配送比例高达 90%，美国达到 70% 以上，日本也将近 50%，我国在共同配送方面目前还只是处在刚刚起步阶段。

（1）共同配送的优势

①有利于降低运输成本，提高服务水平。共同配送有助于车辆、场站、线路、人力、网络等运输资源的充分利用和优化配置，从而提高资源利用效率，同时，可以实现各种物流资源的网络组织化，发挥网络的聚集效应，对用户需求作出快速反应。

②有利于满足顾客小批量、多批次的需求。从物流服务需求趋势来看，客户对小批量、多批次的货物需求越来越普遍，从而使企业面临着高成本的困境。在这种情况下，为满足客户的需求，推行共同配送是解决问题的有效途径。

③有利于提高运输效率。开展共同配送，可以通过混合装载，将多家企业的零散货物整合成整车一次性运输，优化配送路线，实现集约化配送，提高车辆利用率，获取规模经济效益。通过多品种、小批量、多频率的连续库存补充，还可以减少用户库存，降低用户库存成本，用户也可以对来自多家企业的产品进行集中统一的总验货，简化验货手续，提高验货效率。

④有利于发展物流技术。开展共同配送，必然促进智能机器人、自动化立体仓库、自动化分拣系统、条码技术、射频技术、电子数据交换技术（EDI）、地理信息系统（GIS）和全球定位系统（GPS）等现代化装备和高新技术在物流交通运输领域中的应用，从而有利于提高物流产业技术水平。

⑤有利于节约社会资源，缓解社会压力。有专家预测，城市物流业务每增长 1%，城市物流用车数量就会增长 3.9%。随着我国物流业增加值的不断攀升，货运车辆不断增多，城市交通拥堵、大气污染等社会问题接踵而来。推行共同配送模式对促进物流设施的合理利用，降低物流配送成本，提升零售商业环境，缓解城市交通拥堵，改善大气环境质量，特别是降低商业设施周围的污染物排放浓度，具有重要意义。

（2）共同配送的方式

①运输车辆统一调配。参与共同配送的多个运输企业将所有的运输车辆集中起来，进行统一调度和支配。一些中小型物流企业由于资金、人才、管理等方面的制约，运量少、效率低，如果独自承揽业务，在物流合理化及效率上会受到限制。如果彼此合作，采用运输车辆共享方式，能够提高车辆利用率，降低成本。如在许多地方的物流

园区内，小型配载户在交易中心的统一调配下，可有效增加货源，提高实载率。

②共用配送中心。由参与共同配送的多个企业共同出资建立配送中心。企业货物通过配送中心进行合并，由一家企业或第三方物流企业统一配送。中小货主一般配送的量小、效率低、成本高，采取多个中小货主共同打造配送中心方式，可以很好地实现企业少量配送及多频率配送，达到降低物流成本的目标。如苏宁电器的诸多供应商通过共用配送中心体系，高效率地将家电产品运往各地区客户手中。

③同一辆车上的货物混载。仅在送货环节上将多家用户待运送的货物混载于同一辆车上，然后按照用户的要求分别将货物运送到各个接货点，或者运到多家用户联合设立的配送货物接收点上。这种配送有利于节省运力和提高运输车辆的货物满载率。这种方式与第二种方式的区别在于，不一定依托配送中心。如铁路运输中家电产品可与服装在同一车厢进行混装运输，实现共同配送。

3. 第三方配送模式

第三方配送，或外包配送模式，是指企业把自己的一部分或全部配送业务以某种契约或合同的形式外包给从事配送业务的企业。第三方配送模式比其他方式能更快地建立起来，更专业化的服务可以减轻企业在物流配送方面的顾虑，使其能够专心经营网络商品，同时，可以降低企业物流配送的成本，对新的在线零售商有很强的吸引力，因此，第三方也就是大部分网上交易的选择。随着这部分业务的增多，快递公司如雨后春笋一般发展起来。国际四大快递巨头——DHL 敦豪国际、Fed Ex 联邦快递公司、UPS 联合包裹公司、荷兰邮政 TNT 陆续进入中国市场，并迅速囤积力量，发展各自的分销和运输网络，国内的如 EMS、顺丰、圆通、申通、韵达等，也都不甘示弱，各自发展配送体系，都能提供一定水平的电子配送服务能力，这种成熟技术和可靠业绩的易获得性，使得外包配送成为一种很有吸引力的选择，但在服务水平、服务价格等方面仍参差不齐。

此外，还有的企业采用供应商配送模式。

互动地带

阅读下列案例，总结共同配送模式的优缺点，并思考该模式为什么在我国还没有广泛地普及？

北京朝批商贸的共同配送模式

目前，在北京商业零售市场，采取共同配送的主体数量十分有限，北京朝批商贸有限公司具有代表性。通过独特的市场定位和物流运作模式，去年实现销售额46亿元，占北京快消品配送市场1/4的份额。由于该企业前身为北京朝阳批发公司，与快消品生产厂家渊源颇深，因此，北京朝批既是产品代理商，又是第三方物流公司，具有集约化、规模化的配送运作在这里得到了充分体现。

目前，北京朝批配送中心日均出货量在 15 万箱，其中，订货客户数 750 家，日均每家 200 箱，单品 4500 多种；日出车量 205 部，平均每车装载 3～4 家客户的 750 箱商品。配送半径覆盖京郊区 1000 余家门店。通过对朝批等企业的调查了解，得出共同配送的经济效益显著的具体指标，举例说明：

（1）节省了固定成本投入

租库：

如果生产厂家选择自营配送，就要面临选择合适地段租用库房的问题。目前，快消品库房每率表日均租金为 0.4～0.9，为了尽可能满足北京市货量的充裕，库房至少在 3000 平米以上。另外，厂家还要为防止旺季爆仓的问题多租用 50％的仓储面积。到了淡季，仓库的使用率得不到保证，这 30％将直接造成浪费。

同时，厂商还要保证仓库内部的物流运作，如物料搬运系统设备、人工以及支持性的信息系统等。这些方面均有可观的投入。

此外，仅有库还不够，还需要租用或购置零担配送车辆。全部采用外协车辆管理成本就会上升，同时配送质量难以保证，因此，信誉风险会加大。

建库：

目前，一个大型超市公司要建立一个配送中心，包括土地、仓库、运输设备、物流机械和信息化投入约在 1 亿元。然而，目前的现实问题是，合适地段地价高；便宜地价，配送半径长。因此，必将引起只能进行单方向配送，势必增加配送活动的成本和费用。

如果选择共同配送，上述成本投入，均可能避免。因为对于厂商来说，采用共同配送所需的成本只是实际的货运量带来的变动成本，节省了固定投入。因此，可以用节省下来的资金投资于自己的核心业务活动，如产品开发、市场营销以及其他创收活动。

（2）商品周转率提高，避免流动资金占用

如果不采用共同配送，厂家所面对的可能是日配送点 70～80 家，每家客户的销售情况不同，合理库存也不同。如果厂家采用直供，为了保证供货的及时，通常会租用大吨位货车配送，以 20 吨货车为例，每吨费用根据运距需 600～1000 元不等，每车配送量 50～200 箱，运输时间为 2～3 天甚至更长，从客户角度讲，增加了商品订货周期，延长了及时率，致使客户在途库存增加，且存在一定的商品不确定因素。

以上反映出这种配送方式带来的库存周转期明显偏长，这将减少厂家可流动资金的周转，另外，也等于缩短了快消商品的保质期，易影响销量，造成企业制造成本资金的占压，同时，大量的逆向物流也将不可避免。此外，不容忽视的是，目前厂家直供商品的损耗率高达 3％～5％。

而如果采用共同配送，如北京朝批这样的企业，可以将 200～300 家上游厂商的商品存储在物流配送中心，根据各客户的订货情况进行统一市内配送，各客户可以参照合理库存，小批量、多批次订货，不会占压资金，还可以提高商品的市场占有率。对于物流配送中心，将不同客户的订货量进行整合，一部车平均集合 10～30 个厂家，4～5 个客户，运输费用分摊到三方（上下游、第三方），极大程度地降低了上下游的库存成本与运输成本。同时，时效性和商品周转率也会得到保证。

（3）规避缺货成本的发生

外埠厂家对于运输的考虑重点，是从费用和时间的关系决定选择什么样的运输工具，但在供货时间紧，单品需求量少的情况下，是没有多少选择余地的，供货不及时就会出现断货的问题，如果补货跟不上，影响的不仅是销售，而是无形却最有价值的品牌忠诚度的损失，以此造成忠实消费的流失。目前行业的补货时间平均为 5 天。

倒是"计划安排"可以解决这样的问题，但一个厂家每日要面对数以百计的零售终端的供货问题，快速地从厂家计划补货显然并不现实，但为了保市场，在时间紧的情况下，厂家只选择高价的运输方式。事实上，如果选择将产品外包给第三方，采取共同配送的方式完全可以避免这部分费用的发生。

共同配送，由于计划性强，同时强大的信息平台均有缺货预警，使厂家有足够的时间调配商品"慢慢运"，因此，可以节省成本。由于运输时间充裕，在便利的条件下，可以选择最为经济的船运，这可以为企业至少节省 30％ 的干线运输成本。可以说，在快消品的配送中，计划安排对企业的意义是创造利润。

（4）降低订货成本

如果商业零售终端每下一次订单都需要传真到厂家，对于厂家来讲，只接受自己商品的订单，而对于商业零售终端来讲，它面对的是上百家厂商和上万类商品，对不同的厂家下订单，即使订货量很小也要发出一张传真订单，厂家再打印各种票据，这就造成了通信及纸张的资源浪费。

如果是共同配送的物流配送中心，由于它集合了众多厂家的商品代理，客户只要将自己的需求通过电子传输给物流配送中心即可，简化了客户的订货流程。

（5）提高整体配送效率

现在城市配送的状况是，货车成了"流动仓库"。由于配送的主体过多，不计其数的货车排在零售店外挤满了城市的核心要道，等着逐一验货。在逢年过节，排队 48 小时的现象很是普遍。但道路上多的是车，车厢里满载率却不到 50％，其消耗的待时成本，影响日配送周转至少一个往返。

如果采用共同配送，就可以做到统筹安排配送时间、次数、路线和货物数量，同时，进行拼箱配送以此减少物流时间，控制损耗，削减成本。通常一部货车就可以完成 4～5 家的送货工作，通过对车厢空间的充分利用，积载率得到了保证，节省了运力的重复运行，同时，商品的快速响应速度也会为企业的销量带来拉动。

资料来源：共同配送的典型案例——北京朝批商贸．物流技术与应用（货运车辆）．2009 年 03 期

任务实施

通过课堂学习、课下阅读和实地参观全面认识物流配送的内涵和外延，并撰写一篇对物流配送的认识体会。要求字数在800字左右，上交电子稿。

探索园地 ▶▶

唐代的荔枝快递

"长安回望绣成堆，山顶千门次第开。一骑红尘妃子笑，无人知是荔枝来。"这首诗是唐代著名诗人杜牧经过华清宫时写的。一首诗刻画出了一幅生动的历史画面：唐玄宗李隆基为使杨贵妃能吃上鲜荔枝，派人从数千里之外飞马转送，差官和马匹常常累死。这段千古佳话的背后也展示了我国古代快递的发展雏形。

荔枝是人们最喜食的果品之一。在2000多年以前，我国就有栽培，以福建、两广为多。荔枝是果中佳品，生食品质特别优良。白居易把荔枝的品质比拟为："……嚼疑天上味，噢异世间香，润胜莲生水，鲜逾橘得霜。"李时珍也说："食品以荔枝为贵，资益以龙眼为良。"足见荔枝之珍美。

正因为荔枝具天上之味，胜人间之香，十分娇贵，所以，它不耐储藏。采摘后4～5日即变质腐烂。"三千宠爱在一身"的杨贵妃是不能吃变质的荔枝的，李隆基便下令让传送公文的驿站，从几千里之外给她飞马转运。可是，不管马跑得怎样快，从福建、两广地区运到长安，鲜荔枝也变成烂荔枝了。那么，当时的荔枝快递采用了什么样的保鲜方法？在整个配送过程中经过了什么路线？需要中转几次？这些问题大家可以通过网络搜索去进一步了解，加深对配送的认识。

任务二 认识商贸企业的配送活动

任务分析一：商贸物流的含义及发展

（一）商贸物流的含义

商贸物流是指与批发、零售、住宿、餐饮、居民服务等商贸服务业及进出口贸易相关的物流服务活动。商贸物流属产业物流，是商品流通的重要组成部分。构建高效、安全、通畅的商贸物流服务体系，有利于降低物流成本，提高流通效率和效益。

（二）我国商贸物流发展现状

1. 初步建立了城乡商贸物流服务体系，服务水平不断提高

近年来，在国家政策引导和市场机制的作用下，城乡商贸物流服务体系逐步完善，服务功能不断增强。随着流通领域现代物流示范城市工作的推进，城市商贸物流专业化、组织化程度有所提高，为城市商贸服务业发展提供了有力支撑。"万村千乡市场工程"、"双百市场工程"、"农超对接"、"新农村现代流通网络建设工程"和农资流通体系试点等工作，有效促进了农村日用工业品、农资和农产品物流配送体系建设。批发市场通过功能再造和制度创新，延伸了加工、配送功能，缩短了供应链流程、提高了流通效率。餐饮企业通过建立现代化主食配送中心，实现网点的统一配送、及时补货，保证了食品的新鲜度，为方便居民消费发挥了积极作用。

2. 不断完善商贸物流基础设施，配套能力不断增强

近年来，我国商贸物流基础设施投资稳步增长，配套设施不断完善。仓储业固定资产投资近 10 年来年增幅保持在 40％左右。立体仓库面积已接近仓库总面积的 20％，形成了通用仓储与专业仓储、常温仓储与低温仓储、普通仓储与立体仓储共同发展的格局。截至 2009 年年末，全国连锁零售企业拥有各类商品配送中心 3426 个，通过配送中心向连锁企业配送商品金额达到 1.2 万亿元。一批商品集散地、产地和销地批发市场经过建设改造，货物集散、配送能力不断增强，冷链物流设施成为新的投资热点。物流信息管理系统在商贸物流活动中得到广泛运用。现代化的商贸物流基础设施对促进传统物流模式转变、提高城市和城际配送效率发挥了积极作用。

3. 商贸物流服务主体呈多元化发展趋势，不断创新物流服务方式

随着商贸物流社会需求的不断扩大，多种所有制、多种服务模式、多层次的现代商贸物流企业群体迅速发展。商贸企业、物流企业积极推广应用越库配送、共同配送、供应商管理库存等服务模式，满足现代零售企业小批量、多频次、快周转的物流服务需求，限额以上连锁超市商品统一配送率达到 63.4％。汽车、家电、医药、烟草等专业物流形成一定规模。信息科技的广泛应用，大大提高了商贸企业和物流、配送企业的服务能力和供应链管理水平。各地建设的公共物流信息服务平台，有效地改善了物流信息的共享服务，促进了物流资源的供需衔接。

4. 商贸物流发展环境明显改善，各种支持和配套政策日臻完善

近年来，各级政府部门通过制订规划、出台政策、设立专项资金，从多方面支持商贸物流发展。中央财政通过设立促进服务业发展专项资金、农村物流体系建设专项资金，引导商贸物流健康发展。金融机构通过建立支持流通业发展专项贷款，支持商贸物流业进行基础设施改造。供应链金融创新和贸易融资快速发展，有效缓解了中小企业融资难问题。行业组织开展物流企业信用评级和综合评估工作，推动了物流市场信用体系建设。

商贸物流业快速发展对促进商贸繁荣、服务民生、改善消费环境、推进流通方式升级和转变经济发展方式发挥了积极作用。然而，我国商贸物流整体水平不高，物流效率偏低，难以满足商贸服务业快速发展和居民消费升级的需求，主要表现在：商贸物流企业普遍规模较小，组织化程度不高；专业化的第三方物流发展滞后，运作方式、运行模式不能适应工业和商贸企业精细化服务的要求；商贸物流基础设施落后，配送能力不强；商贸物流缺乏统一规划和布局，融资难、税负重、基础设施投入不足等，

在一定程度上制约了商贸物流业发展。

（三）我国商贸物流发展趋势

未来几年将是我国经济发展方式转变的关键期，新型工业化和新一轮技术革命快速发展，居民消费结构加快升级，城镇化进程稳步推进，经济全球化程度日益深化，给商贸物流发展带来了重大发展机遇。2011年3月，商务部、国家发展改革委和供销总社联合制定的《商贸物流发展专项规划》中指出了我国商贸物流的重点发展方向，这代表了我国商贸物流的主要发展趋势。

1. 商贸物流网络布局将进一步完善

完善以现代物流配送中心为节点、以服务于商贸服务业和居民消费为目标的城市配送体系，实现城市配送与商贸服务网点、居民居住区的有效衔接，是发展商贸物流的重要举措。在继续推进"万村千乡市场工程"、"新农村现代流通网络建设工程"、"双百市场工程"和农产品"农超对接"的基础上，推进农村日用消费品和农资配送中心建设，大力发展城乡一体化物流服务体系。充分运用社会物流资源，建立工业制成品、农产品、生产资料等大宗商品跨区域运输的城际配送网络，实现干线运输与城市配送有效衔接。以国际商品交易中心、重点进出口口岸为依托，通过完善货物储存、配送功能，提高进出口货物集散能力，形成连接内陆、贯通全球的国际物流通道。

2. 商贸物流基础设施建设将进一步加强

在全国大中城市、商贸业聚集地、大型批发市场、进出口口岸，统筹规划建设和改造一批现代物流中心、配送中心。加强农副产品冷链物流建设，完善产地预冷、销地冷藏和保鲜运输、保鲜加工等设施。建设、改造一批仓储、分拣、流通加工、配送、信息服务等功能齐备的商贸物流园区，促进商贸物流产业适度集聚。加强仓储设施建设，推进传统仓储向现代物流配送中心转变，促进全社会物流设施资源利用效率的提高。适应互联网和物联网发展趋势，大力推进商贸物流公共信息化基础设施建设。

3. 商贸物流专业化和一体化程度逐步提高

支持大型连锁企业建设、改造现代物流配送中心，完善物流配送功能，发展统一配送，提高连锁企业物流配送精细化水平。大力发展第三方物流，支持商贸服务业与物流业对接，发展专业化、网络化、全流程的物流服务，促进供应链各环节有机结合。鼓励中小企业加强合作，创新物流合作方式和服务模式，发展共同配送。支持品牌生产企业与物流企业密切合作，建立专业化的城际和国际物流配送网络。支持家电、服装、医药、烟草、图书、汽车、钢材、散装水泥、再生资源回收、粮食以及餐饮主食等专业化物流发展，满足流通专业化发展的需要。

4. 商贸物流模式不断创新

支持各类批发市场完善物流服务功能，逐步形成集展示、交易、仓储、加工、配送等功能于一体的批发交易型配送模式。建立以现代物流配送中心和高效信息管理系统为支撑的电子商务物流基地，形成覆盖主要城市、辐射农村的快捷、便利、畅通的网络购物配送体系，满足网络购物快速发展的需要。加快物流电子交易平台建设，在中心城市引导建立一批以网络平台为依托、以第三方物流服务为主体，集信息发布、交易结算、跟踪、信用评价等功能于一体的网络物流资源交易中心，促进传统、分散的中小企业物流服务模式变革。

5. 商贸物流科技应用水平不断提高

鼓励企业加强物流装备更新和设施改造，采用先进物流技术，实现物流作业机械化、自动化，提高作业效率。加大信息技术在商贸物流领域的推广应用力度，鼓励商贸物流企业广泛采用条码、智能标签、无线射频识别等自动识别和标识技术、电子数据交换技术、可视化技术、货物跟踪技术等，实现商品来源可追溯、去向可查证、物流流程可视化。支持商贸服务企业与物流企业、生产企业通过共用信息系统，实现数据共用、资源共享、信息互通，提高企业对市场变化的反应能力和供应链管理水平。加大物联网技术在商贸物流中的推广应用，提高我国商贸物流现代化、智能化水平，推动智慧物流发展。

6. 绿色物流方式逐渐普及

按照循环经济发展和构建低环境负荷商贸物流体系的要求，加大绿色物流装备、设施和节能仓库的推广使用力度。进一步完善综合运输体系，优化各种运输方式的比例。合理组织、配置物流资源，优化物流配送路径，降低运载车辆空驶率。大力采用和推广多式联运，实现各种运输方式之间的有效衔接。引导建立服务于商贸服务业的逆向物流体系，促进资源的循环利用。从流通末端应用入手，推广托盘共用系统，鼓励中心城市、重点区域运用物联网技术，率先推动托盘共用体系建设。

互动地带

商贸业有哪些业态？每种业态需要什么样的配送服务与之相配套？试举例说明。

任务分析二：典型商贸企业的配送活动

(一) 商贸企业配送的含义

商贸企业配送是商贸物流中最重要的物流活动，它是指商贸企业为满足客户的需要，在经济合理区域范围内，对商品进行拣选、加工、包装、分割、组配等作业，并按时送达指定地点的物流活动。商贸企业配送的起点可能是配送中心或者仓库，也可能是商店；配送的终点可能是商店，也可能是消费者。商贸企业的正常经营是以商流、物流、信息流和资金流的协调运行为基础的，而在物流配送活动中同时融合了这四大流动，因此，配送活动在商贸企业运营中占有非常重要的地位，包括沃尔玛在内的有些商贸企业甚至将物流配送看做是其保持竞争优势的法宝。

(二) 商贸企业典型配送案例

对于零售企业而言，物流是其顺畅运作、良性发展的动脉。在连锁经营四流（商流、物流、信息流和现金流）之中，物流是最主要的，没有物流其他三流将无法实现。

物流系统所起到的主要作用在于商品的集散,以及带动信息流、现金流三流合一运转。物流系统是连锁企业运作的前提和基础,是连锁经营市场供应的保障系统。零售企业能否将产品快速推向市场,对市场需求、顾客意见作出快速响应,取决于其流通能力的强弱,而实现商品的快速周转需要有一个高效、低成本运作的商业物流体系。与此同时,从采购、储存、配送到售后服务,零售企业各个业务环节都要有高效的物流系统来保障。本书以我国著名的家电连锁企业——苏宁电器为典型,介绍商贸企业配送活动。

目前,苏宁在全国拥有 4 个第三代物流基地、89 个配送中心、200 多个配送点,物流体系提供零售配送、门店调拨、D—XD 调拨、D—D 调拨、家电以旧换新、城市快递、会员礼品及目录销售、异地送检送修等多项业务,在全国形成了长途配送到市、短途配送到店、零售配送到户的三级体系一体化运作模式。苏宁物流以"网络集成化、作业机械化、管理信息化、人才知识化"为发展目标,借助自主开发的仓储管理系统(WMS)和运输管理系统(TMS)等管理系统建立了收、发、存、运、送的供应链管理信息系统,实现了两小时准时配送,为客户提供优质、快速、满意的物流服务。

1. 第一代物流配送

回顾苏宁物流配送的发展历史,大致可以分为三代。苏宁的第一代物流,即传统物流配送模式。虽说是传统模式,但在当时仍是对家电物流模式的一种变革创新。在 20 世纪 90 年代初期,由于家电销售渠道的分散且规模很小,其运作模式基本上是老百货店式的,前店后库、当场试机,然后马上开车送货。这是一种比较原始的状态,无法称之为现代化的物流模式,甚至还没有形成物流基地的概念。

但是,随着产品过剩时代的来临,家电零售商逐步壮大。凭借自己的实力,很多家电零售商已经将店面开到了核心商圈。在这个时候如果继续以前的模式,无疑是对良好的商业资源的一种浪费。比如,苏宁 1999 年开设的南京新街口店,店铺每平方米每天的租金可以达到 3 元钱,而在其他地方只要 3 角钱。在这样的地段开设一个仓库显得尤为浪费。

于是,苏宁开始采取卖场不配备仓库,而是在另外一个地方设立仓库;卖货时也不在现场试机,顾客开好票之后只需在家中等候,会有专门的配送车送货上门。这些配送车装满了货物,集中起来为很多个顾客服务,进行统一配送,从而降低了成本。这种创新模式在推出后也逐渐演变成了一个新的行业标准并被一直延续至今。

但是,第一代物流模式随着苏宁的高速发展已经不再能满足苏宁的需要了。当苏宁逐步完成了从一级城市布局到进入部分二三级城市,到全国性的连锁网络基本建成,按照最初的连锁规划,苏宁已经在全国 90 多个城市搭建了物流配送网络。对这样一个庞大的网络进行管理本身就成为一个问题。

如果继续延续早期那种分散式的、纯手工的物流模式,将使得效率低下,并且高昂的成本也会挤占苏宁本就比较微薄的利润空间。于是,苏宁在考察发达国家先进的物流模式后,提出了自己的包含信息化购物、数字化配送、科技化管理的第二代物流模式，并且更为强调服务的职能，形成真正的物流基地。

实际上，2005 年年底，就在 SAP 项目积极推进的时候，苏宁同时推进的还有第二代物流基地的建设。早在 2005 年 3 月，苏宁就宣布了自己的"5315"计划，表示要在全国建设 500 个服务网点、30 个客服中心以及 15 个第二代大型物流基地，从而建成覆盖全国的服务网络平台。

2. 第二代物流配送

在苏宁庆祝 15 周岁生日的时候，首个按照苏宁第二代物流理论建成的杭州物流基地正式启用。这个第二代物流基地占地 50 亩，其中纯仓储面积约 1 万平方米，总投资达数千万元。第二代物流基地采用了立体机械货架、电动托盘车、液压手推车、进货液压平台、夹抱车等先进的自动机械工具，并采用了集成在 SAP 信息管理系统平台上的 WMS 库存管理系统进行管理，配送也统一采用安装了 GPRS 全球定位系统的车辆，管理人员也是清一色高学历的物流专业人才。

与第一代物流配送中心相比，第二代物流基地的库存周转率提高了 30％，资金占用率降低了 20％～30％，总体运营成本节约了一半。这种现代化管理模式使苏宁物流体系运作效率的几个指标发生了以下变化：多层立体机械库货架使相同仓储面积下库存数量比传统库存方式提高 1 倍；自动作业机械的使用使装卸货效率提高 3 倍左右；标准化操作使坏机率削减 90％；WMS 库存管理系统对机械操作的自动管理使进货和出货的差错率几乎为零，并且提高了库存准确率和仓储利用率，降低了作业成本；信息管理下的配送车辆使反应能力和送货能力都大大提高，与此同时，物流工作人员的数量则将减少 2/3 以上。

总体而言，第二代物流基地的启用节省了苏宁一半左右的物流成本并大幅度地提高了服务质量。随着杭州第二代物流基地的启用，它所辐射的湖州、嘉兴和绍兴当时设置的外库被全部取消，改由该物流基地全面负责这一地区苏宁连锁网络销售产品的配送任务。此外，苏宁杭州地区物流、售后、客服三大服务管理体系也将全面入驻办公，而且还将担负起苏宁新员工培训的职能。

到了今天，当年的"5315"早已经成为了一个具有标志意义的代号，但是，苏宁坚持自己的服务平台建设的步伐始终没有停止。

3. 第三代物流配送

2007 年，苏宁电器提出建设第三代物流基地的计划。因为季节性差异、节假日需求、销售网络庞大等特点对家电连锁经营的物流体系提出了高投入的要求。物流配送成本通常由仓储、人工以及车辆折旧、路桥费、燃油费等组成。其中，运输的总体费用占物流成本的 30％。

为了进一步保持竞争优势并显著降低物流运输费用，2007 年，苏宁引入运输管理系统（TMS），针对订单的零售配送和长途配送，优化路线排程计划，有效减少配送里程和工作时间，彻底转变人工排程的传统作业方式。据测算，该模式可将每车货物的实际运输距离缩短 20％～30％。同时，托盘化商品全部整齐堆放在仓库里，每一件货品的编号、入库、出库，全部带有条码，确保产品从厂商到消费者的全过程都有数据记录，确保服务质量可追溯。2007 年 7 月，作为苏宁电器第三代物流基地代表的南京雨花物流基地投入使用。

第三代物流基地采用机械化的立体仓储系统的集成方案，通过库内立体化仓库系统、机械化运输系统、WMS 及 TMS 的实施，成为国内电器连锁行业最先进的物流中心之一。在第三代物流中心重点应用的信息技术，包括 WMS 和 TMS。通过 WMS，苏宁物流可以实现订单管理、库存管理、收货管理、拣选管理、盘点管理、移库管理，实现管理条码化，仓库作业实时监控，实现 RF（射频）与监控设备相结合；通过TMS，苏宁可以提高配送服务的响应时间，提高车辆资源利用率，降低运输成本，将电子地图、GPS（全球定位系统）全面用于物流配送服务，实现准时配送。

第三代物流中心将承担起物流中心所在城市周边地区连锁店销售商品的长途调拨（300 千米范围内）、门店配送、零售配送（150 千米范围内），所在城市市场需求的管线配送、支架配送等。建成之后，每个物流中心可以满足约 50 亿～100 亿元的年商品周转量的作业要求。

目前已经建成的江苏南京雨花物流中心按照"专业化分工、标准化作业、模块化结构、层级化管理"的标准建设。在南京建立了辐射 150 千米范围内的城市配送，仓库面积达 4.6 万平方米，充分应用机械化、自动化、信息化的现代物流设备及系统，存储能力高达 300 万台（套），日作业能力达 3 万台（套），支持销售额 300 亿元。

任务实施

通过课堂学习、课下阅读和实地参观，全面认识商贸业配送的内涵，调研和比较外资超市和内资超市的物流配送体系和管理，找出二者之间的差距，并在小组内交流。

任务三　认识快递企业的配送活动

任务分析一：快递物流的含义及发展

（一）快递物流含义

1. 快递服务的内涵

快递服务（Express Service）是一种典型的配送活动，是指快速收寄、运输、投递单独封装的、有名址的快件或其他不需储存的物品，按承诺时限递送到收件人或指定地点并获得签收的寄递服务。其中快件是指快递服务组织依法收寄并封装完好的信件和包裹等寄递物品的统称。根据中华人民共和国邮政行业标准（YZ/T 0128—2007），按照服务的地域范围不同，快递服务分为 5 种类型。

同城快递服务（Urban Express Service）：寄件人和收件人在中华人民共和国国内地

同一城市内的快递服务。

国内异地快递服务（Inland Express Service）：寄件人和收件人分别在中华人民共和国内地不同城市的快递服务。

港澳快递服务（Hong Kong and Macao Express Service）：寄件人和收件人分别在中华人民共和国内地和香港、澳门地区的快递服务。

台湾快递服务（Taiwan Express Service）：寄件人和收件人分别在中华人民共和国大陆和台湾地区的快递服务。

国际快递服务（International Express Service）：寄件人和收件人分别在中华人民共和国和其他国家或地区的快递服务。

2. 快递物流的服务环节及要求

快递服务主要有 3 个环节：收寄、投递和签收。收寄（收件、取件）是指快递服务组织接收快件并收存寄件人填写的快递运单的过程。投递（派送、派件）是指快递服务组织将快件递送到收件人或指定地点并获得签收的过程。签收是指顾客（收件人）验收快件并在快递运单等有效单据上签字的行为。快递是一种较高水平的物流服务，具有以下要求：

时效性要求：快件投递时间不应超出快递服务组织承诺的服务时限。

准确性要求：快递服务组织应将快件投递到约定的收件地址和收件人。

安全性要求：①快件不应对国家、组织、公民的安全构成危害；②快递服务组织应通过各种安全措施保护快件和服务人员的安全，同时在向顾客提供服务时不应给对方造成危害；③除依法配合国家安全、公安等机关需要外，快递服务组织不应泄露和挪用寄件人、收件人和快件的相关信息。

方便性要求：快递服务组织在设置服务场所、安排营业时间、提供上门服务等方面应便于为顾客服务。

（二）快递物流的发展现状

1. 我国快递业发展历程

国际快递业兴起于 20 世纪 60 年代末的美国，我国第一家快递企业成立于 1979 年。随着我国改革开放的发展，日趋激烈的市场竞争环境要求社会能够提供更加快捷安全的物品传递服务，同时不断改善的交通状况及信息管理技术也为这种需求提供了可能。我国快递业由此应运而生。1980 年中国邮政开办全球邮政特快专递业务（EMS），随后国际快递巨头也纷纷通过合资、委托代理等方式进入中国市场。1986 年颁布的邮政法规定，信件和其他具有信件性质的物品的寄递业务由邮政企业专营，国务院另有规定的除外。但随着市场经济进一步发展，邮政企业已经无法满足外贸行业对报关材料样品等快速传递的需求，民营快递企业因此迅速崛起。1993 年，顺丰速运和申通快递分别在珠三角、长三角成立。1994 年年初，宅急送在北京成立。2005 年 12 月，我国按照 WTO 协议全面对外资开放物流及快递业。2007 年 9 月，《快递服务》邮政行业标准发布，为快递业提供了规范服务的行业标准。2008 年 7 月，《快递市场管理办法》正式实施。2009 年 10 月 1 日,《快递业务经营许可管理办法》和新修改的《邮政法》同步实施,首次在法律上明确了快递企业的地位,并提出了快递业的准入门槛。我国快递业经过 30 多年发展,已经形成了一个规模庞大的产业。中国快递协会于 2009 年 2 月 11 日在北京成立,是由中国境内的快递企业、社会团体和个人自愿组成的非盈利的全国性行业组织,其主要职责包括:发挥协会在政府和企业间的桥梁和纽带作用,加强行业自律,帮助企业开拓国际市场,指导各地快递行业协会工作等,构建不同市场主体间合作、交流、共赢的平台。至此,我国快递业无论是产业发展还是政府规制都达到了一定水平。但是,与快递发达国家相比,我国快递业仍处于初级阶段。

2. 快递业规模发展迅速

从近几年的产业规模来看,我国快递业迅速发展。这可以从规模以上快递企业的业务量和收入看得出来。2008 年我国规模以上快递企业完成业务量为 15.1 亿件,增速达 25.9%;业务收入是 408.4 亿元,同比增长 19.2%。2009 年业务量完成 18.6 亿件,同比增长 22.8%;业务收入完成 479 亿元,同比增长 17.3%。2010 年,快递业务快速增长,全年全国规模以上快递服务企业业务量完成 23.4 亿件,同比增长 25.9%,比上年末提高 3.1 个百分点;快递业务收入完成 574.6 亿元,同比增长 20%,比上年末提高 2.7 个百分点。因此,从总体上看,我国快递业已经形成了快速发展、产业规模较大的局面。

3. 快递市场呈现多元化竞争

目前,我国快递业形成了多元竞争的格局。从所有制来看,形成了国有资本、民营资本和国外资本三足鼎立的局面。从快递企业来看,清科研究中心的李鲁辉按照快递企业的性质以及规模,将我国快递企业分为 4 类:第一类是外资快递企业,包括联邦快递(FedEx)、敦豪(DHL)、天地快运(TNT)、联合包裹(UPS)等;第二类是国有快递企业,包括中国邮政(EMS)、民航快递(CAE)、中铁快运(CRE)等;第三类是大型民营快递企业,包括顺丰速运、宅急送、申通快递等;第四类是小型民营快递企业。这 4 类企业各有自己的优势和劣势。我国快递业形成了不同所有制、不同规模的企业多元竞争的格局,竞争程度十分激烈。

4. 快递服务质量不容乐观

国家邮政局关于 2010 年邮政业消费者申诉情况的通告显示,2010 年全年共受理消费者申诉 32123 件,比 2009 年增加 12845 件,增长 66.6%;答复咨询 3133 件。申诉中涉及快递业务问题的 26619 件,同比增加 12164 件,增长 84.2%,占总申诉量的 82.9%。全年有效申诉 12014 件,同比增加 5587 件,增长 86.9%,占总申诉量的 37.4%。其中,2010 年快件延误、丢失及内件短少、损毁和服务态度不好 4 项问题的有效申诉量比上年有较大幅度的增长,4 项问题占有效申诉量的 94.9%,特别突出的是快件延误和快件丢失及内件短少。快件延误有效申诉量同比增加 3075 件,增长 126%,占有效申诉量的 49.5%;丢失短少有效申诉量 2602 件,同比增加 1346 件,增长 107.2%,占 23.3%;服务态度差有效申诉量增长 87.6%,占 9.7%;快件损毁有效申诉量增长59.8%，占12.4%。2010年消费者对快递服务申诉的主要问题是快件延误，其次是丢失及内件短少、快件损毁和服务态度不好。违规收费问题有效申诉量比上年下降7.6%。以上数据对比可看下表。

快递业务有效申诉问题 2009 年与 2010 年比较　　　　　　　　　单位：件

	延误	丢失短少	损毁	违规收费	服务态度	代收货款	其他	合计
2009 年合计	2440	1256	865	170	579	250	91	5651
2009 年问题占比例（%）	43.2	22.2	15.3	3.0	10.2	4.4	1.6	100.0
2010 年合计	5515	2602	1382	157	1086	314	95	11151
2010 年问题占比例（%）	49.5	23.3	12.4	1.4	9.7	2.8	0.9	100.0
2010 年比 2009 年增长（%）	126.0	107.2	59.8	－7.6	87.6	25.6	4.4	97.3

数据来源：中华人民共和国国家邮政局网站. http://www.spb.gov.cn/

（三）我国快递业发展趋势

1. 产业规模继续扩大，发展空间巨大

我国国民经济的持续快速增长为快递业的发展奠定了广阔的前景。国家邮政局通报显示，2011 年一季度规模以上快递服务企业业务量完成 7.1 亿件，比去年同期提高 28.5%，快递业务共完成收入 156.6 亿元，比去年同期提高 17.4%，其中 3 月份业务收入首次突破单月 60 亿元。据统计，国内业务的业务量和业务收入份额分别提高至 95.9% 和 66.7%，国内业务代替国际业务成为拉动快递业务快速增长的重要力量。由此可见，国内快递市场发展迅猛。2010 年，中国快递日业务量突破 1000 万件，进入世界前三位，位列美国、日本之后。但是，我国人均不到 2 件，低于国际上人均水平 4.1 件，更远远低于美国人均 26 件、日本人均 25 件。因此，中国快递市场发展前景广阔。可以说，快递市场发展空间巨大，快递业是名副其实的朝阳产业。

2. 市场集中度会进一步提高

目前，快递企业在邮政部门备案的已超过 6000 家，其中规模以上快递企业超过 2000 家，专家预计国内各类经营快递物流服务的实体单位将达数万家；绝大多数为中小快递企业。我国快递业已创造了超过 50 万个的就业岗位，对于改善民生、维护稳定发挥着积极的作用。但是，我国快递业确实还存在着小、散、差的问题。随着相关法律法规和标准的不断完善、信息技术的广泛应用、成本日趋提高以及利润趋于平均化，快递企业没有规模就难以生存和发展。同时，进入优胜劣汰期，有 50% 以上的内资快递企业将面临倒闭、被兼并或重组。预计在我国从事国内快递（全国范围）的知名企业在 8 家左右，其他将转型为专业化的快递公司、区域性快递公司、同城快递公司。

3. 快递市场将会不断地细分，增值服务与承诺服务成为新的竞争热点

继邮政速递物流、联邦快递先后推出"次晨达、次日下午达、隔日达"承诺服务（延误免快递费）之后，从 2009 年开始，市场竞争由价格竞争逐渐转向增值服务与承诺服务竞争，服务产品不断细分。同时，快递公司将会向专业化转型，如专业从事购物快递、专业从事限时快递、专业从事商务快递、专业从事快递式仓储物流配送、专业从事某种产品的快递配送等。

4. 行业利润趋于平均化，"三集"趋势将初步显现

"三集"，即产业发展集聚化、市场集中化、企业经营集约化。"集聚化"主要是指产业呈现集群化发展。这是产业专业化、规模化的必然趋势。"集中化"是指市场集中度不断提高。发展规模化、利润平均化将促进快递企业的数量减少，市场集中度不断提高。"集约化"是指快递企业集约化经营。快递业务的增长方式由粗放型向集约化转型，并通过转变发展方式，向价值链的上游延伸，将单纯依赖人力投入的发展方式向技术密集和资本密集的发展方式升级，追求企业效益与社会效益的最大化。

5. 快递经营模式转型

特许加盟模式向"自营模式"为主转型或向"自营、加盟、代理混合模式"转型将是必然趋势，终极是"自营为主、代理为辅"。目前，在世界 500 强的快递企业中，还没有一家是特许加盟模式快递企业的案例。预计在未来 10 年内，单一的特许加盟模式一定会被淘汰出局。

任务分析二：典型快递企业的配送活动

(一) 典型国有快递企业的配送

我国典型的国有快递企业主要有中国邮政速递、民航快递、中铁快运、中外运等，但我国国有快递企业的代表还是中国邮政速递，它也是我国快递市场最大的运营商和领导者。中国速递服务公司为中国邮政集团公司直属全资公司，主要经营国际、国内 EMS 特快专递业务，是中国速递服务的最早供应商，也是目前中国速递行业的最大运营商和领导者。公司拥有员工 20000 多人，EMS 业务通达全球 200 多个国家和地区以及国内近 2000 个城市。EMS 特快专递业务自 1980 年开办以来，业务量逐年增长，业务种类不断丰富，服务质量不断提高。除提供国内、国际特快专递服务外，EMS 相继推出国内次晨达和次日递、国际承诺服务和限时递等高端服务，同时，提供代收货款、收件人付费、鲜花礼仪速递等增值服务。EMS 拥有首屈一指的航空和陆路运输网络。依托中国邮政航空公司，建立了以上海为集散中心的全夜航航空集散网，现有专用速递揽收、投递车辆 20000 余部。覆盖最广的网络体系为 EMS 实现国内 300 多个城市间次晨达、次日递提供了有力的支持。EMS 具有高效发达的邮件处理中心。全国共有 200 多个处理中心，其中，北京、上海和广州处理中心分别达到 30000 平方米、20000 余平方米和 37000 平方米，同时，各处理中心配备了先进的自动分拣设备。亚洲地区规模最大、技术装备先进的中国邮政航空速递物流集散中心也将于 2008 年在南京建成

并投入使用。EMS 还具备领先的信息处理能力，建立了以国内 300 多个城市为核心的信息处理平台，与万国邮政联盟（UPU）查询系统链接，可实现 EMS 邮件的全球跟踪查询，建立了以网站、短信、客服电话三位一体的实时信息查询系统。

（二）典型民营快递企业的配送

我国典型的民营快递企业主要有顺丰、申通、宅急送、大田、圆通、汇通等，其运作的规范程度有很大差异。顺丰速运（集团）有限公司（以下简称（顺丰））的快递服务具有较强的规范性，在业界享有一定的知名度和美誉度。顺丰的服务具有三大优势和三大特色。三大优势：第一，快捷的时效服务。从客户预约下单到顺丰收派员上门收取快件只需 1 小时内完成；快件到达顺丰营业网点至收派员上门为客户派送只需 2 小时内完成；自有专机和 400 余条航线的强大航空资源以及庞大的地面运输网络，保障各环节以最快路由发运，实现快件"今天收明天到"（偏远区域将增加相应工作日）。第二，安全的运输服务。自营的运输网络可提供标准、高质、安全的服务。先进的信息监控系统，如 HHT 手持终端设备和 GPRS 技术可全程监控快件运送过程，保证快件准时、安全送达；设立四大类 98 项质量管理标准，严格管控服务质量。第三，高效的便捷服务。先进的呼叫中心采用 CTI 综合信息服务系统，客户可以通过呼叫中心快速实现人工、自助式下单、快件查询等功能；方便快捷的网上自助服务让客户可以随时登录顺丰网站享受网上自助下单和查询服务；客户可选择寄方支付、到方支付、第三方支付，现金结算、月度结算、转账结算、支票结算等灵活的支付结算方式。三大特色：第一，一年 365 天不分节假日，顺丰都将一如既往的提供服务。第二，顺丰提供代收货款、保价、等通知派送、签回单、代付出/入仓费、限时派送、委托收件、MSG 短信通知、免费纸箱供应、特安快递等多项优质服务。第三，为满足客户需求，延长收取快件时间，自 2009 年 7 月 1 日起，顺丰在北京市、天津市以及山东省、江浙沪和广东省服务地区推出夜晚收件服务。

互动地带

你所在的校园里有哪几家快递的代理点？你比较倾向于使用哪一家？为什么？

任务实施

通过课堂学习、课下阅读和实地参观全面认识快递业配送的内涵，调研和比较外资快递和内资快递在网络建设、服务质量、企业形象等方面的差异，找出二者之间的差距，并在小组内交流。

任务四　认识制造企业的配送活动

任务分析一：制造企业物流的含义及发展

(一) 制造企业物流的含义

制造企业物流是指制造企业内部的物品实体流动，是伴随制造企业投入、转换和产出的物流活动，具体包括供应物流、生产物流、销售物流、回收物流、废弃物物流等。制造企业实施物流管理主要是为了保证企业生产对物料的需求，以充分发挥企业的生产能力；减少运输途中物品（原材料、半成品和产品）的损坏，以确保产品质量；提高物流效率，降低企业物流成本；适应企业实施现代制造变革（如准时制生产、精益制造、敏捷制造、制造资源管理、企业资源计划、供应链管理等）所提出的要求。

(二) 我国制造企业物流发展现状

1. 制造业物流快速增长，而且是社会物流需求的绝对主体

1991年以来制造业物流总额年均增长23%以上。制造业物流总额占社会物流总额比例为70%左右，且在不断上升。2005年为74.7%，比例比上年提高了1个百分点。

2. 企业内部普遍拥有一定的物流基础设施，内资企业明显大于外资企业

据全国第二次物流统计调查资料显示，2005年制造业重点调查企业平均使用仓储面积为12万平方米，其中，平均自有仓储面积为7.2万平方米，平均租用仓储面积4.8万平方米；货运车辆平均拥有量为58辆，装卸设备35台。内资企业和外资企业之间区别表现非常明显。内资企业平均使用仓储面积为14.1万平方米，其中，平均自有仓储面积为8.2万平方米，平均租用仓储面积5.9万平方米，而同期外资企业平均使用仓储面积、自有仓储面积和租用仓储面积为2.9万平方米、2.4万平方米和0.5万平方米，内资企业分别是外资企业的4.9倍、3.4倍和11.8倍；内资企业货运车辆平均拥有量为66辆，装卸设备38台，分别是同期外资企业的3.7倍和1.5倍。

3. 企业物流外包比例提高

由于目前我国物流外包业务在统计上暂时缺乏统一的量化指标，目前只对运输业务外包情况进行专门调查。据第二次全国物流调查数据显示，企业运输业务主要靠外包来完成。2005年，调查企业完成的30053万吨货运量中，货主企业自我完成的为9900万吨，占总量的32.9%，委托第三方完成的达20153万吨，占67.1%。这一比例比上年提高了近2.5个百分点。

4. 生产线物流系统有大幅改善

第五次中国物流市场供需状况调查资料显示，我国制造企业现场物流采用看板管理的占25%，采用JIT配送的企业比例占11%，采用原材料直送工位的占44%，采用精益化物流管理的占6%，采用条码信息系统的占13%，采用企业集成化物流系统的比例为 13%，与第四次调查相比，企业物流系统有较大改善。

5. 物流系统有所改善

第五次中国物流市场供需状况调查报告显示，我国制造企业在物流系统改善过程中，采用一体化物流管理的企业占 23%，实施了供应链管理优化的企业占 18%，原材料采购采用招标采购措施的企业占 37%，采用物流业务外包的企业占 49%，实施 ERP 信息化管理的占 47%，进行了业务流程优化的企业占 29%，采用了其他各种物流改善措施的企业占 31%。

6. 现代物流技术与产品在企业物流作业中开始得到应用

第五次中国物流市场供需状况调查报告显示，我国制造企业在物流作业中采纳了许多现代化物流技术与装备，其中采用了物流集装单元化技术，使用物流单元化容器的企业占 31%，使用工位器具的企业占 67%，使用叉车、拖车等搬运设备的企业占 76%，采用吊车、起重机的企业占 27%，生产线采用了连续自动输出线的企业占 46%，采用自动包装与码垛技术的企业占 19%，采用其他物流技术的企业占 28%。

（三）我国制造企业物流发展趋势

1. 制造业物流需求快速增长、规模快速扩大，占社会物流总额比重提高

据中国物流信息中心数据显示，2005 年，我国制造业物流总额为 359004 亿元，比上年增加 26.9%，增速快于同期社会物流总额增长速度 1.7 个百分点。制造业物流总额占社会物流总额比例为 74.7%，比例比上年提高了 1 个百分点。

制造业物流总额在社会物流总额中不仅比重大，而且增长最快。2005 年，制造业物流总额比上年增长 26.9%，比农产品物流额、进口货物物流额、再生资源物流额、单位与居民物流额等同期增速快得多。

但是，制造业内部各行业之间物流需求分布不平衡。在制造业物流额的构成中，机械制造业物流额多、占比例最大，为 40.3%，所占比例较大的行业还有黑色金属冶炼及压延加工业、化学原料及化学制品制造业和交通运输设备业，比例分别为 9.2%、7.5%、6.8%；所占比例较小的有印刷业和记录媒介的复制业、家具制造业、文教体育用品制造业、废弃资源和废旧材料回收加工业，比例均在 1.0% 以下。

2. 物流业务发展正在由生产、销售环节向采购环节迅速扩展，部分企业开始向回收（循环）物流发展

在传统制造业物流活动中，采购环节通常不被重视，而事实上采购环节又是最有成本节约空间的环节。在竞争日趋激烈的市场中，增加制造业企业销售额一般是比较困难的，而物流成本下降则相对容易，由此可见，降低物流采购成本十分重要。

例如，沈阳华晨金杯汽车有限公司就已经开始采用订单采购物流管理。其采购活动是以订单驱动的；制造订单驱动采购订单，采购订单再驱动供应商。这样，华晨金杯汽车有限公司实现了低成本、准时化的采购物流，并与生产中的实时物流和专业化的销售物流进行优化整合，形成以企业为整体的一体化物流体系，推动了企业整体效率和效益提高。

据了解，目前国内一些主要汽车企业，如上海大众、一汽大众等都普遍采用这种准时有效的一体化物流管理模式。

3. 物流发展目标开始由加快销售、降低销售成本，向整体优化、提高企业效率、降低整体物流成本转变

从调查情况看，目前已经有一些制造业物流发展的目标开始加快销售、降低销售成本，向整体优化、提高企业效率、降低整体物流成本转变。

例如，在传统石化企业物流活动中，企业往往只重视加快销售、降低销售成本，注重加强和改善企业产品年销售绩效的提升，但在生产、原料采购等环节的物流管理还相对落后，使得企业内部物流管理脱节，效率不高，整体物流成本居高不下。以燕山石化为代表的许多石化企业开始提出整体优化、降低企业整体物流成本的物流管理目标。实施整体优化后，燕山石化成品油的销售配送可以直达最终用户——加油站，其物流管理模式基本与国外接轨。

4. 物流发展精细化、专业化的趋势开始显现

在调查中可以看到，制造业物流发展由粗放的物流管理向精细化、专业化管理转变的趋势明显加快，物流发展的行业特征越来越明显。

辽宁省大连市海洋渔业集团公司（以下简称辽渔集团）近年来为了适应客户和市场的需求，特别是适应产品出口日本、韩国等国家的要求，根据水产行业的特点和产品的特征，着力加强水产品物流和冷冻储藏业务，打造冷链物流管理体系。目前辽渔集团已拥有功能齐全的大型冷藏库5座，冷库年吞吐量达到43万吨，向客户提供水产品的冷冻粗加工及其他食品的快速降温及速冷服务，形成了具有水产行业特点的冷链物流管理体系，最大限度地满足了客户的要求，大大提高了企业的核心竞争力。

5. 制造企业普遍拥有一定物流基础设施，内资企业平均规模远大于外资企业

全国第二次物流统计调查资料显示，制造企业普遍拥有一定物流基础设施。2005年，制造企业重点调查企业平均使用仓库面积为12万平方米，其中，平均自有仓储面积为7.2万平方米，占平均使用仓储面积的60.1%，平均租用仓储面积4.8万平方米，占39.9%；重点调查企业货运车辆平均拥有量为58辆，装卸设备35台。同时，据调查资料，制造业重点大类行业中黑色金属冶炼及压延加工业、有色金属冶炼及压延加工业和烟草制品业平均规模又大于其他行业。

我国制造业企业内部物流基础设施不仅规模较大，而且在物流基础设施拥有量方面，内资企业平均规模远大于外资企业。

6. 物流业务外包增加、专业化程度提高，制造业企业与物流企业联合趋势明显

制造企业物流外包表现出来的特点是：物流业务外包增加、专业化程度提高，但物流业务整体外包较少，运输外包比重较大。

第二次全国物流调查数据显示，企业运输业务主要靠外包来完成。2005年，在所调查企业完成的30053万吨货运量中，货主企业自我完成的只有9900万吨，占32.9%，委托第三方完成的达20153万吨，占67.1%。这一比例比上年提高了近2.5

个百分点。

同时，制造企业与物流企业联合趋势明显。2006年8月，宝钢集团北方物流中心与辽渔集团签订合作协议，确定辽渔集团大连湾新港正式加入了宝钢集团北方物流网。大连湾新港将提供2万平方米场地作为宝钢仓库，并在其上新建一座6000平方米的宝钢仓库；同时，以最优服务提供港口装卸、仓储等一条龙流程。宝钢大连物流中心建成实施后，大连湾新港将举全港之力，竭力打造"宝钢精品"，以此将大大增强钢材吞吐量。类似的还有本钢和物流企业实现战略合作、资源共享已经形成一种有利趋势。

7. 物流信息化作用越来越关键

随着近几年物流业的蓬勃发展，物流信息化受到了普遍重视，物流行业信息化投资规模不断扩大，物流信息技术装备水平有了较大提高。

第五次中国物流市场供需状况调查资料显示，我国大型制造企业现场物流采用看板管理的占25%，采用JIT配送的企业占11%，采用原料直接送工位的占44%，采用精细化物流管理的占13%，采用了企业集成化的比例为13%，与第四次调查相比，企业物流系统有较大改善。

我国重点制造企业在物流系统改善过程中，采用一体化物流管理的企业占23%，实施了供应链管理优化的企业占18%，原材料采购采用招标采购措施的企业占37%，采用物流业务外包的企业占49%，实施ERP信息化管理的站47%，进行了业务流程优化的企业占29%，采用了其他各种物流改善措施的企业占31%。

8. 现代物流技术与产品在企业物流作业中开始得到应用

第五次中国物流市场供需状况调查报告显示，我国大型制造企业在物流作业中采用了许多现代物流技术与装备，其中使用物流单元化容器的企业占31%，使用工位器具的企业占76%，采用吊车、起重机的企业占27%，生产线采用了连续自动输出线的企业占46%，采用自动包装与码垛技术的企业占19%，采用其他物流技术的企业占28%。

任务分析二：典型制造企业的配送活动

(一) 制造企业配送的含义

随着经济的飞速发展，制造企业的产品需求已经基本上从有计划的大批量、少品种向多变性的小批量、多品种、多批次方向转化。家电、汽车制造、机械制造、家具和电子生产等企业传统的生产工艺和物料配送方案，已经不适应现在的生产和物流需要。这必然要求制造企业推出先进的配送模式服务于更为先进的生产方式。制造企业成功的物流运作应该是物料配送与生产运作紧密配合、合理有效，达到完美和统一。制造企业配送即指为保证企业内部由分供方（或外购件厂商）进厂后到车间生产线的物料，或者由车间到车间的成品或半成品，或者由成品库到客户的配送达到准时化的运作需求而建立的一种配送模式。随着企业的发展，各企业的分供方数量越来越多，分布也从所在地辐射向全国乃至全球。许多明智的企业已经意识到并初步着手解决分供方进货、物料存储、车间物料配送、产品配送等问题。

（二）典型制造企业配送案例

一汽大众轿车二厂是 2003 年开始建厂，采用国际前沿的大规模定制化生产方式，而法布劳格设计的拆散中心、分篮中心物流解决方案打造了一个全新的物流配送模式。

1. 复杂的定制物流

世界汽车生产经历了单件定制生产、福特大规模生产、精益生产等阶段，如今开始进入大规模定制时代，根据每一位顾客的需求提供独一无二的定制产品。在大规模定制生产中，用户处于价值链的最前端，企业要按订单而不是按预测来生产，而且定制的速度越来越快。目前从订单到交货，最快需要 10 天左右，国外企业已经提出 5 天交货的目标，有的更希望最终达到两天交货。

在大规模定制生产方式下，汽车被分解成 10～20 个大的模块，每个模块实际上是上千个零件的集成，由大的供应商组装供应，汽车厂只需要把这 10～20 个模块组装起来就成了，现在的汽车生产线长度在 1000～1500 米，将来只要 50 米就够了。

而被称为"未来工厂"的一汽大众轿车二厂，正是适应这种日渐兴起的大规模定制化需要而建立的。以后顾客买车，可以像买戴尔电脑一样，根据自己的喜好或需要选择不同的款式和配置，比如是手动档还是自动档，甚至是汽车音响的品牌。客户以后不是在车市上挑车，而是在纸上挑，然后给汽车工厂下订单。当车还在生产线上时，客户就知道哪辆车是你的了。

一汽大众轿车二厂总投资 10 亿欧元，占地面积 66 万平方米。新厂区内建有以冲压、焊装、油漆、总装为主的现代化生产车间及生产辅助车间，用来生产一汽大众第五代 A 级车平台——PQ35 平台上的若干新产品。目前，一汽大众生产的宝来、高尔夫是大众集团上一代的生产平台——PQ34 上的产品，即第四代 A 级车。而在 PQ35 上，可以生产速腾、新宝来、新高尔夫、新奥迪 A3、新甲壳虫、途安和开迪等车型。PQ35 平台投入使用后，将与德国同步生产最新车型，3 班日产能力达 1100 辆。

如此大规模的个性化定制生产，就意味着原来组装车间生产线旁边备好的一种零部件要被几种或十几种不同的零部件所代替。每辆车成千上万个零备件的排列组合，结果可能是一个无穷大的数，随之而来的零部件物流因此也就变得极为复杂了。当时，通过外包与自营物流的比较，一汽大众认为外包更有利于减少投资、降低风险，而且第三方物流公司更专业、更注重细节，人力成本也比一汽大众这样的大公司要低。一汽大众最终决定，将这个项目以向社会公开招标的形式寻求物流商和解决方案。

最终受到青睐的是第三方物流提供商——一汽进出口总公司的解决方案。这包括一个拆散中心（DC）、分篮中心（BC）的设计，由一汽大众斯普利汽车物流有限公司完成，而建造则由一汽进出口总公司下属子公司执行，总投资 1.6 亿元，由一汽进出口总公司出资。

长春斯普利有限公司接下设计任务后，通过 ALG 找到德国法布劳格（Fablog）公司，委托其作为总承包商负责整个物流的规划设计及项目实施，包括组织和监督施工建设，提供安装所有计算机硬件设备和软件，并负责培训其技术人员。最终整个项目的核心部分——拆散中心和分篮中心的设计由法布劳格（Fablog）公司来完成。这是一家来自德国的第四方物流公司，在物流业有 25 年的经验，为许多知名跨国公司提供过完整的物流解决方案。

一汽大众二厂用了 9 个月去考察世界各地汽车工厂的物流体系，并与十几家方案提供商进行了反复交流，最后选中现在使用的体系，因此，他们对该物流体系是极具信心的。

2. 法布劳格的解决方案

组装车间不能无限制扩大，生产线不能无限拉长。最终的解决方案就是将备货功能从组装车间转移到仓库中去，这正是拆散中心和分篮中心两个中心要解决的问题。

在法布劳格提供给一汽大众的设计方案中，拆散中心设在集装箱堆场附近，零部件从集装箱中拆出来后，一部分直接送到生产线上，另一部分送到分篮中心，根据个性化定制车型的需要，被分装到不同的货筐车。分篮中心则位于拆散中心的西面，与组装生产车间隔一条街，通过两座过街天桥相连。

货筐车通过天桥两头的起重机吊上吊下，然后由拖车拖到生产流水线上，与被生产的车一起移动。货筐车的前部分零部件是为组装前一辆车的车尾部分用的，后部分的零部件是为组装后一辆车的车头部分准备的，这些零部件在分篮中心就已经被准备好了。

拆散中心和分篮中心的可行性研究始于 2003 年 6 月，8 月到次年 3 月是详细设计阶段。2003 年 10 月开始动工土建，2004 年 9 月完成，并开始试运行。在此之前还要进行系统安装，对人员进行招聘、培训等配套工作。

拆散中心占地 2.7 万平方米，每小时能完成 4 个集装箱的拆散工作，每天 3 班倒可以处理 86 个集装箱。这里每天要存储近 2.7 万个装载单元，处理近 7000 个装载单元，并负责运往分篮中心或直接运往生产线。拆散中心的一端是集装箱入货区，从集装箱里拆散出来的零部件经过拣选区被分存到封存区、大件货架存储区、大件堆垛区或者小包装货架存储区，存储的零部件最多大约能供应生产线 7 天的生产。拆散中心的另一端则是通向分篮中心和组装车间的出口。

分篮中心占地 1.8 万平方米，按生产顺序拣选 3300 筐，每 70 秒钟由一个拖车送 3 个大货筐出去，这 3 个大货筐能满足一辆车需求的定制零部件，货筐随后将被送上轿车二厂流水线的 3 个不同位置。当整车身经过冲压、焊装、油漆等一系列工序后，生产线便向分篮中心发出指令，要求供应这辆车的定制配件。2 小时后，分篮中心将所需要的零部件备好并送到生产线与整车同步运行。

如此高精度的拆散中心和分篮中心并非是全自动化操作，而是由操作人员通过信息管理系统发出指令执行。该系统在德国大众德累斯顿汽车工厂里是进行全自动化生产，但在中国因为人力成本不高，所以，半自动化就能以最低成本创造最高价值。

3. 未来工厂的物流体系

一汽大众原有的轿车一厂只有两款高档车是可以个性化定制生产，其他的全是工厂根据供应商的预测数据进行生产。然而，以经销商提供的供应链各节点中的预测数据，采用指数平滑法和移动平均法等进行预测都会导致牛鞭效应，需求数据传到生产工厂时还是被放大了。这种供应链的特点是推动式的，以生产推动销售。

而二厂的定制化生产供应链则可以规避这个问题。根据客户订单直接生产，可以准确把握客户的真实需求，避开市场风险，建立以客户为中心的供应链管理体系。这种供应链的特点是拉动式的，以客户需求拉动生产，从而可以大大降低风险。

二厂的物流可分为入厂物流、工厂物流和分销物流三部分。

入厂物流负责从零部件供应商到一汽大众工厂的这一段物流，根据零部件供应商的所在地分为国内和国外两部分。国内部分，对于长春周边地区的零部件供应商，一汽大众要求 JIT（即时生产），在规定的时间内准时送到生产线的某个工位；而长春外的供应商，如上海、北京、广州等地，则采取同一地区循环取货，拼车送往长春的仓库。这样相比原来的各个供应商整车给一汽大众供货要节约仓库，减少资金占用，加强供应链的敏捷性。而进口的零部件，先是通过集装箱海运到大连港，然后用火车转运到长春，大量生产时，每星期大约需要 500 个集装箱的零部件，由 10 列火车运送。

工厂物流则指已进入工厂的零部件在厂内的物流过程，由法布劳格的拆散中心和分篮中心来负责。

而分销物流部分，全国分为三十几个大区，每个区都设立一个中转仓库，然后再向全国 300 多个经销商辐射。运输方式有火车、汽车，还有往上海、江浙、广州、海南等地的海运。为了减少回程整车运输车空车的问题，现在也开始为南方汽车制造商带货回北方。另一个节约方式就是，将带"之"字形斜坡的整车运输车改装，回程的时候，车厢可调为平整状态，从而可以装载箱式货物，比如汽车配件等。

任务实施

通过课堂学习、课下阅读和实地参观全面认识制造企业配送的内涵，调研和比较大型制造企业和中小制造企业在物流配送模式、物流配送效率等方面的差异，找出二者之间的差距，并在小组内交流。

知识拓展

应用物联网提升物流配送的智能化水平

物联网是通过射频识别、红外感应器、全球定位系统、激光扫描器等信息传感设备，按约定协议，把任何物品与互联网相连接，进行信息交换和通信，以实现对物体的智能化识别、定位、跟踪、监控和管理的一种网络。

"想不到物联网在四川刚刚萌芽，四川销售就率先应用到成品油公路配送上了。"1月 30 日，四川物联网技术中心张应福博士对四川销售公司物联网配送惊叹不已。四川销售物联网配送已在2座油库、238座加油站、92辆油罐车试点。"今年四川销售将推广应用到全省所有库站。"四川销售总经理姚志强说。

1. 新技术破解配送"瓶颈"

在成品油销售经营过程中，物流占重要地位，直接决定着销售企业的吨油成本和创效能力。从油库到加油站的公路配送又称二次配送。为降低二次分销成本，四川销售不断从体制、方法、手段等方面优化二次配送，油品损耗率连年下降，2010年油品损耗率比2002年下降2%，累计降低成本超过1亿元。

"尽管如此，二次配送依然存在不能回避的缺陷。GPS监控和双向铅封监控不直观，运输中的油品偷盗行为尚未杜绝，配送效率还有提高空间。"四川销售调运处副处长帅虹说。

如何最大限度地提高配送效率，降低吨油营销成本？"物流技术的进步，物联网的应用让我们找到了解决问题的'金钥匙'"。四川销售总会计师刘华治说，"这就像为油品配送安了'脑'、明了'眼'，不仅配送效率提高、岗位人员减少，而且可以全程监控油罐车，'油耗子'难以遁形"。

四川销售物联网配送是以现有局域网为基础，以全球定位系统、视频摄像等信息传感手段，连接油库、加油站、车辆、局域网进行信息交换，实现油品科学调度、车辆智能识别、过程定位监控的全新配送管理方式。

2. 人工配送变身智能配送

位于成都市城郊的天回镇104油库，是四川销售所属的西南地区公路配送量最大的油库，也是物联网配送改造的两个试点油库之一。"实行物联网改造后，配送全过程由系统自动控制，实现了由人工配送到智能配送的转变"。四川销售仓储分公司总经理林辉说。

"物联网配送以前，油库发油是劳动密集型环节，完全是人工操作。人工操作的最大问题就是效率低。以前油库发油，驾驶员到库要下车换票，仅换票时间就需要5分钟。104油库每日入库装油车辆上百台，日均公路发油4000吨左右，经常会出现驾驶员抢占货位、车辆拥堵等情况，导致每日生产时间不断延长。"林辉说。

有比较才有认识。"从进库装完油到出库只用时15分钟，比以前要快半个多小时。"运输公司车队队长张辉说。"更让驾驶员省心的是，每天下午在驾驶室内通过车载智能系统就能获得次日配送计划，改变了以前调度员签发派车单才知出车方向的情况，对配送任务心中有数。"

物联网系统根据配送计划，自动识别车辆，车载系统自动上传配送过程视频。而油罐车卸完油离站返库，视频系统同样自动开启，做到了全程监控、不留盲点。

3. 物联网带来革命性变化

随着物联网技术的应用，四川销售公路配送发生了革命性变化。

变化一：配送中心从区域优化向整体优化转变。四川销售由全省22个分公司配送中心，整合为8个区域配送中心，大幅提高了配送效率，有效降低了成本。成都地区由以前的 3 个分公司配送中心，整合为 1 个区域配送中心。该中心对成都地区 3 座油库和 250 座加油站的配送进行统一调度指挥。实行区域配送后，成都地区 250 座加油站中，有 91 座加油站调整了配送油库，减少配送里程 1789 公里，全年降低运费 472.5 万元。

变化二：油库从人工操作向信息化转变。"实行物联网配送以后，车辆出入库有系统控制，发油整合在一个平台上控制执行，换票、审核、统计一次完成，单趟等待装油时间缩短半个小时以上。驾驶员自助装油，发油员全部转岗。"林辉说。经测算，仅 104 油库年降低人工成本 130 万元以上。加之，若取消铅封、优化配送单据等支出，共可降低各种费用 205 万元。油库每天发油作业时间平均缩短 60 分钟。取消"油品配送派车单"后，调度岗每天节约 30 分钟的票据打印时间。

变化三：配送监督从过程存在盲点向全程可视化转变。按照设定条件，系统自动对配送过程视频进行分析，并对危险行为进行等级报警。在油罐车行驶速度低于每小时 5 公里、停驶时间超过 2 分钟、GPS 信号丢失超过 2 分钟的情况下，启动黄色报警。在黄色报警的基础上，当有人靠近车辆进行非法操作时，启动红色报警。发生重大灾害和突发事件，应急系统可在 5 分钟内调集在途车辆救灾抢险。"现在配送过程既直观又清楚，再也不用担心油罐车运油缺量了，便于配送中的数量质量管理，也有利于加油站推进地罐交接。"成都分公司蜀龙加油站经理杨运菊说。四川销售副总经济师、调运处处长蒋胡民给记者算了一笔账，物联网配送在四川销售所属库站推行后，运输车辆配送效率将提高 1/5 以上，配送成本全年预计减少 800 多万元。通过车辆配送全过程视频管理，堵塞了油品配送途中的跑、冒、滴、漏，减少了油品非正常损失，预计每年可堵住 2000 万元的损耗。通过应用物联网等技术手段，四川销售去年公路吨油运费比上年减少 2.88 元。

课外训练

以小组为单位，在当地分别选取 1 家商贸企业、1 家快递企业和 1 家制造企业，然后调查其物流配送的运作模式，并对这 3 类配送作对比，找出相同点和不同点。将调查结果制作成幻灯片，在后续课堂上演示。

复习思考题

1. 简述物流配送的含义与特征、种类与模式。

2. 什么是商贸企业物流配送、快递企业物流配送和制造企业物流配送？

3. 举例介绍我国商贸企业物流配送、快递企业物流配送和制造企业物流配送的现状及发展趋势。

4. 物流配送是我国未来几年发展的朝阳产业，你认为在产业发展中有何就业机会或者是创业机会？

项目二 优化配送中心布局及设施设备选择

岗位描述

该项目对应的岗位主要有配送主管、设备维护员和配送技术员等。

知识目标

了解配送中心的功能区域组成及具体的作业内容；掌握通道及动线设计、收、发货月台的种类、形式、位置和平面布置图的相关要求；了解配送中心的主要设备、设备选型的方法及设备管理的要求。

技能目标

会针对某个具体的配送中心画出平面示意图；能提出合理的优化措施；能为配送中心进行相关设备的配置和选型。

教学方法提示

带领学生参观一家连锁超市配送中心，然后要求学生画出平面示意图，并针对配送中心布局及设施设备使用情况提出合理建议。

项目导读 ▶▶▶

沃尔玛深圳配送中心的建设

位于深圳市大工业区内的沃尔玛配送中心，是沃尔玛的南中国区域配送中心，主要是收集国内采购的特别是珠江三角洲的零售货物，并将货物配送到各地，此项目将是沃尔玛在亚洲配送中心网络的开始。目前，在该中心有870名工作人员，每天处理货物达30万件。

据了解，该项目总占地面积32.69万平方米，总建筑面积约16万平方米，是一个为沃尔玛量身定做的物流设施。项目还包括园区绿化道路及300多个货车泊位。项目总投资额预计为28000万元，其中首期投资16800万元，总建筑面积为4.12万平方米，已于2006年8月28日竣工并投入使用。

该项目由全球最大的物流配送设施开发商普洛斯和深国投合资开发。通过引进国外先进物流配送设施的设计与管理技术，并与中国国情紧密结合，战略性配合世界最大零售商沃尔玛的中国业务；按照国际物流标准规划设计，室内净高达到9米以上，集合了电动卷帘门、快速反应喷淋系统等先进设备。园区有充足照度的装卸区和装卸货平台，约40辆小汽车、307辆货柜车拖车等配套车位，可承载巨大的货物吞吐量，属于国际一流物流园区。

普洛斯是全球最大的物流配送设施开发商和服务商，总部位于美国丹佛，是财富1000强和标准普尔500企业，纽约证券交易所上市公司。普洛斯业务遍及北美、欧洲、亚洲20个国家105个市场。普洛斯为何将沃尔玛配送中心项目选址在深圳市大工业区呢？作为物流领域巨头，普洛斯的眼光肯定非常独到。普洛斯深圳区域总经理冯存强一语道破天机："我们曾经调查比较了深圳其他地区的情况，觉得还是市大工业区的区位优势比较好，这里良好的路网情况和交通辐射能力让国际物流巨头垂涎。"

冯存强介绍，沃尔玛配送中心项目战略选址大工业区，综合考虑了多方面的情况，比如，珠江三角洲是国内零售货物的重要制造基地；深圳的地理位置、经济容量决定其在区域经济方面占有非常重要的地位；深圳物流市场比较发达，全球大部分知名的国际第三方物流公司在深圳设有分支机构，在深圳设立区域配送中心是一个很好的选择。最值得青睐的一点，就是大工业区拥有良好的区位优势，周边路网发达，交通方便：港口方面，距盐田港区20公里，距西部港口60公里。航空方面，距深圳宝安国际机场1小时车程。高速公路方面，距离深汕高速公路大工业区出口仅3公里，可直接连通深汕、深惠、盐坝、广深、梅观、机荷高速公路，从而直达珠江三角洲和全国任何地方。此外，距离广深铁路与平南铁路均为25公里，距离罗湖、文锦渡、皇岗等口岸均为40公里。

他充满感激地说："大工业区管委会工作人员经常热心地询问我们有什么难处，给予无微不至的关心和服务。管委会从沃尔玛配送中心项目招商环节开始就给予高度重视，全力支持项目的发展，积极完成地块的拆迁工作；积极配合项目进度，加紧进行道路及供水、排水、供电、燃气、通信等基础设施的建设；通过对项目建设按月进度的跟踪管理、投资进度的跟踪管理，对该项目细化跟踪并指引了整个报建环节，从而量化到位，结合项目的实际情况及时处理有关问题。正因为有了这一系列的贴身服务，才有沃尔玛配送中心的成功运作，显然，我们选择大工业区是明智之举。"

思考：沃尔玛深圳配送中心建设的成功之处在哪里？

任务一　优化配送中心布局

任务分析一：什么是配送中心

（一）配送中心的含义

企业依托配送中心开展物流配送活动已成为降低物流成本，提高物流效率，增强企业竞争力的基本途径和发展趋势。日本《市场用语词典》中对配送中心的解释是："配送中心是一种物流节点，它不以储藏仓库的这种单一的形式出现，而是发挥配送职能的流通仓库，也称作基地、据点或流通中心。配送中心的目的是降低运输成本、减少销售机会的损失，为此建立设施、设备并开展经营、管理工作。"中华人民共和国国家标准物流术语中对配送中心这样定义，配送中心是从事配送业务的物流场所或组织，应基本符合下列要求：主要为特定的用户服务；配送功能健全；拥有完善的信息网络；辐射范围小；需求呈多品种小批量化；以配送为主，储存为辅。

（二）配送中心的种类及功能

1. 配送中心的种类

从目前的投入使用情况来看，配送中心主要有以下几种类型：

（1）配送中心的设立者分类

①制造商型配送中心。制造商型配送中心是以制造商为主体的配送中心。这种配送中心里的物品 100％是由自己生产制造，用以降低流通费用、提高售后服务质量和及时地将预先配齐的成组元器件运送到规定的加工和装配工位。从物品制造到生产出来后条码和包装的配合等多方面都较易控制，因此，按照现代化、自动化的配送中心设计比较容易，但不具备社会化的要求。

②批发商型配送中心。批发商型配送中心是由批发商或代理商所成立的以批发商为主体的配送中心。批发是物品从制造者到消费者手中之间的传统流通环节之一，一般是按部门或物品类别的不同，把每个制造厂的物品集中起来，然后以单一品种或搭配向消费地的零售商进行配送。这种配送中心的物品来自各个制造商，它所进行的一项重要的活动是对物品进行汇总和再销售，而它的全部进货和出货都是社会配送的，社会化程度高。

③零售商型配送中心。零售商型配送中心由零售商向上整合所成立的配送中心。以零售业为主体的配送中心。零售商发展到一定规模后，就可以考虑建立自己的配送中心，为专业物品零售店、超级市场、百货商店、建材商场、粮油食品商店、宾馆饭店等服务，其社会化程度介于前两者之间。

④专业物流配送中心。专业物流配送中心是以第三方物流企业（包括传统的仓储企业和运输企业）为主体的配送中心。这种配送中心有很强的运输配送能力，地理位

置优越，可迅速将到达的货物配送给用户。它为制造商或供应商提供物流服务，而配送中心的货物仍属于制造商或供应商所有，配送中心只是提供仓储管理和运输配送服务。这种配送中心的现代化程度往往较高。

（2）按服务范围分类

①区域配送中心。区域配送中心以较强的辐射能力和库存准备，向省（州）际、全国乃至国际范围的用户配送的配送中心。这种配送中心配送规模较大，一般而言，用户也较大，配送批量也较大，而且往往是配送给下一级的城市配送中心，也配送给营业所、商店、批发商和企业用户，虽然也从事零星的配送，但不是主体形式。

②城市配送中心。城市配送中心是以城市范围为配送范围的配送中心。由于城市范围一般处于汽车运输的经济里程，这种配送中心可直接配送到最终用户，且采用汽车进行配送。所以，这种配送中心往往和零售经营相结合，由于运距短，反应能力强，因此，从事多品种、少批量、多用户的配送较有优势。

③配送点。配送点是以社区为配送范围的规模较小的配送机构。它不能称为严格意义上的配送中心，但它是最后100米配送的承担者。京东商城、苏宁易购等电子商务连锁企业、快递公司与社区的报亭、邮局、物业等常驻性服务机构合作，将其作为配送点，也有公司自建配送点的例子。商家将消费者网上购得的商品定时送货到配送点，然后由商家或配送点用短信或电话通知顾客取货。比如，将小区物业作为配送点是一个很好的创意，它适合中国国情。但是，由于商家与消费者不直接见面，也容易引起一些纠纷。总之，配送点是配送体系中的最末端机构，在提高配送时效方面发挥了重要作用。

（3）按配送中心的功能分类

①储存型配送中心。有很强的储存功能。例如，美国赫马克配送中心的储存区可储存16.3万托盘。我国目前建设的配送中心，多为储存型配送中心，库存量较大。

②流通型配送中心。包括通过型或转运型配送中心，基本上没有长期储存的功能，仅以暂存或随进随出的方式进行配货和送货的配送中心。典型方式为：大量货物整批进入，按一定批量零出。一般采用大型分货机，其进货直接进入分货机传送带，分送到各用户货位或直接分送到配送汽车上。

③加工型配送中心。以流通加工为主要业务的配送中心。

④仓储型配送中心。以仓储为主要业务的配送中心。

2. 配送中心的功能

配送中心是专门从事货物配送活动的经济组织，也是集加工、理货、送货等多种职能于一体的物流据点，有如下几种功能：

（1）储存功能

配送中心的服务对象是为数众多的企业和商业网点（如超级市场和连锁店），配送中心的职能和作用是：按照用户的要求及时将各种配装好的货物送交到用户手中，满足生产需要和消费需要。为了顺利而有序地完成向用户配送商品（货物）的人物及更好地发挥保障生产和消费需要的作用，通常，配送中心都要兴建现代化的仓库并配备一定数量的仓储设备，储存一定数量的商品。某些区域性大型配送中心和开展"代理交货"配送业务的配送中心，不但要在配送货物的过程中储存货物，而且它所储存的货物数量更大、品种更多。

（2）分拣功能

作为物流节点的配送中心，其服务对象（即客户）是为数众多的企业（在国外，配送中心的服务对象少则有几十家，多则有数百家）。在这些为数众多的客户中，彼此之间存在着很多差别：不仅各自的性质不尽相同，而且其经营规模也不一样。据此，在订货或进货的时候，为了有效地进行配送（即为了能同时向不同的用户配送很多种货物），配送中心必须采取适当的方式对组织进来（或接收到）的货物进行拣选，并且在此基础上，按照配送计划分装和配装货物。这样，在商品流通实践中，配送中心除了能够储存货物具有储存功能外，它还有分拣货物的功能，能发挥分拣中心的作用。

（3）集散功能

在物流实践中，配送中心凭借其特殊的地位和其拥有的各种先进的设施和设备，能够将分散在各个生产企业的产品（即货物）集中到一起，而后，经过分拣、配装，向多家用户发运。与此同时，配送中心也可以做到把各个用户所需要的多种货物有效地组合（或配装）在一起，形成经济、合理的货载批量。配送中心在流通实践中所表现出的这种功能即（货物）集散功能，也有人把它称为"配货、分放"功能。集散功能是配送中心所具备的一项基本功能。实践证明，利用配送中心来集散货物，可以提高卡车的满载率，由此可以降低物流成本。

（4）衔接功能

通过开展货物配送活动，配送中心能把各种工业品和农产品直接运送到用户手中，客观上可以起到媒介生产和消费的作用。这是配送中心衔接功能的一种重要表现。此外，通过集货和储存货物，配送中心又有平衡供求的作用，由此能有效地解决季节性货物的产需衔接问题。这是配送中心衔接功能的另一种作用。

（5）加工功能

为了扩大经营范围和提高配送水平，目前，国内外许多配送中心都配备了各种加工设备，由此形成了一定的加工（系初加工）能力。这些配送中心能够按照用户提出的要求和根据合理配送商品的原则，将组织进来的货物加工成一定的规格、尺寸和形状，由此形成了加工功能。

任务分析二：现有配送中心布局有哪些不合理的地方

业界讲的配送中心布局通常有两种指向：一是指多中心的规划布局问题，即某企业对多个配送中心在某地理区域上的分布规划，以形成合理的配送网络；二是指单中心的规划布局问题，即某企业对一个配送中心内部的功能区域布局问题。考虑到本书面向读者的需要，书中只介绍第二种布局。

从 20 世纪 90 年代开始，配送中心逐渐引起我国企业界的注意，经过 20 多年的发展，国内已投入使用很多配送中心，尤其是与连锁零售业相匹配的流通型配送中心更是遍地开花。但是，真正拥有现代化技术和设施设备，运用现代化配送理念的配送中心主要还是掌握在外资企业手里。比如，沃尔玛在中国的 3 家配送中心（深圳、天津和嘉兴）的管理水平和运作效率在国内难以找到可以与其相媲美的企业。内资配送中心除了实力雄厚的企业（如烟草企业、顺丰速运、苏宁电器大部分配送中心）自建之外，大多数是利用外租仓库进行改造后开展配送业务。

由于我国配送中心建设起步较晚，因此，在原有配送中心布局过程中不可避免会存在一些不合理的问题，即便当时是合理的，随着客户需求的变化，原有配送中心亦可能不能适应当前的配送需求。因此，这就需要我们在工作中不断根据实际需要优化配送中心布局。那么，配送中心在布局上一般存在哪些不合理之处呢？

（一）配送中心平面区域划分不合理

1. 一般配送中心平面区域划分

配送中心内各种物流作业既相互联系，又相对独立。大致作业流程明确后，即可针对配送中心的营运特性设计所需作业区域。配送中心作业区域的设计，首先要求具有与装卸搬运、储存保管、拣选加工等配送活动相适应的作业性质和功能，同时，还必须满足管理、提高经济效益以及对作业量的变化和商品形状变化能灵活适应柔性变化要求。一般情况下，一个配送中心应该由以下区域构成：

（1）进货区

它是供货物验收、卸货、搬运及货物暂停的场所。

（2）理货区

这是对进货进行简单处理的场所。在这里，货物被区分为直接分拣配送、待加工、入库储存和不合格需清退的货物，分别送往不同的功能区。在实行条码管理的中心里，还要为货物贴条码。

（3）储存区

对暂时不必配送或作为安全储备的货物进行保管和养护的场所。通常配有多层货架和可用于集装单元化的托盘。

（4）加工区

进行必要的生产性和流通性加工（如分割、剪裁、改包装等）的场所。

（5）分拣配货区

进行发货前的分拣、拣选和按订单配货。

（6）发货区

对物品进行检验、发货、待运的场所。

（7）退货处理区

存放进货和退货时残损或不合格或需要重新确认等待处理货物的场所。

（8）废弃物处理区

对废弃包装物（塑料袋、纸袋、纸箱等）、破碎货物、变质货物和加工残屑等废料进行清理或回收复用的场所。

（9）设备存放及维护区

存放叉车、托盘等设备及其维护（充电、充气、紧固等）工具的场所。

（10）停车场区

停放运输车辆的区域，包括前来送货的车辆和配送的车辆。

（11）管理区

是中心内部行政事务管理、信息处理、业务洽谈、订单处理以及指令发布的场所。

（12）附属区

包括宿舍、食堂等场所。

2. 配送中心平面区域划分不合理的情况

（1）划分的平面区域功能混乱或者缺失

有许多企业在外租仓库的基础上改造成配送中心，由于外租仓的局限性，而将进货区和出货区重叠使用，进货和出货在同一区域进行。配送作业十分混乱，少货、错发货、账物不相符的情况时有发生。有的企业没有设置理货区，在进货区经常堆存大量待入库的货物，严重影响正常作业。我国配送中心的工作环境普遍比较差，以致很难留住优秀人才，由于配送中心在规划管理区和生活区时没有充分考虑以人为本的原则，员工的工作区十分狭窄，办公条件过于简陋，这对配送中心的可持续发展是十分不利的。

（2）在搬运中存在迂回线路

在划分功能区域时，一般不会出现非常明显的迂回线路问题。但是，由于场地等原因，再加上规划者觉得某类货物的出入库量非常小，即使存在迂回也不会造成过多的人力浪费，所以，造成一些配送中心存在原始缺陷。随着配送中心业务量的不断增大，这种由于迂回带来的问题就越来越严重，因此，发现迂回要尽早优化。另外，也存在由于某区域面积设置过小，导致在该区域操作时会经常发生通道被占用，搬运工具必须绕行，从而造成迂回现象。

（3）储位规划不合理

储位规划是配送中心平面区域布局中非常重要的一项工作，是指对仓储区的储位进行合理划分，以便用最少的人力物力来存取货物。据统计，仓库中的卸货、取货、分拣等环节作业时间占整个配送中心总作业时间的 40％左右，其余 60％左右的时间花在了搬运上，这与储位规划不合理有很大关系。比如，储位安排顺序与拣货习惯顺序不一致、相近或相似的货物规划在同一储位、没有考虑货物的出货频率而进行合理规划等，都会使配送中心的运作效率大打折扣。

（4）某些区域的设施设备的放置区域规划不合理，呈现无序化摆放

如有的配送中心包装分拣区的自动化程度很低，没有形成规范的作业流程，各种设备摆放无序，货品随地堆放，工作流程混乱。这样不仅增加了工人的劳动强度，而

且也容易出错。

（5）配送中心规模与需求不相匹配，配送中心利用率不高

一般来说，配送中心的规模与服务能力呈正相关关系，即配送中心总规模越大，配送服务能力就越高。因此，在规划时，配送中心的规模应该与企业需求的总规模相匹配。但在实际中，配送中心规模与企业需求规模不相匹配的现象却经常发生。比如，有的企业在建配送中心时盲目攀比国外大型配送中心的规模，其规模和服务能力已超出其所需，从而造成人力、物力、财力的浪费；另外，有的配送中心的规模过小，满足不了企业的配送需要。

任务分析三：配送中心布局优化的目的

从上文可以看出，配送中心的布局过程不可避免会存在一些不合理的问题。有的问题是原始规划遗留的，有的当时是合理的，但随着客户需求变化而变得不合理。总之，我们在工作中要不断根据实际需要优化配送中心布局。配送中心布局优化的目的可以概括为：

①有效利用空间、时间、设施设备、人员和能源。

②最大限度地缩短物料搬运距离。

③简化作业流程。

④减少货损、货差，提高作业准确率。

⑤尽可能为员工提供安全、卫生的工作环境和相对方便、舒适的生活环境。

任务分析四：合理进行配送中心布局的依据

（一）流程分析

配送中心的主要作业活动包括入库、仓储、拣取、配货、出货、配送等，一些配送中心还有流通加工、贴标签、包装及退货等作业。在布置规划时，首先应将具有相同流程的货物作为一类（如 A、B、C、D……），分析每类物料的作业流程，作出配送中心作业流程表（如表 2-1 所示）。用数字 1、2、3……标明每组货物的作业顺序。

表 2-1　　　　　　　　　　配送中心作业流程

作业类别	A	B	C	D
进货区	1	1	1	1
理货区	2	2	2	2
分类区	3	4	4	
流通加工			3	
保管区		3		
特殊作业				3
配送	4	5	5	4

（二）物流相关性分析

物流分析即对配送中心各区域间的物流量进行分析，用物流强度和物流相关表来表示各功能区域之间的物流关系强弱，确定各区域的物流相关程度。

物流量分析即汇总各项物流作业活动从某区域至另一区域的物料流量，填写从一至表（如表2-2所示），作为分析各区域间物料流量大小的依据，若不同物流作业在各区域之间的物料搬运单位不同，则必须先转换为相同单位后，再合并计算其物流流量的总和。

表2-2　　　　　　　　　　配送中心物流量分析

从＼至	进货	验收	分类	流通加工	仓储	分拣	配货	发货	合计
进货									
验收									
分类									
流通加工									
仓储									
分拣									
配货									
发货									
合计									

根据各区域间物流量的大小，将其分为 5 个级别，分别用 A、E、I、O、U 表示，其中，A 为超大；E 为较高；I 为一般；O 为较小；U 为可忽略。从而可以得到各区域物流相关表（如表2-3所示）。

表2-3　　　　　　　　　　各区域物流相关关系

	进货区	理货区	分类区	加工区	保管区	特保区	发货区	办公区
进货区								
理货区	A							
分类区	I	I						
加工区	U	O	U					
保管区	U	A	E	E				
特保区	U	O	I	O	U			
发货区	U	U	A	I	E	O		
办公区	U	U	U	U	U	U	U	

注：A、E、I、O、U 为活动相关性。

（三）活动相关性分析

配送中心内除了与物流有关的功能区域（或区域外），还有许多与物流无关的管理或辅助性的功能区域。这些区域尽管本身没有物流活动，但却与其他区域有密切的业务关系，故还需要对所有区域进行业务活动相关性分析，确定各区域之间的密切程度。

各作业区域间的活动相关关系可以从以下几个方面考虑：

（1）程序性的关系

因物料流、信息流而建立的关系。如人员往返接触的程度、文件往返频度等。

（2）组织与管理上的关系

同一部门的功能区域应紧密布置。

（3）功能上的关系

区域间因功能需要形成的关系。如相同功能的区域尽量紧密布置。

（4）环境上的关系

因操作环境、安全考虑上需保持的关系。

根据以上相关要素，对任两个区域的相关性进行评价，一般将区域间的相关程度分为6个等级，如A、E、I、O、U、X 6级，包括绝对重要、重要到不可接近等。确定各要素接近程度的等级后，再以加权平均的方法计算两两区域间的重要相关程度。

一般相关程度高的区域在布置时应尽量紧临或接近，如出货区与称重区，而相关程度低的区域则不宜接近，如库存区与司机休息室。在规划过程中应由规划设计者根据使用单位或企业经营者的意见，进行综合的分析和判断。

任务实施：配送中心布局优化

（一）优化各功能区域面积

配送中心的作业区域包括物流作业区及外围辅助活动区。物流作业区如装卸货、入库、订单拣取、出库、出货等，通常具有物流相关性，而外围辅助活动区，如办公室、计算机室、维修间等，则具有业务上的相关性。经作业流程规划后即可针对配送中心的营运特性规划所需作业区域。区域设置具体包括以下两方面内容。

1. 能力需求分析

确定所需的作业区域后，需依据各项基础需求分析资料，确定各区域的基本储存能力。以下介绍仓储区和拣货区储存能力的估算方法。

（1）仓储区能力估算

仓储区的储运能力的估算方法可采用周转率估计法。其计算公式为：

$$仓容量 = \frac{年仓库运转量}{周转次数} \times 安全系数$$

利用周转率来进行储存区储存量的估计是一种简便而快速的初估方法，可适用于初步规划或储量概算的参考。

（2）拣货区的储存能力规划

规划配送中心拣货区的运转量，与仓储区估算方法类似，但是，须注意仓储区的容量是维持一定期间（厂商送货期间）内的出货量需求，因此，对进出货的特性及处理量均须加以考虑，而拣货区则以单日出货货品所需的拣货作业空间为主，故以品项数及作业面为主要考虑因素，一般拣货区的规划不需包含当日所有的出货量，在拣货区货品不足时则由仓储区进行补货。其规模计算的原则及方法说明如下。

①年出货量计算：将配送中心的各项进出货品换算成相同拣货单位的拣货量，并估计各货品别的年出货量，如果货品物性差异很大（如干货与冷冻品）或基本储运单位不同（如箱出货与单品出货），可以分别加总计算。

②估计各货品别出货天数：按各类货品别估计年出货天数。

③计算各货品平均出货天数的出货量：将各货品年出货量除以年出货天数。

④ABC分析：对出货量进行IQ分析，进行ABC分类，对各类货品制定不同的拣货区存量水准。各类货品的存量水准乘以各类别的货品品项数，即可求得拣货区储运量的初估值。

2. 区域面积的规划

各功能区域面积的确定与各区域的功能、作业方式、所配备的设施和设备以及物流量等有关，应分别进行详细计算。例如，仓储区面积的大小与仓储区具体采用的储存方法、储存设备和作业设备密切相关，常用的储存方法有地面堆码、货架存放、自动仓库等几种方式，应根据确定的总的仓储能力计算所需的面积或空间。

这里介绍一种对功能区域的面积进行估算的方法。对于物流作业区域，由于其面积主要取决于货物作业量，因此，可以用以下的简单公式估算该区域的面积：

$$S = \sum h_j / \lambda$$

式中：h_j——第j种货物每日的作业量（t）；

λ——该区域的面积利用系数（t/m²）。

各区域的面积利用系数取决于货物的类型、货物的存放方式以及所采用的作业设备等，应根据经验和具体条件确定。

（二）优化配送中心的功能区域

配送中心的区域布置方法有两种，即流程性布置法和活动相关性布置法。流程性布置法是根据物流移动路线和物流相关表作为布置的主要依据，适用于物流作业区域的布置；活动相关性布置法是根据各区域的综合相关表进行区域布置。一般用于整个厂区或辅助性区域的布置。

配送中心的内部布置可以用绘图方法直接绘成平面布置图，也可以将各功能区域按面积制成相应的卡片，在配送中心总面积图上进行摆放，以找出合理方案，还可以采用计算机辅助平面区域布置技术进行平面布置。平面布置可以作出几个方案，最后通过综合比较和评价选择一个最佳方案。配送中心内部布置的方法和步骤如下：

1. 配送中心作业区域的布置

①决定配送中心对外的联外道路形式。确定配送中心联外道路、进出口方位及厂区配置形式。

②决定配送中心厂房空间范围、大小及长宽比例。

③决定配送中心内由进货到出货的主要物流路线型式。决定其物流模式，如 U 型、双排型等。

④按物流相关表和物流路线配置各区域位置。首先将面积较大且长宽比例不易变动的区域先置入建筑平面内，如自动仓库、分类输送机等作业区，再按物流相关表中物流相关强度的大小安排其他区域的布置。

2. 行政活动区域的配置

一般配送中心行政办公区均采用集中式布置，并与物流仓储区分隔，但也应进行合理的配置。由于目前配送中心仓储区一般采用立体化设备较多，其高度需求与办公区不同，故办公区布置应进一步考虑空间的有效利用，如采用多楼层办公室、单独利用某一楼层、利用进出货区上层的空间等方式。

行政活动区域内的配置方法：首先选择与各部门活动相关性最高的部门区域先行置入规划范围内，再按活动相关表，将各部门按照其与已置入区域关系的重要程度依次置入布置范围内。

3. 确定和优化各种布置组合

根据物流相关表和活动相关表，探讨各种可能的区域布置组合。

根据以上方法，可以逐步完成各区域的概略配置。然后再将各区域的面积置入各区相对位置，并作适当调整，减少区域重叠或空隙，即可得到面积相关配置图。最后经调整部分作业区域的面积或长宽比例后，即得到作业区域配置图。

经由上述的规划分析，得到了区域布置的草图，最后还应根据一些实际限制条件进行必要的修正与调整。这些因素包括：

①厂房与土地面积比例。厂房建筑比率、容积率、绿地与环境保护空间的比例及限制等因素。

②厂房建筑的特性。建筑造型、长宽比例、柱位跨距、梁高等限制或需求。

③法规限制。土地建筑法规、环保卫生安全相关法规、劳动法等因素。

④交通出入限制。交通出入口及所在区域的特殊限制等因素。

⑤其他。如经费预算限制、政策配合因素等。

4. 储位优化

货物搬运时间包括存取货物时间和行走时间两个部分。前者与货物在仓库中存放的水平位置有关；后者与货物存放在储位上的高低位置有关。优化仓库的储位规划方案，可以同时节约入库时的搬运时间和出库时提货和运送时间。

（1）储位优化的基本原则

①储位明确化。在物流配送中心中，储存的每一种货物必须有明确的存放位置。

因此，货物储存区必须经过详细规划区分，每一储位要编码。

②货物存放有效合理。把货物有效合理的存于指定储位要经过精细的安排，比如，存取频率高的货物对应的存放储位与收货区、发货区或仓库出入口的距离小，即考虑横向距离，存取频率越低的货物存放的纵向相对位置越高；相反地，存取频率越高的货物存放的纵向相对位置越低，但最接近于最佳纵向存取位置，即不须弯腰或上架的存取高度。重量大的货物存放的储位纵向相对位置低；相反地，重量小而体积大的货物存放的纵向相对位置高一些，必须考虑到货物相关性，即相关性强的货物，一起出库的可能性大，最好置于相邻储位。

③储位上货物存放状况明了化。当货物放入储位后，要对货物的数量、品种、存放位置、拣货取出、淘汰更新和损耗损伤情况进行详细的登记建账，做到货物与账物完全吻合。

（2）规划储位存储策略

良好的储存策略可以减少出入库移动距离，缩短作业时间，充分利用储存空间。一般常见的储存方法有以下5种。

①定位存储。定位存储即每一项货物都有固定的储位。例如，有的货物要求控制温度储存条件，易燃易爆物必须存于一定高度并满足安全标准及防火条件的储位。按照管理要求，某些货物必须分开存储，一般化学原料与药品必须分开存储，重要保护物品要有专门的储位。这种定位储位方法易于管理，搬运时间较少，但是，需要较多的储存空间。

②随机储存。所谓随机储存是每一个货物的储位不是固定的，而是随机产生的。这种方法的优点在于共同使用储位，最大限度地提高了储区空间的利用率。但是，对货物的出入库管理及盘点工作带来困难，特别是周转率高的货物可能被置于离出入口较远的储位，增加了出入库的搬运距离。

③分类储存。所谓分类储存通常是按照产品相关性、流动性、尺寸和重量以及产品特性来分类储存。

④分类随机储存。这种方法是每一货物有固定的存放储区，但在各类储区中，每个储位的指定是随机的，其优点在于吸收分类储存的部分优点，又可节省储位数量，提高储区利用率。

⑤共同储存。这种方法是当确切知道各货物进出库的时间时，不同货物，只要相容，就可以共用相同的储位。这虽然在管理上会带来一定的困难，但是，减少占用储位空间，缩短搬运时间，有一定的经济性。

互动地带

以组为单位参观当地一家连锁超市配送中心，并根据上述知识画出平面布局图。然后，各小组进行优化分析，提出新的布局思路，并与其他小组比较讨论，选出最优方案。

任务二 优化配送中心设施设备选择

任务分析一：配送中心常用的设施设备有哪些

（一）储存设备

储存设备主要是各类货架，形式种类很多。按储存单位分类，可大致分为托盘用货架、容器用货架、单品用货架及其他用货架等四大类。每一类型因其设计结构不同，又可分为多种形式。下面介绍几种常用设备。

1. 托盘货架

托盘货架是最普通的一种货架，其优点是存取方便，拣取效率高。但是，这种货架的储存密度较低，需要较多的通道。根据存取通道宽度的不同可分为传统式通道、窄道式通道和超窄式通道。这种形式的货架适用于品种中量、批量一般的储存。通常在高6米以下的3～5层为宜。此外，它可任意调整组合，施工简易，经济实惠，出入库不受先后顺序的影响，一般的叉车都可使用。如图2-1所示。

图 2-1 托盘货架

在选用托盘货架时，应考虑存储单元的尺寸、重量和堆放层数，以便决定支柱和横梁尺寸。

2. 轻型货架

轻型货架的设计和托盘货架相同，只是结构轻量化而已。适用于储存箱品和散品等重量轻体积小的物品。由于拆装容易、防振、耐用，并用挂钩或螺栓固定，可自由调整存放高度及间隔。这种轻型货架最适合于办公室、商店、仓库和物流中心的小物品存放使用。货架高度一般在 4 米以下。

根据货架隔板每层承载能力来区分，可分为轻量型（承载 75～100 千克），中量型（承载 200～300 千克）和重量型（承载 1000～5000 千克）三种类型。也可分为两类，即把轻量型和中量型货架统称为轻量型货架，把托盘作为存取单位的货架叫做托盘货架。

轻型货架的特点如下：

挂钩式设计，可自由调节存取高度及间隔。

价格便宜，组装快速。

式样变化多，使用方便。

货架高度一般在 4 米以下。

适合存放纸箱、包、小件物品。

3. 储存设备的选择

以上介绍了两种常用的储存设备，其他储存设备读者可参考其他资料。一般在选择储存设备时主要考虑经济性、工作效率和其他因素。搬运作业是物流配送中心的主要作业之一。随着物流事业的发展，根据物流配送中心的实际需要，设计和生产的搬运设备品种繁多，规格齐全。常用的搬运设备是以搬运车辆为主，可以分为两大系列：一种是重载较长距离搬运的叉车系列，另一种是轻载短距离搬运的手推车系列。

（二）搬运设备

1. 叉车

叉车即叉式装卸车，是装卸搬运机械中应用最广泛的一种，又称铲车。它由自行的轮胎底盘和能垂直升降、前后倾斜的货叉、门架等组成，主要用于成件货物和集装货物的装卸搬运，是一种既可作短距离水平运输，又可进行堆垛拆装和对卡车、铁路平板车进行装卸作业的机械。在配备相应的取物装置以后，还能用于散货和多种规格品种货物的装卸作业。

叉车按其动力装置不同，分为内燃叉车和电瓶叉车；按其结构和用途不同，分为平衡重式、插腿式、前移式（以上三种均为正叉车）、侧叉车、跨车以及其他特种叉车等。

平衡重式叉车是叉车中应用最广泛的结构形式，约占叉车总数的 80% 以上。它的特点是货叉伸出在车身的正前方，货物重心落在车轮轮廓之外。为了平衡货物质量产生的倾覆力矩，保持叉车的纵向稳定性，在车体尾部配有平衡重。平衡重式叉车要依靠叉车前后移动才能叉卸货物。如图 2-2 所示。

2. 托盘搬运车

托盘搬运车是在小范围内搬运托盘的小型搬运设备。这种设备通常是在仓库内部货位之间搬运托盘，调整托盘与运输工具之间的装卸位置，在运输工具内部搬运托盘货体就位。这种车分为动力式和手动式两种。其工作原理是：先降低托盘叉的高度，使之低于托盘底座高度，叉入托盘叉入口后，再抬高叉座，将托盘抬起，利用搬运车的轮子移动托盘，到达目的地后，再降低叉座高度，从叉入口中抽出叉爪。

手动托盘搬运车（见图2-3）在使用时将其承载的货叉插入托盘孔内，由人力驱动液压系统来实现托盘货物的起升和下降，并由人力拉动完成搬运作业。它是托盘运输中最简便、最有效、最常见的装卸、搬运工具。

图2-2　平衡重式叉车　　　　　　　图2-3　手动托盘搬运车

3. 手推车

手推车的特点是轻巧灵活，具有易操作、回转半径小、价格低等优点，适于短距离搬运轻型货物。手推车广泛应用于仓库、物流中心、生产工厂、超市、货运站等场所。随着手动液压、电动液压技术的应用，并与托盘运输相结合，手推车已成为最常见的搬运方式。见图2-4。

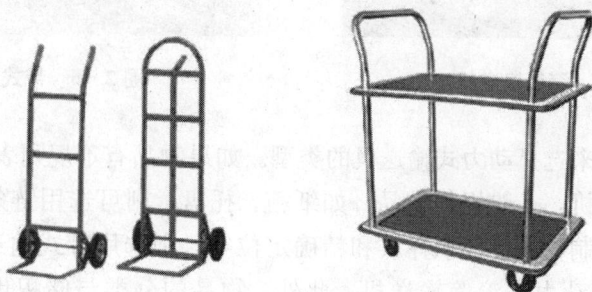

图2-4　手推车

（三）输送设备

输送机是现代配送中心的必不可少的重要搬运设备。它有水平和垂直搬运之分，也有整箱和托盘搬运之分。无论什么形式的搬运，决定输送机的主要参数都是搬运物的最大宽度和长度以及最大重量。此外，单位时间的搬运量也是重要参数。

在配送中心中使用最普遍的输送机是单元负载式输送机和立体输送机。单元负载式输送机包括滚筒式、带式和链条式三种类型。这些输送机主要用于固定路径的输送。

输送机的单元负载有托盘、纸箱或固定尺寸的物品。单元负载式输送机按动力源可分为重力式和动力式两种。所谓重力式输送机就是以输送物品的本身重量为动力，在倾斜的输送机上由上往下滑动。所谓动力式输送机就是以马达为动力。

1. 重力式输送机

重力式输送机包括重力式滚轮输送机和重力式滚筒输送机两类。其中，重力式滚筒输送机的应用范围远远大于滚轮式输送机。一般不适合滚轮式输送机的负载，如塑料篮子、容器、桶形物等均适合于滚筒式输送机。

重力式输送机的优点是利用货物的重量进行输送，成本低、容易安装和扩充。

2. 动力式输送机

动力式输送机是运用动力（电力）来输送物品的设备（见图 2-5 和图 2-6），主要包括动力链条式输送机和动力式滚筒输送机两类。其中，动力式滚筒输送机的应用范围较广，常用于储积、分支、合流和较重负载。此外，也广泛用于油污、潮湿、高温和低温环境。

| 图 2-5　滚筒输送机 | 图 2-6　带式输送机 |

根据物品特性来选择动力式输送机的类型。如果物品有不规则表面，如邮包之类，只能选用带式输送机，一般规则物品，如纸箱、托盘，则可选用链条输送机或滚筒输送机。为了间隔控制物品、储积释放和精确定位等，则选用带式输送机。如果是重量较大物品，则选用动力式滚筒输送机。此外，物品的分类与储积也多采用滚筒式输送机。

（四）托盘

托盘（Pallet），又称栈板，是现代工商业生产、运输、储存及包装的很重要的一种工具。托盘的出现有效地促进了物流过程整体水平的提高。随着机械化的提高，托盘的使用量也越来越大。托盘的种类繁多，下面，介绍几种常用的托盘。

1. 平托盘

平托盘（Flat Pallets）是在承载面和支撑面间夹以纵梁，构成可集装物料，可使用叉车或搬运车等进行作业的货盘。它是托盘中使用量最大的一种，可以说是托盘中的通用性托盘。托盘根据台面、叉车叉入方式和材料可以分为不同种类。见图2-7。

（1）按台面分类分成单面型、单面使用型、双面使用型和翼型四种

（2）按叉车叉入方式分为单向叉入型、双向叉入型、四向叉入型三种

单向叉入型只能从一个方向叉入，操作时较为困难。双向叉入型和四向叉入型，叉车可从两个或四个方向进叉，因而操作较为灵活。

（3）按材料分类分为木制平托盘、钢制平托盘、塑料制平托盘

①木制平托盘。木制平托盘制造方便，便于维修，本体也较轻，是使用广泛的平托盘。

②钢制平托盘。用角钢等异型钢材焊接制成的平托盘，和木制平托盘一样，也有叉入型和单面、双面使用型等形式。钢制平托盘最大特点是强度高，不易损坏和变形，维修工作量较小。

③塑料制平托盘。采用塑料模制平托盘，一般为双面使用型、双向叉入或四面叉入型三种形式。由于塑料强度有限，故很少有翼型的平托盘。塑料制平托盘最主要的特点是本体质量轻，耐腐蚀性强，便于各种颜色分类区别，但承载能力不如钢、木制托盘。

图2-7 各种平托盘

（4）高密度合成板托盘

用各类废弃物经高温高压压制而成。再生环保材料具有抗高压、承重性能好、成本低等优点。适合各类货物的运输，尤其是重货成批运输，也是替代木制托盘的最佳选择。

2. 柱式托盘

柱式托盘（Post Pallets）是在平托盘基础上发展起来的，其特点是在不压货物的情况下可进行码垛（一般为4层）。多用于包装物料、棒料管材等的集装。柱式托盘的主要作用有2个：一是防止托盘上所置货物在运输、装卸等过程中发生坍塌；二是利用柱子支撑重量，可以将托盘上部货物悬空载堆，而不用担心压坏下部托盘上的货物。见图2-8。

3. 箱式托盘

箱式托盘（Box Pallets）是在平托盘基础上发展起来的，多用于散件或散状物料的集装。金属箱式托盘还用于热加工车间集装热料。见图2-9。一般下部可叉装，上部可吊装，并可进行码垛（一般为4层）。其主要特点有：一是防护能力强，可有效防止

塌垛，防止货损；二是由于四周有护板护栏，因而托盘的装运范围较大，不但能装运可码垛的整齐形状包装货物，而且可装运各种异形不能稳定码垛的物品。

4. 网箱托盘

网箱托盘（Grille Box Pallets）用于存放形状不规则的物料。网箱托盘可使用托盘搬运车、叉车、起重机等作业；可相互堆叠4层；空箱可折叠。见图2-10。

图2-8　柱式托盘　　　　图2-9　金属箱式托盘　　　　图2-10　网箱托盘

任务分析二：配送中心设施设备选型存在的问题

大多数配送中心之所以运作效率低下是与设施设备选型不合理有很大关系的。当前，我国企业正轰轰烈烈地学习国外先进配送中心的现代化建设，但一定要结合国情和企业自身情况，在选择设备时要做到有所为有所不为。决策者在选型时稍有不慎就可能为中心运作留下隐患。

（一）自动化水平较低，运作效率不高

如前文所述，我国配送中心建设刚刚起步，还很不成熟。许多配送中心是在外租仓库的基础上改造而成，设施设备自然也就不舍得大量投资。搬运、拣货、封装等工作均由人工来完成，不仅浪费了许多人力，而且差错率较高，更严重的是人工作业需要大量时间，降低了配送的时效性，造成客户抱怨。

（二）盲目引进大规模高自动化设备，使用效率不高

与第一种情况相反，有的企业照搬国外先进配送模式，盲目引进自动化立体仓库、机器人等高端智能化自动化设备，占用了企业大量流动资金。引进的高端设备正常使用需要适宜的物流大环境（如包装标准、标签标准等）与之相配套。由于目前我国的物流标准建设也是在初期阶段，使得一些高端设备派不上用场，造成设备闲置，资源浪费。

（三）设施设备维护管理责任不明，使用周期不长

在选择设备供应商时，一定要明确维护管理的责任，尤其是自动化设备本身设计

比较复杂，其维护必须由专业人员或在专业人员的配合指导下来完成。因此，设备选型时不仅要保证买到一流的设备，还要保证买到一流的后期服务。

任务实施：配送中心选择设施设备选型优化

设备选择的总原则是先进性、经济性和合理性。采用先进设备的目的，是为了获得最大的经济利益，而不是片面地追求技术上的先进。只有技术先进和经济合理二者一致时，先进的设备才有发展的生命力。一般来说，技术先进和经济合理是统一的。这是因为，技术上的先进往往表现为设备的生产率高，能够保证作业质量。但是，由于种种原因，有时二者的表现是矛盾的。例如，某台设备的效率比较高，但可能能源消耗量大，或者设备的零部件磨损快，这样从全面经济效果来衡量就不一定适宜。再如，某些先进设备的自动化水平和生产效率都很高，适合大批量作业，而这类设备的价格较高，因此，在作业量还不够大的情况下使用，往往会负荷不足，从经济的角度看是不合算的。通过以上分析可以看出，在选择机器设备时，必须全面地考虑技术和经济的要求。通常应考虑以下几个方面：

◆ 生产性。生产性是指设备和设施的效率，如功率、行程、速率等一系列技术参数。

◆ 节能性。节能性是指设备和设施利用能源的性能，如热效率、能源利用率等。

◆ 耐用性。耐用性是指设备和设施使用寿命的长短。

◆ 维修性。维修性是指设备和设施检查、维修的难易程度。选购设备和设施时，要选择维修性好的设备，即设备和设施的结构合理，维修时便于检查和拆卸，零件互换性强等。因为维修会直接影响设备和设施的维护修理工作量和费用的支出额。

◆ 可靠性。可靠性是指设备和设施的精度、准确度和安全性等。

◆ 成套性。成套性是指设备要配套，各种附属设备、配套设备、工具要齐全，便于购买和更换。

◆ 灵活性。灵活性是指设备和设施的适应性要强，能适应不同的工作条件和环境，操作、使用要灵活，通用性强。

◆ 环保性。环保性是指在选择设备和设施时，要注意设备和设施的噪声以及排放物对环境的污染。

◆ 经济性。在选择设备和设施时，要充分考虑投资效果。设备和设施的投资费用少，投资回收期短，在经济上才是合理的。

配送中心选择设备应从技术和经济方面通盘考虑上述各种因素，只有这样才能为企业提供最优的设备。

探索园地 ▶▶

模拟成立一家配送中心，为该中心进行设备选型，并通过网络等渠道写出设备的型号、厂家、报价。

华联超市配送中心布局及设施设备选择

一、华联配送中心的规划

合理规划物流配送流程是建设配送中心的重要前提，根据经营商品进销的不同情况和商品的 ABC 分析，华联超市公司配送中心的物流可分成三部分：①储存型物流。这类商品进销频繁，整批采购、保管，经过拣选、配货、分拣、配送到门店。②中转型物流。这类商品通过计算机网络系统，汇总各商场门店的订货信息，然后整批采购，不经储存，直接在配送中心进行拣选、组配和分拣，再配送到门店。③直送型物流。这类商品不经过配送中心，由供货商直接组织货源送往超市门店，而配货、配送信息由配送中心集中处理。

二、华联配送中心的选址

近年来，华联超市已从江、浙两省延伸发展到向全国辐射，因此，将配送中心的建设更是放在首位。2000 年 8 月，华联超市新建的现代化配送中心正式启用。该配送中心位于上海市普陀区桃浦镇一棵树 7 号地段。基地紧贴外环线，直连沪嘉、沪宁、沪杭高速公路，南邻沪宁铁路南翔编组站，通向市区和向外辐射的能力很强。

三、华联配送中心的平面布置

新建桃浦配送中心，其主体建筑物是高站台、大跨度的单层物流建筑。为了充分利用理货场上方的空间，配送中心的局部为两层钢筋混凝土框架结构的建筑物。新建配送中心的占地面积 2.8 万平方米，总建筑面积 2 万平方米，商品库存能力 60 万箱，日均吞吐能力 14 万箱。

配送中心基地内部的环状主干道路宽 20 米，实行"单向行驶、分门进出"。配送中心的南北两侧，建有 4 米宽的装卸平台；站台高出室外道路 1 米，当厢式卡车尾部停靠站台时，车厢抱垫板与站台面基本上处于同一平面，将商品的装卸作业变成水平移动，大大减少了装卸作业环节和劳动强度。站台作业线总长 270 米，可停靠 80 多辆卡车同时作业。站台上方有悬挑 8 米宽的雨篷，保证可一天 24 小时全天候作业。配送中心的中央空间采用金属网架结构，上盖镶嵌统长型采光带的彩色夹芯保温钢板屋面，白天（包括阴雨天）库内作业时不需要人工照明。绿色非金属耐磨地面，装卸搬运作业时不起灰，确保了食品的卫生安全。

四、华联配送中心的设备配置

新建配送中心具有较高的科技含量。第一，仓储立体化。配送中心采用高层立体货架和拆零商品拣选货架相结合的仓储系统，大大提高了仓库空间的利用率。在整托盘（或整箱）水平储存区，底层为配货区，存放 7000 种整箱出货的商品；上面 4 层为储存区，用于向配货区补货；在拆零商品配货区，拆零货架上放置 3000 种已打开物流包装箱的商品，供拆零商品拣选用。

第二，装卸搬运机械化。配送中心采用前移式蓄电池叉车、电动搬运车、电动拣选车和托盘，实现装卸搬运作业机械化。此外，原先每辆送货卡车跟装卸工 3 人，现在采用了笼车，卡车开到门店，由门店人员自己把笼车卸下来推到店内，既减轻了劳动强度，又大大缩短了卸车的时间，原来 1 天跑 2 车货的，现在可以跑 3 车，提高了卡车的运输效率。同时，由于减少了装卸搬运作业量，既减轻了劳动强度，又降低了物流成本，再则，由于减少了搬运次数，使物流配送过程中的货损、货差大幅度下降。

第三，拆零商品配货电子化。近年来，连锁超市对商品拆零作业的需求越来越强烈，国外同行业配送中心拣货、拆零的劳动力已占整个配送中心劳动力的 70%，华联超市配送中心拆零商品的配送作业正准备采用电子标签拣选系统。届时，只要把门店的订单输入电脑，作业人员便可按照货位指示灯和品种显示器的指示，从货格里取出商品，放入拣货周转箱，然后揿动按钮，货位指示灯和品种显示器熄灭，订单商品配齐后进入理货环节。电子标签拣货系统大大提高了商品处理的速度，减轻了作业强度，大幅度降低了差错率。

第四，物流管理条码化与配送过程无纸化。采用无线通信的电脑终端，开发了条码技术，从收货、验货、入库到拆零、配货，全面实现条码、无纸化。

第五，组织好越库中转型物流、直送型物流和配送中心内的储存型物流，完善"虚拟配送中心"技术在连锁超市商品配送体系中的应用。

🔍 课外训练

调查连锁超市配送中心和电器配送中心，比较二者在布局及设施设备选择上的区别，并思考原因。

❓ 复习思考题

1. 配送中心在进行平面布局时应考虑什么因素？如何设计平面图？

2. 配送中心一般必备的设备有哪些？如何定位配送中心的现代化程度？

3. 小型配送中心的设施设备为什么以人工操作为主？可以实现自动化吗？

项目三　优化配送组织结构及岗位设置

岗位描述

该项目对应的岗位主要有仓储管理员、配送调度员和客服员等。

知识目标

了解配送中心的组织结构设置、岗位设置情况；掌握配送中心组织结构的内容和岗位职责等。

技能目标

会针对某个具体的配送中心作出组织结构框架图；能提出合理的优化措施；能为配送中心进行相关岗位的优化配置等。

教学方法提示

带领学生参观一家企业配送中心，然后要求学生画出组织结构示意图，并针对配送中心组织设置情况提出合理岗位设置建议。

项目导读 ▶▶▶

上海梅林配送中心

2002 年 2 月 22 日下午，上海新闸路 1124 弄的一户人家拨通"85818"电话，报出自己在正广和（1997 年与上市公司梅林重组）购物网络的用户编号，要求订购两桶纯净水、一袋免淘米，并说明第二天上午家里留人，支付水票。几秒钟之内，这订单被接线小组输入正广和的计算机系统，系统根据客户编号从数据库中调出客户住址。再根据地址和要货时间自动把这份订单配置到第二配送站次日上午的送货单。当天晚上 9 时，位于上海繁华地带静安区康定东路 16 号的正广和销售网络第二配送站里，经理罗方敏准时打开电脑，接受从总部传过来的送货单。这份送货单的客户全部在第二配送站的辖区——静安东区之内，送达时间是 23 日上午，客户地址、编号、所需货物、数量、应收款等已经被清楚地列出来。

与此同时，一份相同的送货单也送到公司配送中心和运输中心。第二天一大早，运输中心派出车辆，到配送中心仓库提出已配好的货物，发往第二配送站。

第二配送站墙上贴着一张静安东区详细到门牌号的地图，签收完货物后，罗经理根据这张地图和自己的经验排好送货路线，把墙上的单子分给7个送货工人。整个上午，这些揣着送货单的工人蹬着写有"梅林正广和"和"85818"字样的三轮车，在静安东区的弄堂里出出进进。

中午12时30分，所有工人送货和收款的情况被汇总成表，由第二配送站的电脑传送至总部。个别没有送到的，汇总表中"原因"一栏会注明"01"、"02"等，分别代表"地址错误"、"家中无人"，等等。

各配送站每天上午10时30分、下午2时30分、晚上9时30分共3次接收总部的送货指令，分别安排当天下午、晚上和次日上午的送货计划，然后在每天的下午6时30分、次日早8时30分、下午2时30分把每天下午、晚上和次日上午的送货完成情况传回总部。每天收回的水票和现金也交到总部结算。根据这些信息，总部再决定是否给配送站及时补货。

有4名职能管理人员、7名送货工人、1辆货车和7辆"黄鱼车"、房屋月租金7000元的第二配送站，每天大概要送出大桶纯净水300多桶、袋装米30多包，还有饮料、冷饮、鲜花、罐头等其他几十种物品。在正广和遍布上海的大约100个配送站里，第二配送站的规模算是中等的。据说，每个配送站的年利润为15万～20万元。

3个配送中心、100个配送站、200辆小货车、1000辆"黄鱼车"、1000名配送人员，构成了正广和在上海的整个配送网络。截至1999年年底，上海市已经有60万户市民依靠这个配送网络完成日常饮水和其他日用消费品的采购。

思考：本案例中涉及哪些岗位？讨论是否有需要改进的地方。

任务一　优化配送组织结构

任务分析一：什么是组织结构

(一) 组织结构的含义

组织结构（Organization Structure）是指组织内各构成要素以及它们之间的相互关系，它是为了完成组织目标而设计的，是对组织复杂性、正规化和集权化程度的一种量度。组织结构的本质是组织好员工的分工协作关系，其内涵是人们在职、责、权方面的结构体系。

(二) 组织结构的基本形式

1. 直线职能型组织结构

(1) 直线制组织结构

直线制组织结构（Line Structure）是最为简单也是最早出现的集权式组织结构形式，其基本特点是组织中的各种职位按垂直系统直线排列，不设专门的职能机构。见图3-1。

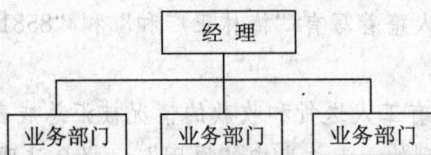

图3-1 直线制组织结构

这种结构的优点是机构简单，信息传递快，决策迅速，费用省，效率高。但要求领导者通晓各种业务。因此，这种组织结构只适用于规模较小、生产技术比较单一的企业。

(2) 职能制组织结构

职能制组织结构（Functional Structure）亦称U形组织。该模式是在直线制组织结构的基础上，为各职能领导者设置相应的职能机构和人员。在职能制模式下，下级行政负责人除接受上级行政主管指令外，还需接受上级职能机构部门的领导和监督。该模式带有分权制管理的特点。如图3-2所示。

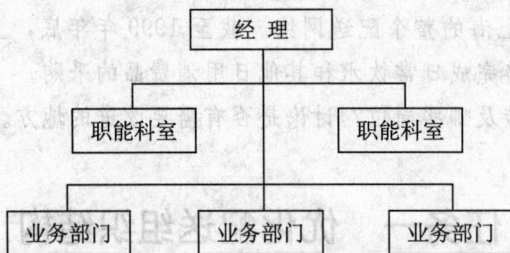

图3-2 职能制组织结构

职能制组织结构是在直线制组织结构的基础上，为各职能领导者设置相应的职能机构和人员。其优点是将企业管理工作按职能分工，适应了现代企业生产技术比较复杂、管理工作分工较细的特点，提高了管理的专业化程度。但是，容易形成多头领导，妨碍生产行政的统一指挥，不利于建立健全责任制。因此，这种组织形式在现代企业中很少采用。

(3) 直线职能制组织结构

直线职能制组织结构（Functional Structure）又称直线参谋制或生产区域制结构。该模式综合上述两种模式的优点，一方面保持了直线制领导、统一指挥的优点；另一方面，又吸收了职能管理专业化的长处，实行厂长统一指挥与职能部门参谋、指导相结合的组织结构形式。如图3-3所示。

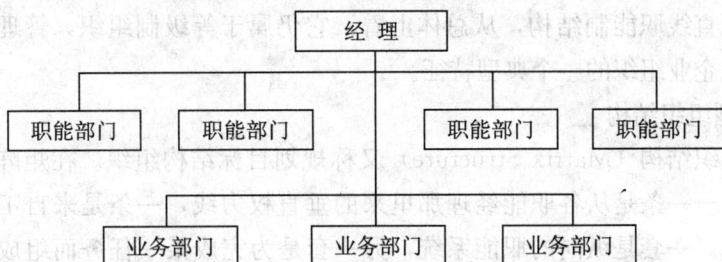

图3-3 直线职能制组织结构

但这种组织形式也存在明显的不足之处：权力集中在最高管理层，职能部门缺乏必要的自主权；各职能部门之间的横向协调性差；企业信息传递路线过长，容易造成信息丢失或失真，适应环境能力差。

2. 事业部型组织结构

事业部型组织结构（Divisional Structure）亦称 M 形结构，是按照"集中决策、分散经营"的原则，将企业划分为若干事业群，每一个事业群建立自己的经营管理机构与队伍，独立核算，自负盈亏。目前，大部分企业集团尤其是跨国公司采取了事业部型组织结构，其组织架构是业务导向型的，从权力结构上讲是分权制，基本单位是半自主的利润中心，每个利润中心内部通常又按职能制组织结构设计。在利润中心之上的总部负责整个公司的重大投资，负责对利润中心的监督。因此，总部的职能相对萎缩，一般情况下总部仅设人事、财务等几个事关全局的职能部门。如图3-4所示。

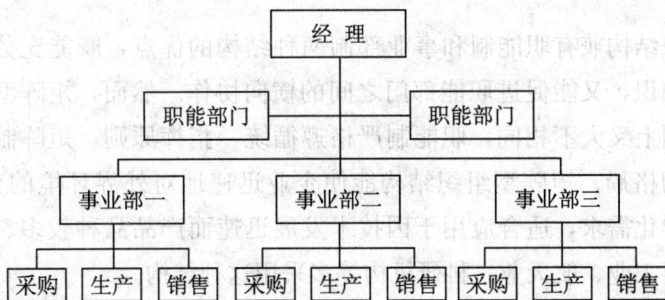

图3-4 事业部型组织结构

事业部型组织结构具有以下特点：第一，专业化分工。按照企业的产出将业务活动组合起来，成立专门的生产经营部门。第二，生产规模较大、生产经营业务多样性。钱德勒指出，它"将许多单位置于其控制之下，经营于不同地点，通常进行不同类型的经济活动，处理不同类型的产品和服务"。第三，管理权和经营权相分离。在产权安排上实行所有权、经营权相互分离，在内部分工与协作中实行事业部制是大型企业普遍采取的组织结构模式。第四，层级制管理。事业部制尽管增加了分权色彩，但在事业部内仍采用直线职能制结构，从总体上看，它仍属于等级制组织，管理层级制仍然是存在于现代企业组织的一个典型特征。

3. 矩阵型组织结构

矩阵型组织结构（Matrix Structure）又称规划目标结构组织。在矩阵结构中，有两条权力线——一条是从各职能经理那里来的垂直权力线，一条是来自工程权力部门的水平权力线。一套是纵向的职能系统，另一套是为完成某一任务而组成的横向项目系统。这一结构的存在改变了传统的单一直线垂直领导系统，使一位员工同时受两位主管人员的管理，呈现交叉的领导和协作关系，从而达到企业内营销职能与设计、生产职能的更好结合。如图 3 - 5 所示。

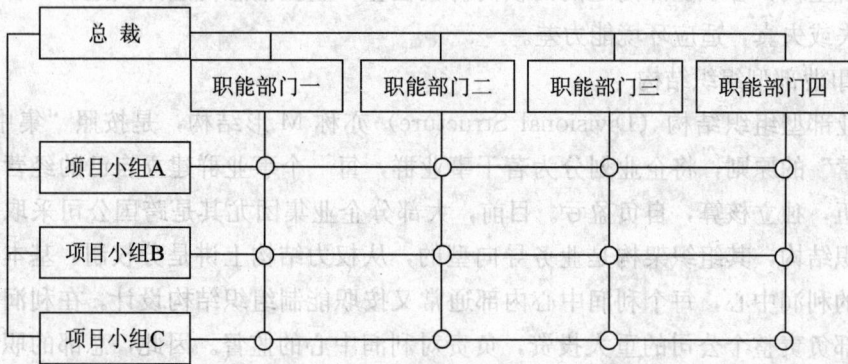

图 3 - 5 矩阵型组织结构

矩阵型组织结构兼有职能制和事业部制两种结构的优点，既能充分利用职能部门内的专业技术知识，又能促进职能部门之间的横向协作。然而，矩阵型组织同职能制组织在组织原则上又大不相同，职能制严格遵循统一指挥原则，矩阵制则从结构上形成了双头指挥的格局。矩阵型组织结构能使企业迅速地对外界环境的变化作出反映，满足市场的多样化需求，适合应用于因技术发展迅速而产品品种较多、管理活动复杂的企业，如军事工业、航天业、科研机构等多采用这种结构。

4. 立体多维型组织结构

立体多维型组织结构（Solid-Multidimensional Structure）是职能制组织结构、矩阵型组织结构和事业部制结构的综合发展，是为了适应新形势的发展需要而产生的组织结构形式。立体多维结构就是一个企业的组织结构包括三类以上的管理机构。主要包括：①按产品或服务项目划分的事业部，是产品利润中心；②按职能划分的参谋机构，是专业成本中心；③按地区划分的管理机构，是地区利润中心。这样，企业内部的一个员工可能同时受到来自 3 个不同方面的部门或者组织的领导。立体多维型组织结构适用于体制健全的跨国或跨地区的规模庞大的企业集团。如图 3-6 所示。

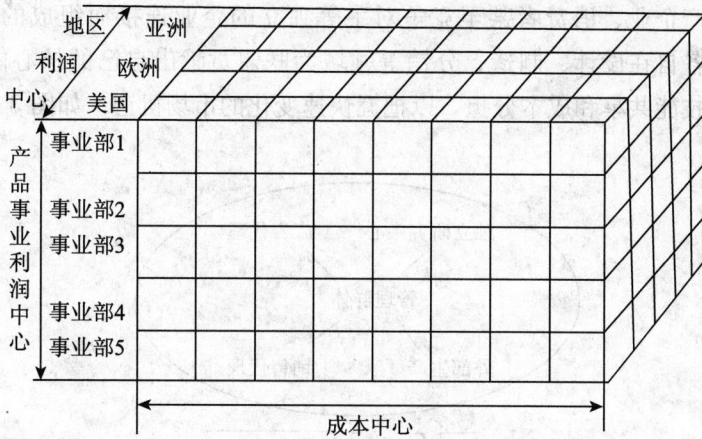

图 3-6 立体多维型组织结构示例

5. 流程型组织结构

流程型组织结构是为了提高对顾客需求的反应速度与效率，降低对顾客的产品或服务供应成本而建立的以业务流程为中心的组织结构。流程型组织结构是以系统、整合理论为指导，按照业务流程为主、职能服务为辅的原则设计的。

流程型组织结构形式由于企业内外环境的变化而千差万别，但是，结构的内涵却是一致的。组织以流程维度为主干，每一流程由若干个子流程和团队组成；设计必要的职能服务中心，来保障流程团队和业务流程的有效运行；团队之间、业务流程之间及其与职能中心之间的整合和协同工作需要信息技术的支持。如图 3-7 所示。

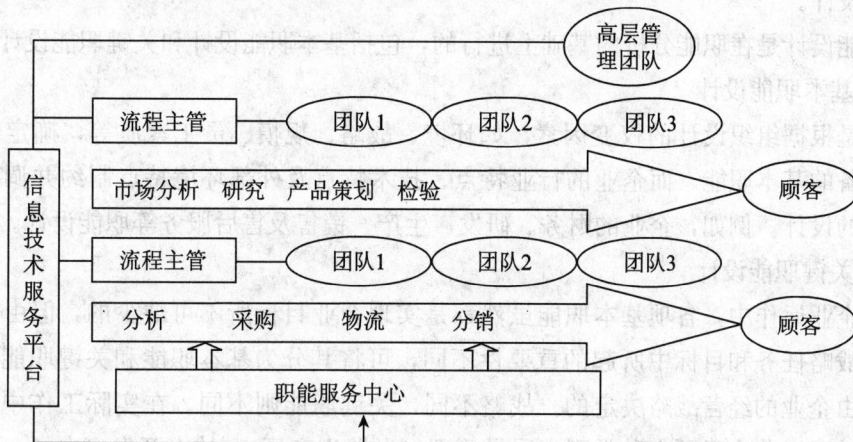

图 3-7 流程型组织结构

6. 网络型组织结构

网络型组织结构（Network Structure）通常也指虚拟组织，它是指一些相互独立的业务过程或企业等多个伙伴以信息技术和通信技术为基础，依靠高度发达的网络将供应企业、生产企业、消费者甚至竞争对手等独立的企业连接而组成的暂时性联盟，而每一个伙伴各自在设计、制造、分销等领域为联盟贡献出自己的核心能力，并相互联合起来实现技能共享和成本分担，以把握快速变化的市场机遇。如图3-8所示。

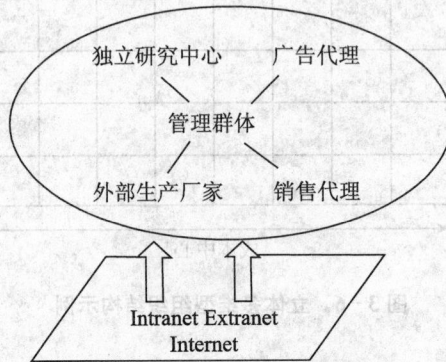

图3-8 网络型组织结构

任务分析二：组织结构优化设计的方法及原则

(一) 职能设计的方法

职能设计（Function Design）是进行组织结构设计的首要步骤，是根据组织的目标来确定组织应该具备哪些基本的职能及其结构，包括企业的经营职能和管理职能的设计，如企业的市场研究、经营决策、产品开发、质量管理、营销管理、人事管理等职能的设计。

职能设计是在职能分析的基础上进行的，包括基本职能设计和关键职能设计。

1. 基本职能设计

它是根据组织设计的权变因素，如环境、战略、规模、员工素质等，确定特定企业应具备的基本职能。而企业的行业特点、技术特点及外部环境特点制约并调整着基本职能的设计。例如，企业的财务、研发、生产、销售及售后服务等职能设计。

2. 关键职能设计

在企业运作中，各项基本职能虽然都是实现企业目标所不可缺少的，但由于在实现企业战略任务和目标中所起的重要性不同，可将其分为基本职能和关键职能。关键职能是由企业的经营战略决定的。战略不同，关键职能则不同。在实际工作中，关键职能设计可以分为以下六种类型：质量管理（电器生产厂）、技术开发（电子、仪器）、市场营销（日常消费品）、生产管理（油田、电厂）、成本管理、资源管理。一个企业的关键职能设计的类型是相对稳定的，但却不是一成不变的，而是动态的。

（二）部门设计的方法

部门划分通常采用以下方法：

1. 按人数划分

按人数划分是按照组织中人数的多少来划分部门，即抽取一定数量的人在主管人员的指挥下去执行一定的任务。这是最原始、最简单的划分方法，军队中某一兵种的师、旅、团、营、连、排、班就是以这种方法划分的。

2. 按时序划分

按时序划分是最古老的划分部门的形式之一。是在正常的工作日不能满足工作需要时所采用的划分部门的方法。通常实行 3 班制，适用于医院、警察、消防、电信部门等组织的基层部门设置。

3. 按产品划分

按产品划分即按组织向社会提供的产品和服务的不同来划分。它是随着科学技术的发展，为了适应新产品的生产而产生的。这种划分方法有利于发挥专用设备效益，发挥个人的技能和专业知识并有利于部门内的协调。但是，它要求更多的人具有全面管理的能力，各产品部门独立性较强而整体性较差，从而增加了主管部门协调控制的困难。

4. 按地区划分

按地区划分是按照企业活动分布的地区为依据来划分部门。这种划分能够调动地方、区域的积极性，能够因地制宜以谋取地方化经营的最佳经济效果。但是，由于地域的分散性，增加了主管部门控制的困难，容易出现各自为政的局面，不利于企业总体目标的实现。这种划分方法多用于大的集团公司和跨国公司。

5. 按职能划分

按职能划分是遵循专业化的原则，以组织的经营职能为基础划分部门。按职能划分部门是企业组织广泛采用的方式，几乎所有企业组织结构的某些层次都存在职能分工的形式。这种划分方法有利于专业化分工，有利于各专业领域的最新思想和工具的引入，能够促进专业领域的深入发展，但易导致所谓的"隧道视野"现象：形成经理导向，关注部门目标。这种部门主义或本位主义，给部门之间的相互协调带来很大的困难。

6. 按顾客划分

顾客部门化越来越受到重视。按顾客划分是基于顾客需求的一种划分方法，即按组织服务的对象类型来划分部门。这种划分能够满足顾客特殊而又多样化的需求。但是，这一部门与其他部门的协调极为困难。

在现实的管理活动中，企业部门的划分方法往往不是单一的，而是以上多种方法的结合，即常常使用混合的方法划分部门。

（三）职务设计的方法

职务设计（Job Design）又称为岗位设计，是在工作任务细分的基础上，给员工分配所要完成的任务，并规定员工的责任和职责。岗位设计的科学性直接决定着人力资源管理工作的有效性，决定着人力资源的管理工作作用的发挥。管理人员在职务设计时，应有意识地为提高员工的积极性而改变职务设计。

职务设计的方法概括起来有以下几种：

1. 职务专业化（Job Specialization）

职务专业化盛行于20世纪上半叶，它是以亚当·斯密的分工理论和弗雷德里克·泰勒的科学管理理论为前提而出现的。职务专业化就是将工作进行细分，使其专业化，这样员工承担的工作往往是范围狭小和极其有限的。如建筑施工中的监工、电工、木工、装修工等。职务专业化有利于员工专业技能的纵深发展。但是，长期从事单调的工作，容易引起员工的不满情绪，导致组织效率下降。职务专业化是职务设计的最基本的方法，在对企业基层职务设计中普遍采用。

2. 职务轮换制（Job Rotation）

为了暂时解决和缓和工人的不满情绪，实行了职务轮换制。职务轮换制是指工作任务的暂时性变化。通过这一方法，员工的活动得以多样化，拓宽了员工的工作领域，获得新的技能，为员工在企业的进一步发展奠定了基础。

3. 职务丰富化（Job Enrichment）

伴随着管理理论基础的发展和完善，继梅奥人际关系学说之后，20世纪40年代马斯洛的需求层次理论、50年代赫茨伯格的双因素理论等激励理论相继提出，可见，满足员工需求成为职务设计的主导因素。职务丰富化又称为垂直职务承载，它充实了工作内容，增加了职务深度，使职务设计更具有挑战性、成熟感、责任感和自主性，从而提高了员工的满意度和工作积极性，有力地改善了职务专业化的弊端，但是，职务丰富化在某些单位并没有提高劳动生产率。

职务丰富化的具体办法：改变领导的控制程度，提高员工的自主性和独立性；赋予员工更多的责任，使员工拥有对工作更多的支配权；提供员工培训的机会，以满足他们个人发展的需要等。

4. 职务扩大化（Job Enlargement）

职务扩大化是指增加工作的范围，为员工提供更多的工作种类。相对于职务丰富化来说，它主要是指员工的职务范围增大，是工作范围的水平扩展，因此，又称为水平职务承载。职务扩大化赋予员工更多的工作自主权，例如，作出决策和更多的控制权。

（四）组织结构设计原则

1. 任务与目标原则

企业组织设计的根本目的，是为实现企业的战略任务和经营目标服务的。这是一条最基本的原则。组织结构的全部设计工作必须以此作为出发点和归宿点，即企业任务、目标同组织结构之间是目的同手段的关系；衡量组织结构设计的优劣，要以是否有利于实现企业任务、目标作为最终的标准。从这一原则出发，当企业的任务、目标发生重大变化时，例如，从单纯生产型向生产经营型、从内向型向外向型转变时，组织结构必须作相应的调整和变革，以适应任务、目标变化的需要。又如，进行企业机构改革，必须明确要从任务和目标的要求出发，该增则增，该减则减，避免单纯地把精简机构作为改革的目的。

2. 专业分工和协作的原则

现代企业的管理，工作量大，专业性强，分别设置不同的专业部门，有利于提高管理工作的质量与效率。在合理分工的基础上，各专业部门只有加强协作与配合，才能保证各项专业管理的顺利开展，达到组织的整体目标。贯彻这一原则，在组织设计中要十分重视横向协调问题。主要的措施有：

①实行系统管理，把职能性质相近或工作关系密切的部门归类，成立各个管理子系统，分别由各副总经理（副厂长、部长等）负责管辖。

②设立一些必要的委员会及会议来实现协调。

③创造协调的环境，提高管理人员的全局观念，增加相互间的共同语言。

3. 有效管理幅度原则

由于受个人精力、知识、经验条件的限制，一名领导人能够有效领导的直属下级人数是有一定限度的。有效管理幅度不是一个固定值，它受职务的性质、人员的素质、职能机构健全与否等条件的影响。这一原则要求在进行组织设计时，领导人的管理幅度应控制在一定水平，以保证管理工作的有效性。由于管理幅度的大小同管理层次的多少呈反比例关系，这一原则要求在确定企业的管理层次时，必须考虑到有效管理幅度的制约。因此，有效管理幅度也是决定企业管理层次的一个基本因素。

4. 集权与分权相结合的原则

企业组织设计时，既要有必要的权力集中，又要有必要的权力分散，两者不可偏废。集权是大生产的客观要求，它有利于保证企业的统一领导和指挥，有利于人力、物力、财力的合理分配和使用。而分权是调动下级积极性、主动性的必要组织条件。合理分权有利于基层根据实际情况迅速而正确地作出决策，也有利于上层领导摆脱日常事务，集中精力抓重大问题。因此，集权与分权是相辅相成的，是矛盾的统一。没有绝对的集权，也没有绝对的分权。企业在确定内部上下级管理权力分工时，主要应考虑的因素有：企业规模的大小，企业生产技术特点，各项专业工作的性质，各单位的管理水平和人员素质的要求等。

5. 稳定性和适应性相结合的原则

稳定性和适应性相结合原则要求组织设计时，既要保证组织在外部环境和企业任务发生变化时，能够继续有序地正常运转，又要保证组织在运转过程中，能够根据变化了的情况作出相应的变更，组织应具有一定的弹性和适应性。为此，需要在组织中建立明确的指挥系统、责权关系及规章制度，同时，要求选用一些具有较好适应性的组织形式和措施，使组织在变动的环境中，具有一种内在的自动调节机制。

（五）组织结构设计的步骤

企业组织结构的设计只有按照正确的程序进行，才能达到组织设计的高效化。组织结构设计的步骤如下：

1. 业务流程的总体设计

业务流程设计是组织结构设计的开始，只有总体业务流程达到最优化，才能实现企业组织高效化。业务流程是指企业生产经营活动在正常情况下，不断循环流动的程序或过程。企业的活动主要有物流、资金流和信息流，它们都是按照一定流程流动的。企业实现同一目标，可以有不同的流程。这就存在一个采用哪种流程的优选问题。因此，在企业组织结构设计时，首先要对流程进行分析对比、择优确定，即优化业务流程。优化的标准是：流程时间短，岗位少，人员少，流程费用少。

业务流程包括主导业务流程和保证业务流程。主导业务流程是产品和服务的形成过程，如生产流程；保证业务流程是保证主导业务流程顺利进行的各种专业流程，如物资供应流程、人力资源流程、设备工具流程等。首先，要优化设计的是主导业务流程，使产品形成的全过程周期最短、效益最高；其次，围绕主导业务流程，设计保证业务流程；最后，进行各种业务流程的整体优化。

2. 按照优化原则设计岗位

岗位是业务流程的节点，又是组织结构的基本单位。由岗位组成车间、科室，再由车间、科室组成各个子系统，进而由子系统组成全企业的总体结构。岗位的划分要适度，不能太大也不能太小，既要考虑流程的需要，也要考虑管理的方便。

3. 规定岗位的输入、输出和转换

岗位是工作的转换器，就是把输入的业务，经过加工转换为新的业务输出。通过输入和输出就能从时间、空间和数量上把各岗位纵横联系起来，形成一个整体。

4. 岗位人员的定质与定量

定质就是确定本岗位需要使用的人员的素质。由于人员的素质不同，工作效率就不同，因而定员人数也就不同。人员素质的要求主要根据岗位业务内容的要求来确定。要求太高，会造成人员的浪费；要求太低，保证不了正常的业务活动和一定的工作效率。

定量就是确定本岗位需用人员的数量。人员数量的确定要以岗位的工作业务量为依据，同时，要以人员素质为依据。人员素质与人员数量在一定条件下成反比。定量就是在工作业务量和人员素质平衡的基础上确定的。

5. 设计控制业务流程的组织结构

这是指按照流程的连续程度和工作量的大小，来确定岗位形成的各级组织结构。整个业务流程是个复杂的系统，结构是实现这个流程的组织保证，每个部门的职责是负责某一段流程并保证其畅通无阻。岗位是保证整个流程实施的基本环节，应该先有优化流程，后有岗位，再组织车间、科室，而不是倒过来。流程是客观规律的反映，因人设机构，是造成组织结构设置不合理的主要原因之一，必须进行改革。

以上 5 个步骤，既有区别又有联系，必须经过反复的综合平衡、不断地修正，才能获得最佳效果。

任务实施：配送中心组织结构优化

客户需求变化、经营成本上升和企业竞争加剧等因素迫使企业不得不转变经营方式，提高经营效率。对于流通领域的变革，建立配送中心提升物流效率不失为一种较好的选择。配送中心的设置将以往需要经过制造、批发、仓储、零售等各点多层复杂的通路简化，进而缩短了通路，降低了流通成本，满足了市场营销的需要。但是，我国的许多配送中心管理理念落后，组织结构方面的缺陷阻碍了公司策略调整的步伐。如何优化配送中心组织结构，提高配送效率，降低物流成本，最终达到顾客满意，成为业界热议的话题。

按照上述组织结构设计的方法、原则和步骤，从配送中心组织结构的分析来看，无论是面向制造企业的配送中心，还是面向流通企业或专业物流企业的配送中心，其主要形式有 4 种，即功能型组织结构、地区型组织结构、混合型组织结构和矩阵型组织结构。配送中心可以根据自身特点和外部环境选择，对现行组织结构进行优化，使之朝着下列 4 种结构的某一种不断完善。

（一）功能型组织结构

具有配销功能的配送中心一般采用功能型的组织结构，即公司以职工的工作、技巧或活动为基础将组织划分部门。这些公司之所以采用这样的组织结构是因为配销型公司扮演商、物合一的角色，其先向上游制造商或进口商进货，然后再以不同的价格转卖给消费者或小的零售商；同时，通过现代化的管理效率对下游单位提供物流支援活动，来取代传统的经销商或中间商的市场地位。这些公司的特点是下游的客户多且稳定，它们发展的主要策略有引进多产品、多品牌；代理与开发知名品牌、创建自己的品牌。因此，在组织发展上，这样的配送中心不但从事配送工作，而且注重商品的开发与销售。这样的配送中心与一般的配送中心不同之处在于，它是具有各种功能的物流组织，且多了商品开发、业务开发与营销企划的部门。

（二）地区型组织结构

有许多配送中心是从传统的运输、仓储业发展而来，在业务上仍旧以输送为主。这样的配送中心强调的是网络，对企业的机动性要求强，要求配送中心能够立即适应变动的环境，要求配送中心有较高的任务协调能力及明确的绩效责任。因此，这些配送中心主要根据服务的产出，将组织划分部门按照地域设定组织结构，由各地区别组织机动性的揽货。

（三）混合型组织结构

目前，在市场成立了越来越多的专业配送中心，它们属于第三方物流。这些公司是将商品从制造商或进口商运至零售商的中间流通业者，提供企业的物流支援活动，收取商品价格的某百分比来作为收入来源。这些公司大多数由仓储或货运公司转变而来，拥有专业熟练的物流技术、区域性的配送能力和广布全国的各主要省份的配送网络。这样的物流组织强调构建全国或区域性的配送网络与全程运输、短途配送能力的结合为主。因此，其在组织设计上多采用混合式的结构，强调地区性物流中心的独立性与跨区域性物流服务的联结，以一体性系统的物流组织作为服务架构。所以，混合型物流组织就是指综合功能型物流组织与地区型物流组织的设计要素，利用二者的优点来设定物流组织，它的特点是部门间及部门内的协调可以同时进行；结合功能型组织的效率及地区型组织适应环境的优点。

（四）矩阵型组织结构

矩阵型物流组织是指将功能型和地区型结构并存在每个部门中，每个单位下的人员必须接受功能型经理及地区型经理的监督。公司采用这样的物流组织，由于资源有限性，各单位可以在一定的人力资源条件下，同时满足功能型与地区型的需求，可鼓励资源的有效利用。在有大量信息处理时，将工作区分为功能型与地区型，可使信息在公司中更快速流通，可满足顾客多变的需求。

任务二　优化配送岗位设置

任务分析：配送中心岗位设置分析

岗位设置决定了企业能否产生较高的组织效率、员工工作职责能否依规履行、薪酬标准能否精准对接，在企业管理中占据重要地位。

（一）配送中心岗位设置的特点

1. 岗位设置多样化

物流活动的具体分化，导致了物流企业工作岗位的差异很大，这种特征在配送中心表现得很明显，因为配送中心麻雀虽小五脏俱全。有些岗位的劳动具有高度的重复性（如收发货员、单据录入员等）；有些岗位劳动的强度和危险性较大（如叉车司机、配送车司机等）；有些岗位需要富于才智、精通专业（如项目经理）；有些岗位需要很强的协调与管理能力（如配送经理、仓库主管等）；有些岗位则需要掌握着特殊的专业知识和技能（如信息操作员）。

2. 各种类型的岗位大量并存

物流活动是由运输、仓储、配送、流通加工、信息处理、包装、装卸搬运等功能组成，为了完成这一系列的工作内容，物流企业在设置岗位时，基本是依照这些物流活动进行设计的，这些岗位设置都要求具有相对的独立性，并可操作各项具体业务活动。如运输调度、司机、仓管员、叉车司机、配送专干、发货员、订单员、运作员等。由于物流作业的烦琐性和重复性，因此，物流企业当中，各种类型的岗位大量并存，例如，一个中等规模的配送中心，配送专干岗位一般不少于20个，配送人员则多达上百人，虽然他们的岗位都是配送专干岗位，但因为所负责的配送业务活动的难度和烦琐程度不同，其薪酬在物流企业中也大不相同。

3. 岗位设置趋向有利于"团队化"建设

物流运作中，不同的物流环节之间存在着严重的目标冲突，具体有运输成本与库存量之间的效益背反、前置时间与运输成本之间的效益背反、安全库存量与库存成本之间的效益背反、客户服务水平与服务成本之间的效益背反等。因此，物流企业的岗位设置必须向有利于"团队化"建设的方向发展。

（二）配送中心岗位设置的原则

1. 战略分解、因事设岗

按照部门职责和组织流程分解岗位，有事干就设岗，没事干就撤岗。

2. 粗细相宜、工作饱满

这是岗位设置的技巧，把握岗位数量、实施简捷管理，要求员工多技能、满负荷工作。

3. 人岗融合、适应未来

岗位设置要考虑企业管理基础背景和岗位人员的条件，并逐步将岗位质量和数量调整到位。

（三）配送中心岗位类别

物流企业需要将物流活动的基本环节有效地组合、联结在一起，形成物流的总功能，以便能合理、有效地实现物流运作的目的。配送中心的岗位有很多，按照其性质的不同，主要可以分成以下几种类型：作业岗位、专业岗位、拓展岗位、行政辅助岗位、管理岗位、决策岗位。

1. 作业岗位

作业岗位主要是指直接从事保管环节、包装环节、装卸搬运环节、流通加工环节、配送环节、信息处理环节的操作岗位，是属于物流企业的一线。如仓管员、订单员、配送员（配送专干）、配货员、运作员、车辆调度等。

2. 专业岗位

专业岗位主要是指从事各类专业技术工作的岗位，带有很强的技术成分。如叉车司机、汽车司机、吊车司机等。

3. 拓展岗位

拓展岗位是物流企业比较重要的一类岗位，主要是指从事物流企业业务的对外扩展与项目的跟踪、落实。如物流营销、货代等。

4. 行政辅助岗位

行政辅助岗位主要是指从事行政或者服务性工作或者管理性的岗位，其主要是根据企业的要求和领导的安排，执行自己的任务。如人力资源专干、会计、出纳、文员、行政专干、前台接待等。

5. 管理岗位

管理岗位主要是指那些行使管理职责、承担部门或科室主要责任的主管、经理等。如仓库主管、配送经理、运输经理、人力资源经理、财务经理等。

6. 决策岗位

决策岗位主要是指企业的各类高级管理层，需要在工作中对公司作出较大的决策。如总经理、副总经理、各部门负责人、项目经理等。

任务实施：优化配送中心岗位设置

调研当地一家配送中心，画出该中心的组织结构，并列出设置的具体岗位。以小组为单位讨论该中心在岗位设置方面的缺陷，并指出改进措施。

知识拓展

快递行业的用工荒

快递，这个让人又爱又恨的行业，刚刚从爆仓歇业的风口浪尖上平息过来，又开始遭遇用工难题。随着业务的火速发展，据不完全统计，2011年，国内大型民营快递公司在天津地区净增从业人员数量至少5000人。

"现在月薪3000元都招不到人。"春节过后，圆通速递华北管理区执行总经理闻杭平上班后第一件事就是火速"招人"。在2011年，圆通速递至少要在天津地区招收300名快递员，以满足不断扩大的市场需求。而现在，圆通速递在天津地区的员工总量大约是1000人。

同样的一幕在他的同行那里也在上演。"今年，公司计划在天津地区净增700名一线和二线员工，主要包括快递员和分拣员，可是从春节到现在，我们马不停蹄地一场一场招聘，也只招上来50人"，国内某大型快递公司人力资源部负责人蔡先生这样告诉记者。2010年，在快递行业"爆仓"不断的大背景下，这间大型公司的人员净增数量是760人。而在2008、2009两年，该公司净增员工数量也不过区区300人。而在另一家大型快递公司工作的小陈告诉记者，因为工作太累，春节一过，他周围的同事有的就陆续辞职了。他所在公司也开始四处招人。小陈感慨，现在快递业找个司机都难。

据业内人士不完全统计，2011年，国内大型民营快递公司在天津地区净增从业人员数量至少5000人。眼下，让快递业十分棘手的招工难题，到底难在哪里？"最难的是，大家对这个行业不了解，总觉得送快递被人瞧不起"，业内人士说道。天津快递协会副秘书长张海军在接受本报记者采访时也曾经表示，在快递业，快递员一天工作10个小时以上几乎是家常便饭，这份典型的纯体力活也被公认为是一项"好汉子不干、赖汉子干不了"的工作。

面对眼下的用工难题，各大快递公司自去年年底就已经采取了应急预案。蔡先生所在公司去年11月份提前预见到年底业务繁忙，招收了100多名小时工，在12月份全部上岗，进行货件分拣工作，分散用工压力。"最繁忙时，我们甚至给一线员工全天候提供麦当劳、肯德基套餐，以保证员工队伍稳定"，蔡先生说。春节过后，这100多名小时工中，有30％都转正了，这也在一定程度上缓解了他们的用工压力。

业内人士介绍，通常快递员入行第一个月，起薪只有1000元左右。入行之初，快递员不能自己收派件，都由一名"师傅"带领熟悉流程，认识客户。工作第二个月，可以开始按收派件的数量计提收入。这个时候，月薪通常会涨到2000～3000元。第三个月，快递员基本就可以成为熟练工了，月薪会继续上涨，一般可以达到4000元左右。

快递从业也有门槛。值得关注的是，要想在快递业生存，早已不是简单的拼体力，快递员还需要"持证上岗"。在某大型快递公司工作的小李告诉记者，虽然已经从业5年，但去年公司开始要求，从业人员必须持证上岗。同年，小李参加了快递业职业技能鉴定考试，并获得从业资质证书。"我们公司几乎所有的快递业务员都分批参加了这项考试"，小李说。

据了解，快递业资质考核主要针对快递业务员生产作业、操作技能、文明礼仪、法律知识等方面进行，目的是提高快递业务员的技能水平和企业服务水平。近年来，由于快递企业发展良莠不齐，服务水平及质量相差很大，一些小型快递企业基础设施薄弱，企业经营管理水平不高，员工整体素质偏低，直接影响了快递服务的质量，使快递服务成为消费者投诉热点。为此，2009年10月1日实施的《快递业务经营许可管理办法》对快递企业员工持证上岗作出规定：经营同城、异地和国际业务的快递企业员工持证上岗率分别要达到30％、40％和50％。

资料来源：http：//www. tianjinwe. com/tianjin/tjwy/201102/t20110217 _ 3450155. html
天津网

课外训练

调查某配送中心，画出该配送中心的组织结构图，并为其规划各个岗位设置，指出你这样设置的原因。

复习思考题

1. 配送中心组织结构应如何设置？工作要点是什么？
2. 配送中心岗位如何设置？岗位设置原则是什么？
3. 根据目前掌握的专业知识和自身性格等特点，你认为自己比较适合哪些岗位？要想胜任这些岗位还需要作出哪些方面的努力？

项目四　整合配送流程与配送作业管理

岗位描述

该项目对应的岗位主要有配送主管、仓储主管、配送系统规划员、配送调度员、仓管员等。

知识目标

掌握配送的基本流程；了解目前企业配送流程设计不合理的情况；理解配送流程整合的含义；了解整合配送流程的方法；掌握配送作业管理的要点。

技能目标

能针对具体企业配送活动画出流程图，指出其不合理之处，并利用相关方法提出初步整合方案；能熟练操作进货、订单处理、保管、分拣、出货、送达和退货等业务。

教学方法提示

整合配送流程是管理难度较大、实践性很强的工作，建议请企业一线管理专家针对实际案例举行一次讲座。对于配送作业管理则可在校内实训室完成，有条件的可到企业配送一线强化实践。

项目导读 ▶▶

沃尔玛的六种配送中心

沃尔玛公司共有六种形式的配送中心：第一种是干货配送中心，主要用于生鲜食品以外的日用商品进货、分装、储存和配送，该公司目前这种形式的配送中心数量最多。第二种是食品配送中心，配送产品包括不易变质的饮料等食品，以及易变质的生鲜食品等，需要有专门的冷藏仓储和运输设施，直接送货到店。第三种是山姆会员店配送中心，这种业态批零结合，有1/3的会员是小零售商，配送商品的内容和方式同其他业态不同，使用独立的配送中心。由于这种商店 1983 年才开始建立，数量不多，有些商店使用第三方配送中心的服务。考虑到第三方配送中心的服务费用较高，沃尔玛公司已决定在合同期满后，用自行建立的山姆会员店配送中心取代。第四种是服装配送中心，不直接送货到店，而是分送到其他配送中心。第五种是进口商品配送中心，为整个公司服务，主要作用是大量进口以降低进价，再根据要货情况送往其他配送中心。第六种是退货配送中心，接收店铺因各种原因退回的商品，其中一部分退给供应商，一部分送往折扣商店，一部分就地处理，其收益主要来自出售包装箱的收入和供应商支付的手续费。沃尔玛的每种配送中心都是为适应它不同的商品或连锁店的需要而成立。对于不同商品和连锁店严格区分配送方式，实行标准化管理。不仅大大提高了配送效率，还节约了采购成本，降低了管理和物流成本。

思考： 沃尔玛的六种配送中心的配送流程和作业要求有何区别？

任务一　整合配送流程

任务分析一：常见的配送流程有哪些环节

不同企业或不同商品的配送流程各有所异，但基于配送中心的配送流程相对而言是最完备的。配送中心是流通过程中的重要基础设施之一，在供应链中处于承上启下的位置，是沟通生产和流通的关键。配送中心是为了提供完善的配送服务而设立的经营组织，其核心职能是通过集货、储存、加工、分拣、配送运输等环节完成配送功能。无论是面向商贸企业的配送中心，还是面向制造企业或物流企业的配送中心，其作业流程都是以配送环节和基本工艺流程为基础的。不同功能的配送中心和不同商品的配送，其作业过程和作业环节会有所区别，但都是在基本流程的基础上对相应作业环节进行调整。配送的基本流程如图 4-1 所示。

备货　储存保管　订单处理　分拣配货　配装　配送运输　送达服务　退货处理

图 4-1　配送的基本流程

（一）备货

备货是配送的准备工作，是配送机构根据客户的要求从供应商处集中商品的过程，包括筹集货源、订货或购货、进货及有关的检验检查等。配送的优势之一，就是可以集中用户的需求进行一定规模的备货，充分发挥规模经济优势。

（二）储存保管

储存保管是配送的一项重要内容，有储备和暂存两种形态。储备是按一定时期配送规模要求的合理的储存数量，它形成了配送的资源保证；暂存是在进行配送过程中，为方便作业、在理货场所进行的短时间货物储存。一般来说，储备的结构相对稳定，而暂存的结构易于变化；储备的时间相对较长，而暂存的时间较短。储存保管包括盘点、储位优化和商品养护等作业。

（三）订单处理

订单是配送中心开展业务的依据。从接到客户订单开始到着手准备拣货之间的作业阶段，称为订单处理。它是配送中心的核心业务之一。通常包括订单资料确认、存货查询、单据处理等内容。

（四）分拣配货

为了满足客户对商品不同种类、不同规格、不同数量的要求，配送中心必须按照配装要求进行分拣货物，并按计划理货。分拣是对货物按照进货和配送的先后次序、品种规格和数量大小等所进行的整理工作，是保证配送质量的一项基础作业，也是完善送货、支持送货的准备性工作。配货是依据用户的不同要求，从仓库中提取货物而形成的不同货物的组合。用户对商品的需求是多元化的，配送中心必须对货物进行组合、优化，合理选用运输工具，方便配送工作，满足用户需求。

（五）配装

配装是对多客户、多品种、小批量商品的配送装车作业。其目的是为提高车辆满载率、装车安全和运送效率。配装时应注意放置紧密，充分利用车辆的载重量和容积，同时，要方便沿途卸货。这样不但能降低送货成本，提高企业的经济效益，而且可以减少交通流量，改善交通拥挤状况。

（六）配送运输

配送运输是借助运输工具等将装配好的货物送达目的地的一种运输活动，属于末端运输。要提高送货的效率，需要科学合理地规划和确立配送据点的地理位置。就一次送货过程而言，不仅要考虑客户的要求，而且要考虑送达的目的地、运输线路、运输时间以及运输工具等。

（七）送达服务

送达服务是将货物送达目的地后，将货物交付给用户的一种活动，是一项配送活动的结束性工作。交货人员应向用户办理有关的交接手续，有效地、便捷地处理相关手续并完成结算。

（八）退货处理

退货现象在物流配送经营中是不可避免的，但应力求减少。发生退货的原因主要有：瑕疵品回收、废旧物品回收、配送过程损坏的商品、送错退回等。

配送作业过程的8个环节紧密连接、相互促进和相互制约，构成了配送的基本作业流程。因此，要提高配送效率及提高客户的满意度，就应有效地处理好这些环节之间的衔接关系。

任务分析二：目前配送机构在配送流程上普遍存在哪些问题

任何新兴事物在发展之初都难以避免一些不足，我国配送机构的配送流程设计亦是如此，存在许多需要改进的地方。

（一）配送流程模糊，不能有效满足工艺要求

配送机构因经营的物品种类不同，其作业对象和内容是不同的，因而其工艺过程也是有区别的。如蔬菜配送中心非常注重流通加工环节，医药配送中心中的核心业务是分拣。但我国的许多配送机构，尤其是规模小的配送中心根本没有分析作业对象的工艺要求，配送中心难以实现应有配送功能，效率低下。

（二）配送流程过于烦琐，浪费人力和物力

许多配送机构简单套用配送基本流程进行设计，流程中大量作业重叠，岗位职责重叠，造成人员冗余，作业量不饱满，相互推诿，人浮于事。作业流程的每个工序都需要一定的人员进行作业和管理。所以，在设计作业流程时应该减少环节，相同相近的作业内容要合并在一个作业环节，使作业流程最短，节约工时，降低作业成本；减少交接手续，共享信息，对顾客变化作出快速反应。

（三）配送流程各环节的运行节奏不一致，配送作业连续性较差

配送流程如同生产线一样，也要求在连续流程和平行流程的基础上，将能够同步进行的任务，设计为同步流程，以减少整个流程实际运行时间。否则，就会出现某一区域（如进货区）的工人一天到晚忙个不停，而同时有些区域（如理货区、拣货区）的工人的工作时断时续，整个流程缺乏节奏，人员分配不合理，员工也会因实际劳动时间长短不同而出现怠工等不良情绪。

（四）配送流程信息化水平低，运作效率低下

在国外物流配送领域，条码识别技术、仓储管理系统、配送管理系统等已成为不可缺少的信息化手段。近年来，物流信息化在我国也开始起步和发展。但是，许多配送机构对信息化存在误解，以为买了电脑，建立了网络，就实现了信息化。其实，真正的信息化不是盲目上设备、上网络，而应该根据客户需要和配送效率提升的需要有针对性地选择信息化手段。比如，在配送流程设计中，如果实现了信息的一次录入，后面所有工序共享，就会减少信息处理时间，提高运作效率。

任何配送流程的设计都不可能是永远完美的，因为客户的需求在不断变化，从而引发配送目标的变化，最终的表现是配送流程的种种不合理。因此，整合配送流程是一个既带有阶段性，又带有长期性的工作。

任务实施：整合配送流程

（一）整合配送流程的内涵

配送流程是否合理，关键是看该流程能否在实现其应有的进货、订单处理、仓储、搬运、分拣、流通加工、送达等基本功能的基础上，用最低的成本满足客户在时效、

频率、精准等方面的要求。整合配送流程就是根据流程优化目标,在对原有配送流程进行缺陷分析的基础上,按照一定的优化方法对配送流程进行局部改造或者整体改造的过程。

（二）整合配送流程的方法

目前,国内外专门针对配送中心作业流程设计与优化的理论研究较少,但对作业流程设计优化研究的方法却很多。配送中心作业流程设计与优化可参考一般流程设计优化的思路和方法。本书考虑读者需要,这里仅简单介绍其中四种流程设计优化方法,更详细的内容参见相关专业书籍。

1. 企业流程再造的方法

企业流程再造是20世纪90年代初期在美国兴起的又一管理变革浪潮。创始者哈默和钱皮将其定义为:企业流程再造乃是"对组织的作业流程进行根本的再思考和彻底的再设计,以求在成本、质量、服务和速度等各项当今至关重要的绩效标准上取得显著的改善"。再造是指对企业流程进行基本的再思考和再设计,以期取得在成本、质量、服务、速度等关键绩效上重大的改进。企业流程再造是一个根本设想,就是以首尾相接、完整的整合性过程来取代以往的被各部门割裂的、不易看见也难以管理的支离破碎的过程。如海尔集团就是用这种思想对物流业务流程进行了再造,完全打破了原有的格局,成立物流推进部,有效满足了海尔的物流服务需求。如图4-2、图4-3、图4-4所示。

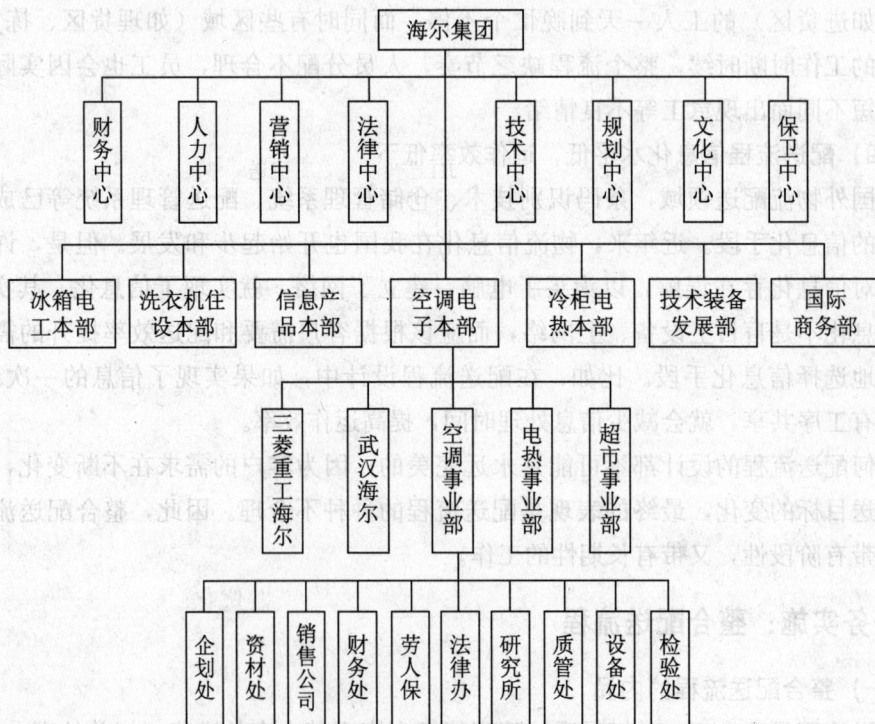

图4-2 海尔流程再造前的组织结构

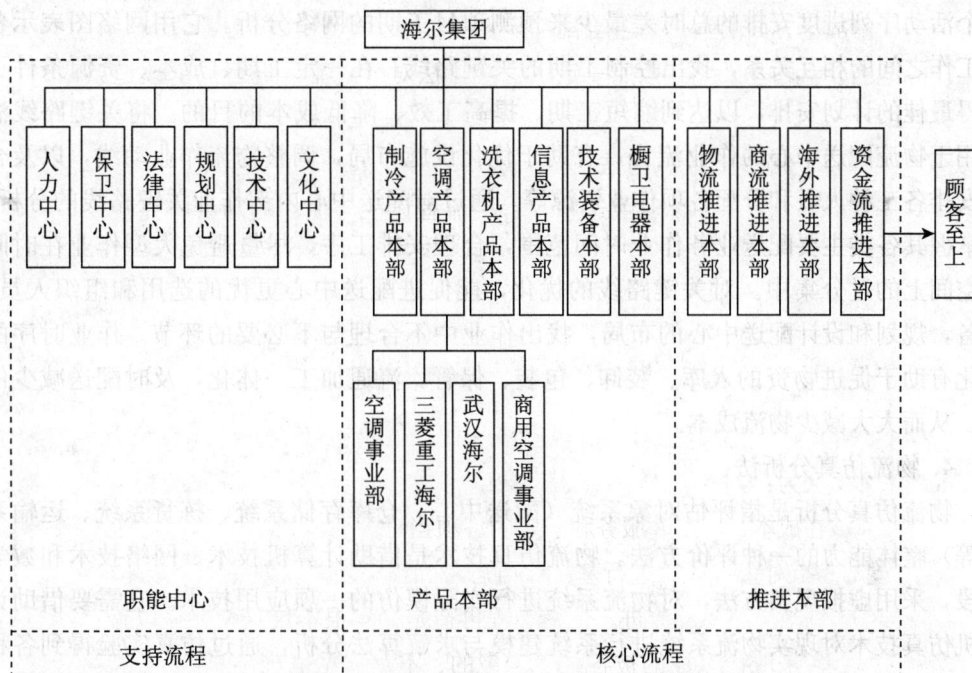

图 4 - 3　海尔流程再造后的组织结构

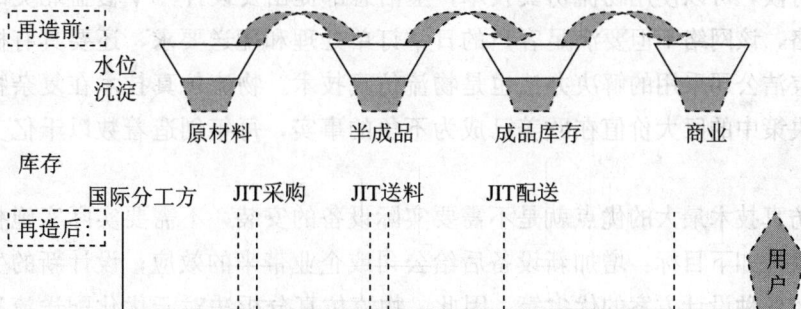

图 4 - 4　海尔流程再造前后物流流程对比

2. EIQ 分析法

EIQ 法是能高效解决在多数未知条件下规划物流系统的方法，对解决配送中心系统设计中的复杂问题是比较有效的。物流系统是一个受多数条件制约的系统，为了对这多数条件进行研究，如果再以原来的想法和方法规划物流系统，不但浪费精力和时间，而且也很难设计出优秀的物流系统来。在用 EIQ 法优化配送系统过程中，可以首先不考虑制约条件，先从订货量开始探究基本系统，然后再考虑基本制约条件，并对初步方案予以修正。

3. 关键路线分析法

关键路线法，又称关键线路法，是一种计划管理方法。它是通过分析项目过程中哪个活动序列进度安排的总时差最少来预测项目工期的网络分析。它用网络图表示各项工作之间的相互关系，找出控制工期的关键路线，在一定工期、成本、资源条件下获得最佳的计划安排，以达到缩短工期、提高工效、降低成本的目的。将关键路线法运用于物流配送中心的作业流程，有助于优化设施布局，调整物流作业动线，以及合理安排各工种人员和分配各项作业资源等。通过对配送中心内部作业关键路线的分析，可掌握其各类主要配送业务作业时间范围，合理安排工序，尽量避免大型作业在时间和空间上的过分集中。对关键路线的优化，能促进配送中心更优的选用和组织人员、设备，规划和设计配送中心的布局，找出作业中不合理与不必要的环节。作业时序的优化有助于促进物资的入库、装卸、包装、保管、流通加工一体化，及时配送减少停留，从而大大减少物流成本。

4. 物流仿真分析法

物流仿真分析是指评估对象系统（配送中心、仓库存储系统、拣货系统、运输系统等）整体能力的一种评价方法。物流仿真技术是借助计算机技术、网络技术和数学手段，采用虚拟现实方法，对物流系统进行实际模仿的一项应用技术。它需要借助计算机仿真技术对现实物流系统进行系统建模与求解算法分析，通过仿真实验得到各种动态活动及其过程的瞬间仿效记录，进而研究物流系统的性能和输出效果。如美国UPS公司想在满足客户服务质量的前提下，在庞大的人员车辆配置和成本之间取得最佳平衡的时候，可以使用物流仿真技术；宝洁总部提出要设计一个覆盖北美的高效的供应链网络，该网络不但要满足客户的日常订单处理和配送要求，还要具有极强的抗波动性，宝洁公司采用的解决办法也是物流仿真技术。物流仿真技术在复杂物流系统的分析和决策中的巨大价值在欧美已成为不争的事实，每年创造着数以千亿美元的经济效益。

物流仿真技术最大的优点就是不需要实际设备的安装，不需要实际实施相应的方案，即可验证如下目标：增加新设备后给公司或企业带来的效应；设计新的生产线的好坏；比较各种设计方案的优劣等。因此，物流仿真分析法对于优化配送流程，提高配送效率是非常便捷的方法。在实践中，因为有许多公司开发了物流仿真软件，如美国的 Flexsim 仿真软件、英国的 Witness 仿真软件、日本的 RaLC（乐龙）仿真软件等，使物流仿真的分析应用具有普遍意义。本书只介绍其中之一的 Flexsim 仿真软件（以下简称 Flexsim）。

Flexsim 是美国的三维物流仿真软件，能应用于系统建模、仿真以及实现业务流程可视化。Flexsim 中的对象参数可以表示基本上所有的存在的实物对象，如机器装备、操作人员、传送带、叉车、仓库、集装箱等，同时，数据信息可以用 Flexsim 丰富的模型库表示出来。Flexsim 具有层次结构，可以使用继承来节省开发时间，而且它还是面向对象的开放式软件，对象、视窗、图形用户界面、菜单列表、对象参数等都是非常直观的。由于 Flexsim 的对象是开放的，所以，这些对象可以在不同的用户、库和模型之间进行交换，再结合对象的高度可自定义性，可以大大提高建模的速度。Flexsim 的用户性和可移植性扩展了对象和模型的生命周期。

整合配送流程是一项复杂的决策过程，为保证整合后流程与目标的吻合性，可综合运用多种方法进行整合，然后进一步择优实施。

知识拓展

海尔物流业务流程整合

海尔物流管理的"一流三网"充分体现了现代物流的特征："一流"是以订单信息流为中心；"三网"分别是全球供应链资源网络、全球配送资源网络和计算机信息网络。"三网"同步流动，为订单信息流的增值提供支持。

一、一流三网

在海尔，仓库不再是储存物资的水库，而是一条流动的河。河中流动的是按单采购来生产必需的物资，也就是按订单来进行采购、制造等活动。这样，从根本上消除了呆滞物资、消灭了库存。

目前，海尔集团每个月平均接到 6000 多个销售订单，这些订单的品种达 7000 多个，需要采购的物料品种达 26 万余种。在这种复杂的情况下，海尔物流自整合以来，呆滞物资降低了 73.8%，仓库面积减少 50%，库存资金减少 67%。海尔国际物流中心货区面积 7200 平方米，但它的吞吐量却相当于普通平面仓库的 30 万平方米。同样的工作，海尔物流中心只有 10 个叉车司机，而一般仓库完成这样的工作量至少需要上百人。

全球供应链资源网的整合，使海尔获得了快速满足用户需求的能力。

海尔通过整合内部资源优化外部资源，使供应商由原来的 2336 家优化至 840 家，国际化供应商的比例达到 74%，从而建立起强大的全球供应链网络。GE、爱默生、巴斯夫、DOW 等世界 500 强企业都已成为海尔的供应商，有力地保障了海尔产品的质量和交货期。不仅如此，海尔通过实施并行工程，更有一批国际化大公司已经以其高科技和新技术参与到海尔产品的前端设计中，不但保证了海尔产品技术的领先性，增加了产品的技术含量，而且使开发的速度大大加快。另外，海尔对外实施日付款制度，对供货商付款及时率达到 100%，这在国内，很少有企业能够做到，从而杜绝了"三角债"的出现。

二、JIT 的速度实现同步流程

由于物流技术和计算机信息管理的支持，海尔物流通过 3 个 JIT，即 JIT 采购、JIT 配送和 JIT 分拨物流来实现同步流程。

目前，通过海尔的 BBP 采购平台，所有的供应商均在网上接受订单，使下达订单的周期从原来的 7 天以上缩短为 1 小时内，而且准确率达 100%。除下达订单外，供应商还能通过网上查询库存、配额、价格等信息，实现及时补货，实现 JIT 采购。

为实现"以时间消灭空间"的物流管理目的，海尔从最基本的物流容器单元化、集装化、标准化、通用化到物料搬运机械化开始实施，逐步深入到对车间工位的五定送料管理系统、日清管理系统进行全面改革，加快了库存资金的周转速度，库存资金周转天数由原来的30天以上减少到12天，实现JIT过站式物流管理。

生产部门按照B2B、B2C订单的需求完成以后，可以通过海尔全球配送网络送达用户手中。目前，海尔的配送网络已从城市扩展到农村，从沿海扩展到内地，从国内扩展到国际。全国可调配车辆达1.6万辆，可以做到物流中心城市6～8小时配送到位，区域配送24小时到位，全国主干线分拨配送平均4.5天，形成全国最大的分拨物流体系。

计算机网络连接新经济速度在企业外部，海尔CRM（客户关系管理）和BBP电子商务平台的应用架起了与全球用户资源网、全球供应链资源网沟通的桥梁，实现了与用户的零距离。在企业内部，计算机自动控制的各种先进物流设备不但降低了人工成本、提高了劳动效率，而且直接提升了物流过程的精细化水平，达到质量零缺陷的目的。计算机管理系统搭建了海尔集团内部的信息高速公路，能将电子商务平台上获得的信息迅速转化为企业内部的信息，以信息代替库存，达到零营运资本的目的。

三、积极开展第三方分拨物流

海尔物流运用已有的配送网络与资源，并借助信息系统，积极拓展社会化分拨物流业务，目前已经成为日本美宝集团、AFP集团、乐百氏的物流代理，与ABB公司、雀巢公司的业务也在顺利开展。同时，海尔物流充分借力，与中国邮政开展强强联合，使配送网络更加健全，为新经济时代快速满足用户的需求提供了保障，实现了零距离服务。海尔物流通过积极开展第三方配送，使物流成为新经济时代下集团发展新的核心竞争力。

四、流程再造是关键观念的再造

海尔实施的现代物流管理是一种在现代物流基础上的业务流程再造，而海尔实施的物流革命是以订单信息流为核心，使全体员工专注于用户的需求，创造市场，创造需求。

海尔的物流革命是建立在以"市场链"为基础上的业务流程再造。以海尔文化和OEC管理模式为基础，以订单信息流为中心，带动物流和资金流的运行，实施"3个零"目标（质量零距离、服务零缺陷、零营运资本）的业务流程再造。

构筑核心竞争力物流带给海尔的是"3个零"。但最重要的，是可以使海尔一只手抓住用户的需求，另一只手抓住可以满足用户需求的全球供应链，把这两种能力结合在一起，从而在市场上可以获得用户忠诚度，这就是企业的核心竞争力。这种核心竞争力，正加速海尔向世界500强的国际化企业挺进。

资料来源：http：//www.chinawuliu.com.cn/中国物流与采购网

讨论：海尔的物流流程整合是利用的什么管理思想？

任务二 配送作业管理

任务实施：配送作业管理

（一）进货作业

配送中心进货环节是商品从生产领域进入流通领域的基本环节，包括从运输工具上卸货、点数、分类、验收、搬运到配送中心的存储地点。

1. 收货操作程序和要求

①当供应商送货卡车停放收货站台时，收货员接单，对于没有预约的商品办理有关手续后方可收货。

②卸货核对验收，验收商品条码、件数、质量、包装等。

③在核对单货相符的基础上签字，在收货基础联上盖章并签注日期；对于一份收货单的商品分批配送的，应将每批收货件数记入收货检查联，待整份单据的商品件数收齐后，方可盖章回单给送货车辆带回。

④在货堆齐后，每一托盘标明件数，并标明这批商品的总件数，以便于保管员核对接收，在货运操作过程中，为做到单货相符、不出差错，在送货与复核之间最好由两人进行。

2. 收货检验

收货检验是对商品质与数量的检查，采用"三核对"和"全核对"相结合的方式。"三核对"即核对商品条码（或物流条码）；核对商品件数；核对包装上品名、规格和件数。"全核对"即对于品种繁多的小商品，以单对货，核对所有项目，包括品名、规格、颜色、等级、标准等，才能保证单货相符，准确无误。

（1）货品验收的标准

确认货品是否符合预定的标准。可以依据的标准：

①采购合约或订购单所规定的条件。

②采购谈判时合格样品。

③采购合约中的规格或图解。

④各种产品的国家质量标准。

（2）验收差异的处理

对验收产生差异的产品可采取以下的处理方式（如下表所示）。

商品验收作业常见问题处理

常见问题处理	数量溢余	数量短缺	品质不合格	包装不合格	规格不合格	单据与实物不符
通知供应商	√	√			√	√
按实数签收		√				
维修整理			√	√		
查询等候处理	√				√	√
改单签收	√				√	√
拒绝签收	√		√	√	√	√
退单、退货	√		√	√	√	√

（3）货品验收的作业内容

①质量验收。配送中心对入库商品进行质量检验的目的是查明入库商品的质量情况，发现问题，分清责任，确保入库商品符合订货要求。

②包装检验。包装检验目的是保证商品正常的储运条件。检验标准：国家颁布的包装标准，购销合同和订单对包装规格的要求。检验包装是否安全，包装标志和标识是否符合标准，包装材料的质量状况。

③数量验收。入库商品必须按不同供应商或不同类型初步整理查点大数后，必须依据订单和送货单的商品名称、规格、包装细数等对商品数量进行验收，以确保准确无误。

（二）订单处理

订单是配送中心开展业务的依据。从接到客户订单开始到着手准备拣货之间的作业阶段，称为订单处理。它是配送中心的核心业务，通常包括订单资料确认、存货查询、单据处理等内容。订单处理分人工和计算机两种形式。人工处理具有较大弹性，但只适合少量的订单处理。计算机处理则速度快、效率高、成本低，适合大量的订单处理，因此，目前主要采取后一种形式。如图4-5所示。

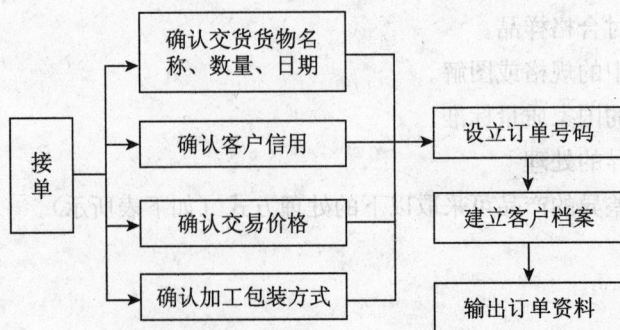

图4-5 订单处理流程

1. 接受订货

接单作业是订单处理的第一步。随着流通环境的变化和现代科技的发展，现在客户更趋于高频度的订货，且要求快速配送。因此，接受客户订货的方式也渐渐由传统的人工下单、接单，演变为计算机间直接送收订货资料的电子订货方式。电子订货，即采用电子传运方式取代传统人工书写、输入、传送的订货方式，它将订货资料由书面资料转为电子资料，通过通信网络进行传送。目前采用比较多的是用电子数据交换（EDI）等。

2. 订单确认

接单之后，必须对相关事项进行确认。主要包括以下几方面：

（1）货物数量及日期的确认

即检查品名、数量、送货日期等是否有遗漏、笔误或不符合公司要求的情形，尤其当送货时间有问题或出货时间已延迟时，更需与客户再次确认订单内容或更正运送时间。

（2）客户信用的确认

不论订单是由何种方式传至公司，配送系统都要核查客户的财务状况，以确定其是否有能力支付该订单的账款。通常的做法是检查客户的应收账款是否已超过其信用额度。

（3）订单形态确认

①一般交易订单。交易形态：一般的交易订单，即接单后按正常的作业程序拣货、出货、发送、收款的订单。处理方式：接单后，将资料输入订单处理系统，按正常的订单处理程序处理，资料处理完后进行拣货、出货、发送、收款等作业。

②间接交易订单。交易形态：客户向配送中心订货，直接由供应商配送给客户的交易订单。处理方式：接单后，将客户的出货资料传给供应商由其代配。此方式需注意的是客户的送货单是自行制作或委托供应商制作的，应对出货资料加以核对确认。

③现销式交易订单。交易形态：与客户当场交易、直接给货的交易订单。处理方式：订单资料输入后，因货物此时已交给客户，故订单资料不再参与拣货、出货、发送等作业，只需记录交易资料即可。

④合约式交易订单。交易形态：与客户签订配送契约的交易，如签订某期间内定时配送某数量的商品。处理方式：在约定的送货日，将配送资料输入系统处理以便出货配送；或一开始便输入合约内容的订货资料并设定各批次送货时间，以便在约定日期系统自动产生所需的订单资料。

（4）订单价格确认

对于不同的客户（批发商、零售商）、不同的订购批量，可能对应不同的售价，因而输入价格时系统应加以检核。若输入的价格不符（输入错误或业务员降价接受订单等），系统应加以锁定，以便主管审核。

（5）加工包装确认

客户订购的商品是否有特殊的包装、分装或贴标等要求，或是有关赠品的包装等资料系统都需加以专门的确认记录。

3. 设定订单号码

每一份订单都要有单独的订单号码，此号码一般是由控制单位或成本单位来指定，除了便于计算成本外，还有利于制造、配送等一切相关的工作。所有工作的说明单及进度报告都应附有此号码。

4. 建立客户档案

将客户状况详细记录，不但有益于交易的顺利进行，且有益于以后合作机会的增加。

5. 存货查询及订单分配

（1）存货查询

确认有效库存能否满足门店需求。库存商品资料包括品项名称、SKU（单品）号码、产品描述、库存量、已分配存货、有效存货及顾客要求的送货时间。输入门店订货商品名称或代号时，系统应查对存档的相关资料，看此商品是否缺货。若缺货，则生成相应的采购订单，以便于门店协调订替代品或允许延迟交货，以提高接单率和接单处理效率。

（2）分配库存

订单资料输入系统，确认无误后，最重要的处理作业是如何有效汇总分类，调拨库存，以便后续的各项作业能有效进行。对于单一订单的分配，输入订单资料时，就将存货分配给该订单。对于批次分配的订单，一是按接单时序分配，按订单时间先后分批次，把一天分成几个时段；二是按配送区域或路径分配；三是按车辆需求分配（针对对车辆有特殊要求的如低温、冷库等）。

6. 订单排定出货日程及拣选顺序

对已分配存货的订单，通常根据门店要求，拣取标准时间以及内部工作负荷来确定出货时间和拣选顺序，订单经过以上处理，可以开始打印出货单据。

①拣选单（出库单），提供商品出库指示，作为拣货的依据，若拣货单考虑商品储位顺序打印，以减少人员行走距离。

②送货单，交货时交送货单据给门店清点签收，作为收货凭证。要确保送货单上的资料与实际送货相符。

③缺货资料，库存分配后，对于缺货的商品或缺货的订单信息，系统提供查询或报表功能，以便及时处理。对于库存缺货商品，以提醒采购人员紧急采购。

（三）储位管理

储位管理的目标：第一，缩短行走距离。这个目标不是指缩短某一次操作的行走距离，而是在一个衡量时期内缩短所有操作的行走总距离。第二，平衡仓库员工工作量，争取在每次出入库操作中能够缩短总的时间跨度，缩短存放、提取货物时间。通过划分每一种货物的存取频率以决定其存放在储位上的纵向位置，即上下相对位置。例如，将高存取频率的货物放在储位的纵向最佳位置，从而员工可以直接站在地面取货，省去人员或者叉车频繁上下储位的时间。在实现管理目标过程中还需要考虑到许多客观影响因素，包括货物重量、储位大小、平均拣货准确率要求等，保证储位管理的顺利进行。

1. 暂存区域管理

在进出货时，货品在暂存区域存放预备进入下个作业区域。

①进货暂存区，在货进入暂存区前先分类，暂存区也先标示区分，并且结合看板记录，把货品依分类或入库上架顺序，配置预先规划好的储位。

②出货暂存区，每一区域路线或每一车的配送货品必须排放整齐并加以区分隔离，安置在先标好的区位上，再结合看板的标示，并按出货单所列顺序点收上车。

2. 保管区域管理

①存储货架或空间妥善规划，避免浪费。

②整理出库的呆滞品。

③报废处理，指定权责单位。

④退货品设定退货期限，避免大量积压。

⑤不能使用的设备立即处理。

⑥定期处理过期的文件、报表、资料。

⑦安全保障：意外防护，进出库管制。温湿度控制，爆炸、火灾、地震等损坏的防治及安全管理。

（四）盘点作业

在配送作业过程中，商品处于不断地进库和出库，在作业过程中产生的误差经过一段时间的积累会使库存资料反映的数据与实际数量不相符。有些商品因长期存放，使品质下降，不能满足用户需要。为了对库存商品的数量进行有效控制，并查清商品在库房中的质量状况，必须定期对各储存场所进行清点作业，这一过程我们称为盘点作业。

1. 盘点作业的目的

（1）确定现存量

盘点可以确定现有库存商品实际库存数量，并通过盈亏调整使库存账面数量与实际库存数量一致。由于多记、误记、漏记，使库存资料记录不实。此外，由于商品损坏、丢失、验收与出货时清点有误；有时盘点方法不当，产生误盘、重盘、漏盘等。为此，必须定期盘点确定库存数量，发现问题并查明原因，及时调整。

（2）确认企业资产的损益

库存商品总金额直接反映企业流动资产的使用情况，库存量过高，流动资金的正常运转将受到威胁，而库存金额又与库存量及其单价成正比，因此，为了能准确地计算出企业实际损益，必须通过盘点。

（3）核实商品管理成效

通过盘点可以发现作业与管理中存在的问题，并通过解决问题来改善作业流程和作业方式，提高人员素质和企业的管理水平。

2. 盘点作业的内容

（1）检查数量

通过点数计算查明商品在库的实际数量，核对库存账面资料与实际库存数量是否一致。

（2）检查质量

检查在库商品质量有无变化，有无超过有效期和保质期，有无长期积压等现象，必要时还必须对商品进行技术检查。

（3）检查保管条件

检查保管条件是否与各种商品的保管要求相符合。如堆码是否合理稳固，库内温湿度是否符合要求，各类计量器具是否准确等。

（4）检查安全

检查各种安全措施和消防设备、器材是否符合安全要求，建筑物和设备是否处于安全状态。

3. 盘点方法

盘点分为账面盘点及现货盘点两种。账面盘点又称为"永续盘点"，就是把每天出入库商品的数量及单价记录在电脑或账簿的"存货账卡"上，并连续地计算汇总出账面上的库存结余数量及库存金额；现货盘点又称为"实地盘点"或"实盘"，也就是实际去库内查清数量，再依商品单价计算出实际库存金额的方法。

（1）账面盘点法

账面盘点法是将每一种商品分别设立"存货账卡"，然后将每一种商品的出入库数量及有关信息记录在账面上，逐笔汇总出账面库存结余数，这样随时可以从电脑或账册上查悉商品的出入库信息及库存结余量。

（2）现货盘点法

现货盘点法按盘点时间频率的不同又可分为期末盘点及循环盘点。期末盘点是指在会计计算期末统一清点所有商品数量的方法；循环盘点是指在每天、每周清点一小部分商品，一个循环周期将每种商品至少清点一次的方法。

①期末盘点法。由于期末盘点是将所有商品一次点完，因此，工作量大，要求严格。通常采取分区、分组的方式进行，其目的是为了明确责任，防止重复盘点和漏盘。分区即将整个储存区域划分成一个一个的责任区，不同的区由专门的小组负责点数、复核和监督，因此，一个小组通常至少需要 3 人分别负责清点数量并填写盘存单，复查数量并登记复查结果，第三人核对前两次盘点数量是否一致，对不一致的结果进行检查。等所有盘点结束后，再与电脑或账册上反映的账面数核对。

②循环盘点法。循环盘点通常对价值高或重要的商品检查的次数多，而且监督也严密一些，而对价值低或不太重要的商品盘点的次数可以尽量少，循环盘点一次只对少量商品盘点，所以，通常只需保管人员自行对照库存资料进行点数检查，发现问题

按盘点程序进行复核，并查明原因，然后调整，也可以采用专门的循环盘点单登记盘点情况。

（五）分拣作业

分拣作业是配送中心依据顾客的订单要求或配送计划，迅速、准确地将商品从其储位或其他区位拣取出来，并按一定的方式进行分类、集中的作业过程。

在配送中心的内部作业中，分拣作业是其中极为重要的作业环节，是整个配送中心作业系统的核心，其重要性相当于人的心脏部分。在配送中心搬运成本中，分拣作业搬运成本约占 90％；在劳动密集型配送中心，与分拣作业直接相关的人力占 50％；分拣作业时间约占整个配送中心作业时间的 30％～40％。因此，合理规划与管理分拣作业，对配送中心作业效率和降低整个配送中心作业成本具有事半功倍的效果。

1. 拣货作业基本单位

（1）单件

单件商品包装成独立单元，以该单元为拣取单位，是拣货的最小单位。

（2）箱

由单件商品装箱而成，拣货过程以箱为拣取单位。

（3）托盘

由箱堆码在托盘上集合而成，经托盘装载后加固。每托盘堆码数量固定，拣货时以托盘为拣取单位。

（4）特殊物品包装

体积过大，形状特殊，或必须在特殊情况下作业的货物。如，桶装液体、散装颗粒、冷冻食品等，拣货时以特定包装形式和包装单位为准。

2. 分拣作业基本流程

（1）发货计划

发货计划是根据顾客的订单编制而成。订单是指顾客根据其用货需要向配送中心发出的订货信息。配送中心接到订货信息后需要对订单的资料进行确认、存货查询和单据处理，根据顾客的送货要求制定发货日程，最后编制发货计划。

（2）确定拣货方式

拣货通常有订单别拣取、批量拣取及复合拣取 3 种方式。订单别拣取是按每份订单来拣货；批量拣取是多张订单累计成一批，汇总数量后形成拣货单，然后根据拣货单的指示一次拣取商品，再进行分类；复合拣取是充分利用以上两种方式的特点，并综合运用于拣货作业中。

①订单别拣取。订单别拣取是针对每一份订单，分拣人员按照订单所列商品及数量，将商品从储存区域或分拣区域拣取出来，然后集中在一起的拣货方式。如图 4-6 所示。

接受订单 → 按订单传递拣货信息 → 依订单拣货 → 按订单单位包装 → 出货

库存商品及储位信息 → 依订单拣货

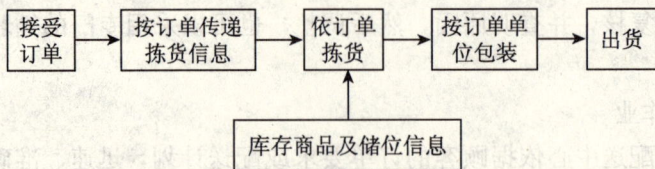

图4-6 订单别拣取方式

订单别拣取作业方法简单，接到订单可立即拣货，作业前置时间短，作业人员责任明确。但对于商品品项较多时，拣货行走路径加长，拣取效率较低。订单别拣取适合订单大小差异较大，订单数量变化频繁，商品差异较大的情况，如，化妆品、家具、电器、百货、高级服饰等。

②批量拣取。批量拣取是将多张订单集合成一批，按照商品品种类别加总后再进行拣货，然后依据不同客户或不同订单分类集中的拣货方式。如图4-7所示。

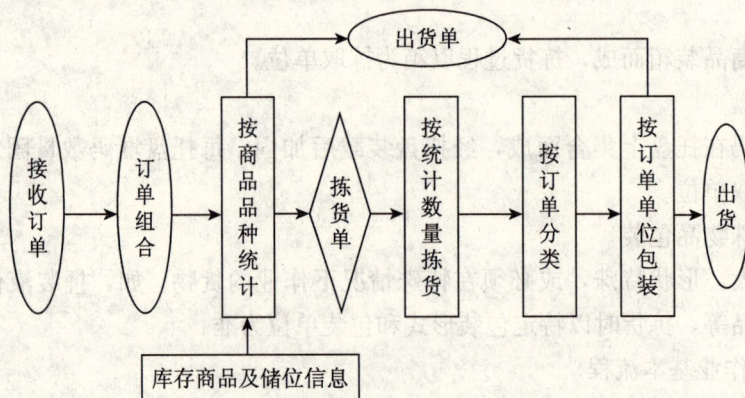

出货单

接收订单 → 订单组合 → 按商品品种统计 → 拣货单 → 按统计数量拣货 → 按订单分类 → 按订单单位包装 → 出货

库存商品及储位信息

图4-7 批量拣取方式

批量拣取可以缩短拣取商品时的行走时间，增加单位时间的拣货量。同时，由于需要订单累计到一定数量时，才做一次性的处理，因此，会有停滞时间产生。批量拣取适合订单变化较小，订单数量稳定的配送中心和外形较规则、固定的商品出货，如箱装、扁袋装的商品。其次，需进行流通加工的商品也适合批量拣取，再批量进行加工，然后分类配送，有利于提高拣货及加工效率。

③复合拣取。为克服订单别拣取和批量拣取方式的缺点，配送中心也可以采取将订单别拣取和批量拣取组合起来的复合拣取方式。复合拣取即根据订单的品种、数量及出库频率，确定哪些订单适应于订单别拣取，哪些适应于批量拣取，分别采取不同的拣货方式。

（3）输出拣货清单

拣货清单是配送中心将客户订单资料进行计算机处理，生成并打印出拣货单。拣货单上标明储位，并按储位顺序来排列货物编号，作业人员据此拣货可以缩短拣货路径，提高拣货作业效率。

（4）确定拣货路线及分派拣货人员

配送中心根据拣货单所指示的商品编码、储位编号等信息，能够明确商品所处的位置，确定合理的拣货路线，安排拣货人员进行拣货作业。

（5）拣取商品

拣取的过程可以由人工或自动化设备完成。通常小体积、少批量、搬运重量在人力范围内切出货频率不是特别高的，可以采取手工方式拣取；对于体积大、重量大的货物可以利用升降叉车等搬运机械辅助作业；对于出货频率很高的可以采取自动拣货系统。

（6）分类集中

经过拣取的商品根据不同的客户或送货路线分类集中，有些需要进行流通加工的商品还需根据加工方法进行分类，加工完毕再按一定方式分类出货。多品种分货的工艺过程较复杂，难度也大，容易发生错误，必须在统筹安排形成规模效应的基础上，提高作业的精确性。在物品体积小、重量轻的情况下，可以采取人力分拣，也可以采取机械辅助作业，或利用自动分拣机自动将拣取出来的货物进行分类与集中。

（六）出货作业

1. 补货作业

以托盘为单位，从保管区向拣货区补货，保证拣货作业的需求。配送中心采取的补货方式：

①对采用多层货架存储的，将下层作为拣选区，商品由上层货架向下层货架补货；对于平库的物品，通常遵循先进先出（FIFO）的原则进行拣选，对补货要求不是很严格。

②由存储货架与流力货架组成的存货、拣货、补货系统。

2. 出货作业

将拣选的商品按订单或配送路线进行分类，再进行出货检查，做好相应的包装、标识和贴印标签工作，根据门店或行车路线等将物品送到出货暂存区，最后装车配送。

①分货作业，采用人工分货方式处理，在完成货物拣选之后，将所拣选的商品根据不同的门店或配送路线进行分类，对其中需要进行包装的商品，拣选集中后，先按包装分类处理，再按送货要求分类出货。

②出货检查作业，根据门店、车次对象等对拣选商品进行产品号码和数量的核对，以及产品状态和品质的检验。可以采取以下两种方法检查。人工检查，将货品一个个点数并逐一核对出货单，再检查出货品质水准及状态。商品条码检查。当进行出货检查时，只将拣出货品的条码，用扫描机读出，电脑则会自动将资料与出货单对比，检查是否有数量或号码上的差异。

③出货形式，配送中心在拣取方面采用托盘、箱、单品为单位。

④出货作业质量控制，拣选作业的效率和对拣选准确性直接影响供应商的结算和库存的准确率和后续作业的正常进行。

（七）输送作业

配送运输是指将顾客所需要的货物通过运输工具从供应点送至顾客手中的活动。配送运输通常是一种短距离、小批量、高频率的运输形式。如果单从运输的角度看，它是对干线运输的一种补充和完善，属于末端运输、支线运输。它以服务为目标，以尽可能满足客户要求为优先。

以下为配送运输的基本作业程序。

1. 划分基本配送区域

为使整个配送有一个可循的基本依据，应首先将客户所在地的具体位置做一系统统计，并将其作业区域进行整体划分，将每一客户囊括在不同的基本配送区域之中，以作为下一步决策的基本参考。如，按行政区域或依交通条件划分不同的配送区域，在这一区域划分的基础上再作弹性调整来安排配送。

2. 车辆配载

由于配送货物品种、特性各异，为提高配送效率，确保货物质量，在接到订单后，首先必须将货物依特性进行分类，然后分别选取不同的配送方式和运输工具，如按冷冻食品、速食品、散装货物、箱装货物等分类配载；其次，配送货物也有轻重缓急之分，必须按照先急后缓的原则，合理组织运输配送。

3. 暂定配送先后顺序

在考虑其他影响因素，作出确定的配送方案前，应先根椐客户订单要求的送货时间将配送的先后作业次序作一概括的预订，为后面车辆积载做好准备工作。计划工作的目的，是为了保证达到既定的目标，所以，预先确定基本配送顺序可以既有效地保证送货时间，又可以尽可能提高运作效率。

4. 车辆安排

车辆安排要解决的问题是安排什么类型、吨位的配送车辆进行最后的送货。一般企业拥有的车辆有限，车辆数量亦有限，当本公司车辆无法满足要求时，可使用外雇车辆。在保证配送运输质量的前提下，是组建自营车队，还是以外雇车为主，则须视经营成本而定。

5. 选择配送线路

已知每辆车负责配送的具体客户后，如何以最快的速度完成对这些货物的配送，即如何选择配送距离短、配送时间短、配送成本低的线路，这需根椐客户的具体位置、沿途的交通情况等作出优先选择和判断。除此之外，还必须考虑有些客户或其所在地的交通环境对送货时间、车型等方面的特殊要求，如有些客户不在中午或晚上收货，有些道路在高峰期实行特别的交通管制等。

6. 确定最终的配送顺序

做好车辆安排及选择最好的配送线路后，依据各车负责配送的具体客户的先后，即可将客户的最终派送顺序加以明确的确定。

7. 完成车辆积载

明确了客户的配送顺序后，接下来就是如何将货物装车，以什么次序装车的问题，即车辆的积载问题。原则上，知道了客户的配送顺序先后，只要将货物依"后送先装"的顺序装车即可。但有时为了有效利用空间，可能还要考虑货物的性质（怕震、怕压、怕撞、怕湿）、形状、体积及重量等作出弹性调整。此外，对于货物的装卸方法也必须依照货物的性质、形状、重量、体积等来作具体决定。

（八）退货处理作业

退货管理中最重要的一点就是尽量减少退货量。一个企业不可能完全避免退货，但是，可以通过建立退货制度使退货最小化。对于零售企业来说，退货制度应分为两种情况，一是对顾客制定一个简单易行的退货制度；二是通过和上游企业建立战略伙伴关系，协商制定能达到双赢局面的退货政策。

在当今顾客至上的大环境中，想通过限制顾客退货来减少退货量是不可能的，而通过制定一个简单易行的退货制度，对顾客的退货快速作出反应（如接受退货产品，退回购买产品的资金），提升企业在顾客心中的形象，降低管理成本，无疑是一个最好的选择。现在，大部分零售企业在规定的时间内为消费者提供全额退货，在制定退货制度时，应包括以下几个方面：退货的时间期限、办理退换货的地点、在退换货时顾客所应办理的手续。

知识拓展

联华生鲜食品加工配送中心的作业管理

联华生鲜食品加工配送中心（如图4-8所示）是我国国内目前设备最先进、规模最大的生鲜食品加工配送中心，总投资6000万元，建筑面积3.5万平方米，年生产能力2万吨，其中肉制品1.5万吨，生鲜盆菜、调理半成品3000吨，西式熟食制品2000吨，产品结构分为15大类约1200种生鲜食品；在生产加工的同时，配送中心还从事水果、冷冻品以及南北货的配送任务。连锁经营的利润源重点在物流，物流系统好坏的评判标准主要有两点：物流服务水平和物流成本。联华生鲜食品加工配送中心在这两个方面都做得比较好。

生鲜商品按其称重包装属性可分为：定量商品、称重商品和散装商品；按物流类型可分为：储存型、中转型、加工型和直送型；按储存运输属性可分为：常温品、低温品和冷冻品；按商品的用途可分为：原料、辅料、半成品、产成品和通常商品。生鲜商品大部分需要冷藏，所以，其物流流转周期必须很短，节约成本；生鲜商品保值期很短，客户对其色泽等要求很高，所以，在物流过程中需要快速流转。两个评判标准在生鲜配送中心通俗的归结起来就是"快"和"准确"，下面分别从几个方面来说明一下联华生鲜配送中心是如何做的。

图 4-8　联华生鲜食品加工配送中心

一、订单管理

门店的要货订单通过联华数据通信平台，实时传输到生鲜配送中心，在订单上制定各商品的数量和相应的到货日期。生鲜配送中心接收到门店的要货数据后，立即生成到系统中生成门店要货订单，按不同的商品物流类型进行不同的处理：

储存型的商品：系统计算当前的有效库存，比对门店的要货需求以及日均配货量和相应的供应商送货周期，自动生成各储存型商品的建议补货订单，采购人员根据此订单再根据实际的情况作一些修改即可形成正式的供应商订单。

中转型商品：此种商品没有库存，直进直出，系统根据门店的需求汇总按到货日期直接生成供应商的订单。

直送型商品：根据到货日期，分配各门店直送经营的供应商，直接生成供应商直送订单，并通过 EDI 系统直接发送到供应商。

加工型商品：系统按日期汇总门店要货，根据各产成品/半成品的 BOM 表计算物料耗用，比对当前有效的库存，系统生成加工原料的建议订单，生产计划员根据实际需求做调整，发送采购部生成供应商原料订单。

各种不同的订单在生成完成或手工创建后，通过系统中的供应商服务系统自动发送给各供应商，时间间隔在 10 分钟内。

二、物流计划

在得到门店的订单并汇总后，物流计划部根据第二天的收货、配送和生产任务制订物流计划。

线路计划：根据各线路上门店的订货数量和品种，做线路的调整，保证运输效率。

批次计划：根据总量和车辆人员情况设定加工和配送的批次，实现循环使用资源，提高效率；在批次计划中，将各线路分别分配到各批次中。

生产计划：根据批次计划，制订生产计划，将量大的商品分批投料加工，设定各线路的加工顺序，保证和配送运输协调。

配货计划：根据批次计划，结合场地及物流设备的情况，做配货的安排。

三、储存型物流运作

商品进货时先要接受订单的品种和数量的预检，预检通过方可验货，验货时需进行不同要求的品质检验，终端系统检验商品条码和记录数量。在商品进货数量上，定量的商品的进货数量不允许大于订单的数量，不定量的商品提供一个超值范围。对于需要重量计量的进货，系统和电子秤系统连接，自动去皮取值。

拣货采用播种方式，根据汇总取货，汇总单标识从各个仓位取货的数量，取货数量为本批配货的总量，取货完成后系统预扣库存，被取商品从仓库仓间拉到待发区。在待发区配货，分配人员根据各路线各门店配货数量对各门店进行配货，并检查总量是否正确，如不正确，向上校核；如果商品的数量不足或其他原因造成门店的实配量小于应配量，配货人员通过手持终端调整实发数量，配货检验无误后使用手持终端确认配货数据。

在配货时，冷藏和常温商品被分置在不同的待发区。

四、中转型物流运作

供应商送货同储存型物流先预检，预检通过后方可进行验货配货；供应商把中转商品卸货到中转配货区，中转商品配货员使用中转配货系统按商品再路线再门店的顺序分配商品，数量根据系统配货指令的指定执行，贴物流标签。将配完的商品采用播种的方式放到指定的路线门店位置上，配货完成统计单个商品的总数量、总重量，根据配货的总数量生成进货单。

中转商品以发定进，没有库存，多余的部分由供应商带回，如果不足则在门店间进行调剂。

3种不同类型的中转商品的物流处理方式：

（一）不定量需称重的商品

设定包装物皮重；由供应商将单件商品上秤，配货人员负责系统分配及其他控制性的操作；电子秤称重，每箱商品上贴物流标签。

（二）定量的大件商品

设定门店配货的总件数，汇总打印一张标签，贴于其中一件商品上。

（三）定量的小件商品（通常需要冷藏）

在供应商送货之前先进行虚拟配货，将标签贴于周转箱上；供应商送货时，取自己的周转箱，按箱标签上的数量装入相应的商品；如果发生缺货，将未配到的门店（标签）作废。

五、加工型物流运作

生鲜的加工按原料和成品的对应关系可分为组合和分割两种类型，两种类型在BOM设置和原料计算以及成本核算方面都存在很大的差异。在BOM中，每个产品设定一个加工车间，只属于唯一的车间，在产品上区分最终产品、半成品和配送产品，商品的包装分为定量和不定量的加工，对于称重的产品、半成品需要设定加工产品的换算率（单位产品的标准重量），原料的类型区分为最终原料和中间原料，设定各原料相对于单位成品的耗用量。

生产计划、任务中需要对多级产品链计算嵌套的生产计划、任务，并生成各种包装生产设备的加工指令。对于生产管理，在计划完成后，系统按计划内容出标准领料清单，指导生产人员从仓库领取原料以及生产时的投料。在生产计划中考虑产品链中前道与后道的衔接，各种加工指令、商品资料、门店资料、成分资料等下发到各生产自动化设备。

加工车间人员根据加工批次加工调度，协调不同量商品间的加工关系，满足配送要求。

六、配送运作

商品分拣完成后，都堆放在待发库区，按正常的配送计划，这些商品在晚上送到各门店，门店第二天早上将新鲜的商品上架。在装车时按计划依路线门店顺序进行，抽样检查准确性。在货物装车的同时，系统能够自动算出包装物（笼车、周转箱）的各门店使用清单，装货人员也据此来核对差异。在发车之前，系统根据各车的配载情况列出各运输的车辆随车商品清单、各门店的交接签收单和发货单。

商品到门店后，由于数量的高度准确性，在门店验货时只要清点总的包装数量，退回上次配送带来的包装物，完成交接手续即可，一般一个门店的配送商品交接只需要5分钟。

资料来源：http：//www.chinawuliu.com.cn/中国物流与采购网

课外训练

以当地两家不同行业的配送中心为调查对象，对其业务流程进行调研分析，画出流程图，指出其不合理之处，并利用相关方法提出初步整合方案，并指出不同行业的配送作业在进货、订单处理、保管、分拣、出货、送达和退货等业务上有什么特殊要求。

复习思考题

1. 简述配送的基本流程。
2. 当前我国企业配送流程存在哪些不合理的现象?
3. 什么是配送流程整合? 整合配送流程的方法有哪些?
4. 简述配送作业管理的要点。

项目五　设计配送方案

岗位描述

该项目对应的岗位主要有配送方案策划主管、配送方案设计主管、配送主管、配送计划员等。

知识目标

了解配送方案的含义、特征和内容；掌握配送方案的设计过程；了解配送方案的执行和评价过程。

技能目标

会根据客户要求设计简单的配送方案；能看懂较为复杂的配送方案。

教学方法提示

结合实际配送方案讲解相关知识点，并提供一个资料齐全的案例让学生按照相关方法自行设计一个方案。

项目导读 ▶▶▶

美资百货公司的物流配送方案设计

美国著名运动鞋和运动服装专卖零售商 Footlocker 在美加和欧洲各大城市都设有零售专卖商店，销售的名牌商品有 Puma、Nike、Addeda、Timbeland 等。1996 年，他们计划在香港商业区中环、铜锣湾、尖沙咀和九龙湾开设 4 间分店，销售的商品为各名牌运动鞋和运动服装，包括男装、女装、成人、小孩各种牌子、各种颜色、各种款式、各种尺码。商品的采购已通过国际招标交给广东深圳、东莞、南海和泰国、印尼、马来西亚、菲律宾等地的厂家生产和供应。现在他们需要把产成品从生产厂家手中运到香港，安排货仓存放并适时适量地配送到各间零售商店以及做好与商品有关的信息处理。他们习惯上都把这些工作外包给专业物流公司去处理。一家日资国际物流公司 OCS 为其设计了配送方案。现将该方案介绍如下：

1. 运输方案设计

运动鞋和运动服装属轻泡、低值商品，必须选择运输成本低的海运并尽量使用 45 英寸长、9.6 英寸高的干货柜运输。OCS 与多家大型海运集装箱班轮公司有长期合作关系，他们从东南亚各地厂家以 Door to CY 方式把集装箱交给班轮公司完成海运，班期、舱位、运价优惠都能得到满足。装满商品的集装箱运到班轮公司在香港的 CY 场后，由我方派货柜车提取出来运到本公司货仓拆箱。从广东各地厂家采购的商品交由我方派货车或货柜车以 Door to Door 方式直接运入公司货仓。

2. 储存和配送中心设计

该公司货仓为钢筋混凝土多层千货仓，占地面积 5000 平方米，楼高 5 层，其中地下和地面两层为货车装卸货专用区，每层可同时停泊货车或货柜车 12 台，配备负荷 5 吨的电梯 4 部，1.5 吨铲车 30 台，每层装有独立抽风系统，通风干爽，适合储存服装和鞋类百货。货仓每层楼面分为 3 间独立仓库，公司安排其中一间为该公司专用。根据该公司在美国的经验，要求配置仓库设施如下：

36 个专用货架每个长 1.8 米，宽 0.6 米，高 2 米并分 3 层，每层净空高度 0.6 米。

36 个货架分 6 列摆放，每列 6 个长，列距 2 米，可供铲车进出。

货架及通道共占面积 1010 扩，另留作业区 600 平方米。

手推货板车 6 台。

220V 电源插座 9 个分别安装在除门外的三面墙脚，并配有移动电源线及插座。

一条电话线引至货仓内供电脑联网使用。

移动电脑桌 1 张。

Footlocker 自配设备如下：

已装有专用软件的电脑主机、显示器、打印机各 1 台。

条码阅读机 6 台。

3. 商品包装

每一双鞋子、袜子，每一件帽子，每一件衣服都分别包装并在出厂时已按包装盒还以文字、图形、颜色等区分不同性别、款式、尺码等内容。该项设计和操作由 Footlocker 完成。

4. 存货管理和出入仓操作设计

商品入仓：每一件商品都按其包装分门别类经过条码阅读机阅读后存放入预先规划好的货架上。

商品出仓：货仓管理员每天依电脑自动打印的信息接受 Footlocker 的商品出仓指示，依指示逐件从货架上把商品取出，经过条码阅读机阅读后放在手推车上依指示分别装入不同纸箱再扣一包出仓。

5. 信息处理系统

该套系统由 Footlocker 提供。其工作原理如下：条码阅读机读到的出入仓结果通过仓内电脑借助市话线路联网直接输送到 Footlocker 数据处理中心。其实，各零售商店的销售结果也是通过数字阅读机直接将实时数据传递入 Footlocker 数据处理中心的。因此，每间分店每天各种商品出售多少，需要补充什么商品，数量多少，通过网络又直接将信息传递给了货仓。仓管员每天依着电脑的指示去执行任务就行了。

6. 配送

货车运送商品从货仓到各个零售店不超过 1 小时车程。安排货车的大小、多少视各零售店的销量而定。一般安排 1.25 吨小货车 2 台和 3 吨货车 1 台就可以了。货车车箱必须密封，不透风，不渗水，还要给每台车配置移动电话，方便司机与货仓和零售店联系。由于零售店租金昂贵，存货不宜太多，因此，每天的配送次数多达 3～4 次。

资料来源： 朱各海．物流方案设计实例介绍．水路运输文摘．2003 年 05 期

思考： 物流配送方案应该包含哪些方面的内容？

任务一　认识配送方案内容及设计流程

任务分析一：什么是配送方案

(一) 配送方案的含义

配送方案是指方案设计人员针对客户的配送需求，按照一定的原则和步骤进行设计和制作的，既具有宏观上的计划性和指导性，又包含微观上的运作方法和具体措施的物流配送服务文件。

(二) 配送方案的特性

1. 针对性

一般来讲，放之四海皆准的配送方案是不存在的，因为每个方案都是针对具体的物流配送服务需求而作出的。配送需求不同所采取的行动方案显然不同。比如，从行业上来讲，家电配送方案、海鲜配送方案、日用品配送方案和钢材配送方案等之间的差别是非常大的。

2. 系统性

配送方案虽然是物流方案的一种类型，但它亦具有较强的系统性。配送方案的设计采用系统思维方式，整个方案由几大模块有机组成一个系统。设计者要统筹考虑各模块的协调性和完整性，执行者同样也要保证方案中各个计划的实施要具有一定的效率，否则，某个部分实施不力会导致整个行动方案绩效下降，甚至失败。

3. 团队性

配送方案的制定是一个复杂工程，需要策划专家、物流专家、生产专家、设备专家、财务专家等各类人才参与其中，所以，方案的制定必须由一个强有力的团队来完成。

4. 先进性

配送方案的制定要根据客户需求，尽量采用先进的配送理念，运用先进的运作方法、管理模式和技术手段等。

5. 可行性

再先进的配送方案如果没有可行性，不适合客户自身情况，也就无法执行。因此，在给客户设计方案时，要把握"没有最好的方案，只有最适合客户的方案"的原则。

（三）配送方案的基本内容

配送方案是按照客户不同的物流配送需求而设计的，在形式和内容上各有不同，各具特色。但从共性上来看，各种配送方案都是为实现客户降低成本，提高效率的目标而制定的，还是有一定规律可循的。一般来讲，配送方案应包括以下内容：

1. 实施目标

配送方案的策划、设计、修正和实施都要紧紧围绕客户的需求，客户的需求就是配送方案要达到的目标。这里有一个关键就是在双方充分沟通的基础上对客户需求进行正确描述。很多方案没有得到客户的青睐，原因之一就是对客户的真实需求没有理解，实现客户的目标也就无从谈起。如有的客户非常强调成本降低的目标，而有的客户却愿意牺牲一定的成本而非常在意服务质量。

2. 实施条件

这部分内容主要明确方案实施的资源，如已有运力、外协运力、仓储能力、团队合作能力等。总之是让客户对项目实施建立信心。如果是第三方物流服务企业来为客户设计方案，还要介绍已有的解决方案的实施案例和经验，以凸显自己的优势。

3. 配送模式及管理

本部分结合方案提出的实施目标，提出的配送模式和如何进行运作管理等问题是配送方案的主体，要对配送服务网点及网络和具体配送环节（进货、订单处理、储存、分拣、出货、送达等）的流程、优化方法、控制手段和管理方式进行说明。

4. 配送信息处理

配送中的信息处理方式直接影响配送服务效率。方案中的信息系统设计要结合实际充分利用物流信息技术，实现信息流的畅通。方案中主要展示信息系统的功能、流程及应用。

5. 总结

对配送方案做简单总结陈述，强调配送服务理念和方案中独特之处。

正式的配送方案一般以文本的形式表现出来，其基本格式包括前言、报价、配送各环节方案、服务组织机构、服务质量和附录等。

任务分析二：如何设计配送方案

（一）制订设计计划

根据委托人要求组建物流配送设计团队，确定项目负责人。项目组商讨方案设计的准备工作，制订工作计划和详细进度安排。将工作任务分解为几大环节，并指定负责人。要充分协调各业务设计环节之间的关系。

(二) 调查研究

在充分理解客户配送需求的基础上，拟定调研提纲并征得客户的认可和支持。调研方法可采用问卷调查、现场访谈、搜集整理各种资料，分析客户目前的配送现状和存在的问题。

(三) 设计备选配送方案

以满足客户需求为目标，针对客户配送现状和存在的问题，提出几种可供选择的设计方案，进行比较和评价。下文以依托配送中心开展业务的配送方案为例，介绍方案设计过程。

1. 配送中心布局设计

这一步骤主要是对配送中心的选址、配送中心的规模、配送中心的仓库数量和仓库结构、场地表面处理和库区划分、配备的设施设备种类和数量，以及配送中心办公、信息处理，甚至员工的工作场所、休息室等布局结构进行设计。

2. 业务流程设计

业务流程设计需要具有一定物流运作经验的人参与。业务流程设计首先要确定配送的主要环节。比如，以某食品配送为例，可分为接货环节，即从生产线接受货物，包装、装车、经过短途运输到配送中心；仓储管理环节：包括商品入库、扫条码入计算机系统、商品的摆放、盘点、商业包装以及合理库存的确定等；配送环节：根据订单，按先进后出的原则分类配货、调配车辆出库手续、装车、优化配送线路、送到消费者手中等。每一个环节又涉及多个作业单元。首先，确定每个作业单元的范围、作业规则和作业目的；其次，设计每个环节的业务流程图，明确各作业单元的连接方式；最后，规划某一类商品物流配送的标准化业务流程，要求流程设计既合理又便于操作实施。

3. 信息处理系统设计

现代物流配送必须与配送信息系统融合在一起，才能完成物流配送的目标。物流配送信息系统要具备很强的实用性。实用性是指系统的可靠性、完整性和经济性。可靠性要求物流配送信息系统准确和稳定，即能达到预期精度要求和输出满意结果，并在系统环境异常情况下仍能作出适当的应急性处理。完整性是指系统功能符合物流配送方案要求。经济性指开发费用低、效果好。

物流配送信息系统的总体设计分为 4 步：定义系统的目的；确定系统的功能；明确数据分类；制定信息结构，即确定信息系统各个部分及其相互数据之间关系。基本功能包括：数据收集和录入；数据的存储；信息的发布；信息的处理以及信息的输出。此外，还需绘制数据流程图，即满足数据的来源、数据的属性、数据的存储、数据的流向和数据的查询要求等。以上工作可由信息专家完成或委托软件开发公司完成。

4. 配送岗位设计

配送岗位设计必须依据配送流程作出，要因事设岗。物流配送一般流程请参见项目三中的阐述。物流配送必要的岗位设置由作业流程来决定,可以设置以下岗位:采购或进货管理岗、订单处理岗、储存管理岗、加工管理岗、分拣岗、配货岗、运输岗、客户服务岗、账务管理岗、不良品处理岗等。

(四)技术可行性分析

技术可行性分析是指结合当前物流配送技术发展状况以及客户的应用能力,判断配送方案中设计的配送技术能否付诸实施。如方案中提出建立智能化无人控制配送中心,也就是说要上大批智能控制设备。这就需要一方面考察当前市场上是否存在着些技术,另一方面分析客户的应用是否存在问题。

(五)经济可行性分析

经济可行性分析是从成本效益的角度分析配送方案是否可行。它包括两部分,一是各环节的成本分析,注意比较方案实施前后的变化;二是整个配送方案的成本分析,同样要注意比较方案实施前后的变化。成本是客户最关注的目标之一。在各环节的成本分析中,可能有的环节成本呈现上升趋势,而有的环节呈下降趋势。如理货、订单处理和分拣等环节成本上升,但是,由配送路径优化带来的输送成本会降低。当然,只有总成本下降客户才能采纳该方案。方案设计者才能从节省的成本中提取设计报酬。

(六)撰写配送方案报告

在对配送方案进行技术经济评价和论证后,方案负责人组织设计组的人员,分别编写详尽的物流方案报告,然后统一汇总形成整体报告。报告既要详细完整又要简明扼要;既要凸显专业化又要通俗易懂。

任务实施:设计配送方案

(一)案例背景

A公司是X市的一家从事零售家用电器的连锁企业,2009年在X市拥有4家连锁店,销量不断呈上升趋势。多年来,A公司一直利用前店后仓的形式开展电器配送服务,越来越多的客户开始抱怨其服务水平不高。另外,按照A公司战略规划,未来5年内将在某市新增10家连锁店,目前的配送模式已不能适应公司的未来发展。A公司决策层决定在自建配送中心的基础上自营零售配送业务。由于A公司没有配送方案设计经验,就找到了物流咨询公司B来设计配送方案。本例是根据实际案例进行精简改编,为了保密起见,在不影响读者了解配送方案设计过程的前提下,隐去了公司名称并省略了某些数据。

(二)A公司零售配送方案设计

1. 我国家电零售企业的基本竞争趋势

我国家电连锁行业是目前国内唯一由民族企业主导的零售领域,苏宁电器、国美电器已经成为业界翘楚,但家电企业竞争愈来愈烈。外资家电连锁老牌企业百思买、山田电机(亚玛达电器)等纷纷开始进入中国市场,使得竞争本已白热化的家电连锁市场更加剑拔弩张。未来谁将成为最后的赢家将取决于企业核心竞争力——物流和商业模式创新，这已成为业界共识。家电产品经过多年的发展，不同企业产品差异化逐渐缩小；随着计算机网络技术的发展和应用，家电零售企业处理信息流、商流、资金流方面差异已不大，企业的核心竞争力主要集中在物流和商业模式创新。零售配送或称"最后一公里物流"服务的质量直接关系到客户满意度的高低。由于之前国内家电连锁企业在配送能力和服务水平上还参差不齐，因此，早日完善配送体系，提升配送服务水平，是当务之急。

2. A公司零售配送现状及问题

（1）A公司家电零售配送主要特点

①大家电产品体积和重量比较大，对保管与搬运的条件要求较高，要求有一定的搬运技术。用户不易搬运，需送货上门。

②顾客对配送时效性要求高，尤其南方七八月购买空调的客户，对配送时效性要求更高。

③大家电产品需要安装、调试，且需要具备特殊技能，对售后服务要求高。

④季节差异明显，假日经济特点突出。B市空调销售的高峰期是七八月，其配送压力特别大。"元旦"、"春节"、"五一"、"十一"都是家电销售高峰期。一则与消费习惯有关，二则与商家的促销引导有关。节假日及后续几天也是配送大忙时节。

（2）A公司家电零售配送存在的问题

①无配送中心作为支撑。前店后仓模式下存在多重局限。仓储面积有限，仓储管理混乱。配送作业机械化、自动化程度低。进货、搬运、分拣、出货均由人工完成，出错率高，作业时效性差。

②车辆调度和线路优化都无从谈起。配送线路优化、配载等基本依靠经验，一方面可能造成浪费，另一方面，大大增加企业风险。如果配送高峰期，负责安排配送业务、经验丰富的员工突然离职或其他原因不能到岗，可能导致配送效率大大下降。

③存在库存冗余或缺货。库存周转率低，影响企业现金流，信息滞后，造成牛鞭效应，增加库存，影响家电连锁企业和上游供应商结算周期。

④配送运作成本较高。

⑤很难对付因季节性和假日经济引起的配送量波动。如果企业招聘大量的配送及售后服务人员，淡季将会造成人员冗余；而旺季临时招聘的员工，又很难为客户提供优质的服务。

⑥针对配送服务的客户投诉率不断上升。

3. A公司零售配送优化目标

①建立配送中心，变门店仓库分散配送为配送中心集中配送。

②降低公司总库存量，削减库存成本。

③实施信息化管理，建立高效、快速响应的物流配送运作系统。

④理顺配送中心和门店及总公司的关系。

⑤协调好自有车辆和外协车辆、公司内部员工和临时用工的关系。

4. 配送中心规划设计

①配送中心选址（略）。

②配送中心平面规划图（略）。

③配送中心设施规划（略）。

5. 配送中心组织结构设计

配送中心设经理一名，副经理一名，负责中心的日常管理工作，下设综合管理部、配送作业部、仓储作业部和车管部。如图 5-1 所示。

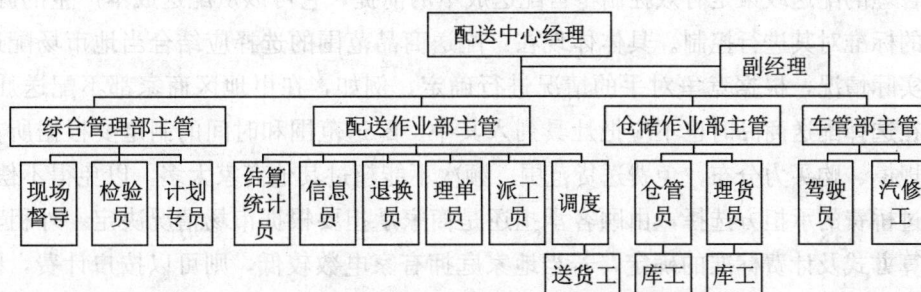

图 5-1　配送中心组织结构

6. 配送中心流程设计

配送中心流程设计如图 5-2 所示。

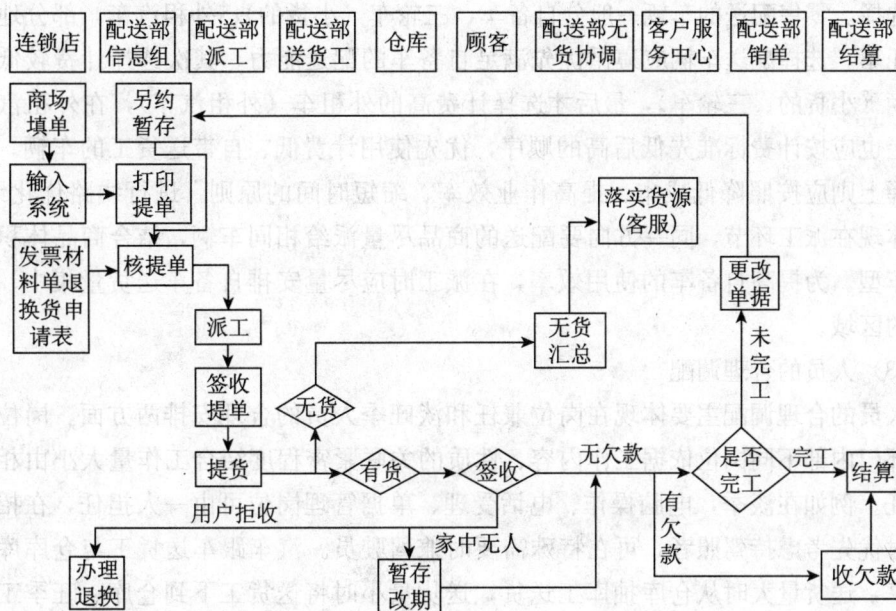

图 5-2　配送中心流程设计示意

7. 信息系统规划

配送中心信息系统主要包括以下子系统：

①物流执行系统。该系统是配送中心信息系统的主体部分，主要包括仓库管理系统和运输管理系统两大模块。

②人力资源管理系统。该系统是员工日常考勤、考核等管理的平台。

③客户关系管理系统。

④财务模块。

8. 运营管理

（1）制定合理的零售配送政策

合理的配送政策是有效控制零售配送成本的前提，它可以从配送成本产生的源头、产生的标准对其进行控制。具体体现在：配送商品范围的选择应结合当地市场配送服务的实际情况，根据竞争对手的情况进行确定，例如，在甲地区商家都不配送灶具，我们在选择配送商品时也不应把灶具列入其中。配送范围和时间的制定要根据所在城市的规模、购买力分布，免费送货范围、频次不能超过其他商家太多，以免得不偿失。过路过桥费的承担方选择，由顾客承担还是商家承担要根据市场情况决定。外租车费用结算方式及计费标准的确定，若当地家庭拥有家电数较低，则可以按户计费，同一户增加一件加算××元，若家庭拥有家电数已经较高，则可按件计费。配送政策不是一成不变的，要根据市场变化进行合理调整。

（2）配送车辆及线路的合理选择

配送运输费用是零售配送成本最主要的构成，因此，如何有效地降低配送运输费用对配送成本控制起着举足轻重的作用，而这在相当程度上取决于配送车辆和行车路线的选择。零售配送的车辆一般分自备车、三轮车（小货的）、外租汽车，部分地区还有摩托车。选择配送车辆应遵循优先满足自备车的配送能力，其次选择计费较低的外租车辆（小货的、三轮车），最后才选择计费高的外租车（外租汽车），在外租汽车的使用上也应按计费标准先低后高的顺序，优先使用计费低、自带送货工的车辆。在线路选择上则应按照降低成本、提高作业效率、缩短时间的原则，进行线路优化组合，主要体现在派工环节，同一方向要配送的商品尽量派给相同车辆，结合商品体积重量选择车型。为提高自备车的使用效率，在派工时应尽量安排自备车送货量集中、线路畅通的区域。

（3）人员的合理调配

人员的合理调配主要体现在岗位兼任和淡旺季人员的合理安排两方面。岗位兼任是指部门内部不同岗位依据工作内容、性质的关联紧密程度结合工作量大小由相同人员兼任。例如在淡季，电脑操作、电话受理、单据管理岗位可由一人担任，在招聘派工员时优先考虑持驾照者，可在特殊需要时兼驾驶员。汽车跟车送货工与仓库库工资源共享，送货量大时从仓库抽库工送货，送货量小时将送货工下到仓库。旺季工作量大，人员需求多，可以联系学校，安排实习生从事力所能及的工作，避免旺季增加人员在淡季又过剩。送货工则可在淡季安排分批轮休。

（4）外协运力管理

调研当地运输市场的运价情况，多找几家运输单位、搬家公司及少数信誉好的个体运输户，结合当地市场恰谈配送价格及送货范围的区分。配送价格尽量不超过竞争对手的运价，应尽可能低于竞争对手的价格，通过配送量来吸引外租单位的加盟。尽量要求运输单位自带送货工，但在开业前必须集中参加培训专业知识和服务规范。

9. 可行性分析（略）

10. B公司简介（略）

任务二　执行和评价配送方案

任务分析一：执行配送方案的准备工作有哪些

（一）团队组建

配送中心建设完工，投入使用前的一项重要的工作就是组建团队。一般是先搭建中层及以上的管理团队，然后完善基层员工的聘任。在组建团队时要按照方案中规划的组织结构框架来执行。

（二）员工培训

员工培训关系着方案能否按计划执行，因此，必须周密考虑。通过培训，要提升员工业务技能，降低仓库进出差错率；规范仓储进、出、存操作，提高仓储人员的业务技能；提高仓储作业人员工作效率；提升服务质量，提高顾客满意度。

（三）设备调试

在正式实施方案前，要保证搬运设备、分拣设备、运输工具、信息设备等设施设备的可用性，尤其是有外协运力时，更要谨慎地确认运力能否及时到位。

任务分析二：如何对配送方案进行评价

对配送方案的执行效果进行评价是一项复杂工程，评价结果既是对方案设计的评价也是对方案执行是否到位的评价。考虑到读者对象的需要，本书简单地用配送合理化标准直接评价方案执行时配送活动的合理化程度，更详细的配送绩效评价见本书项目六中的论述。配送方案合理化的标志有：

（一）库存标志

库存是判断配送合理与否的重要标志，具体指标有以下两个。

1. 库存总量

在一个配送系统中，从分散于各个用户转移给配送中心的库存数量，加上各用户在实行配送后库存量之和，应低于实行配送前各用户库存量之和。此外，从各个用户角度判断，各用户在实行配送前后的库存量比较，也是判断配送合理与否的标准。某个用户上升而总量下降，也属于一种不合理。库存总量是一个动态的量，上述比较应当是在一定经营量前提下进行的。在用户生产有发展之后，库存总量的上升则反映了经营的发展，所以，必须扣除这一因素，才能对总量是否下降作出正确判断。

2. 库存周转

由于配送企业的调剂作用，以低库存保持高的供应能力，库存周转一般总是快于原来各企业库存周转。为取得共同比较基准，以上库存标志都要以库存储备资金计算，而不应以实际物资数量计算。

（二）资金标志

实行配送应有利于资金占用降低及资金运用的科学化，具体判断标志如下：

1. 资金总量

用于资源筹措所占用的流动资金总量，随储备总量的下降及供应方式的改变必然有一个较大的降低。

2. 资金周转

从资金运用来讲，由于整个节奏加快，资金充分发挥作用，同样数量资金，过去需要较长时期才能满足一定供应要求，配送之后，在较短时期内就能达到此目的。

3. 资金投向的改变

资金分散投入还是集中，是资金调控能力的重要反映。

（三）成本和效益标志

总效益、社会效益、企业效益、资源筹措成本都是判断配送合理化的重要标志。对于不同的配送方式，可以有不同的判断侧重点。例如，以利润为中心的企业，不但看重配送的总效益，而且还要评估对社会宏观效益及各自企业的微观效益。如果由客户集团内部组织配送，则配送主要应强调保证能力和服务性，而对效益性相应看淡。

（四）供应保证标志

实行配送最重要一点是对客户的供应保证能力。供应保证能力可以从以下方面判断：

①送货可靠性。指标越高越好。

②配送即时性。即时性反映在两个方面：速度和一致性。

③配送集中库存量。配送后其数量所形成的保证供应能力高于未实行前的能力。

知识拓展

摩托罗拉的配送运输方案

摩托罗拉是一家跨国公司，供应商遍及全球各地，实行统一采购，根据订单的需求以及成本因素统一安排生产，物流管理在企业的生产经营过程中起着举足轻重的作用。在国内业务方面，尽管目前受到燃油价格上涨、航班航线等因素的影响，但是，摩托罗拉的运输成本每年仍有 15% 的下降幅度。究其根源摩托罗拉对配送运输方案设计与管理有自己独到的特点。

1. 运输方式合理化

摩托罗拉不是一味地压低运价，而是与物流服务商共同研究如何整合资源来降低生产成本和运输成本。比如，通过改变产品包装模式与包装方式，提高包装内的货物量，降低了单位产品的运输成本。又如，根据国内业务发展的需要，改变运输方式。以前送往上海的货物，一般采取空运方式，现在由于高速公路发展相对比较完善，因此，在满足时限和保证服务的前提下改为公路运输。手机充电器、PCB 等零部件的供应商多数在南方地区，这些产品对运输条件要求不太严格，通常采用铁路运输，从而有效地降低了运输成本。另外，随着我国社会经济的发展，货源比较充足。比如，在上海地区负责摩托罗拉零部件、产品运输的物流服务公司，他们可以做到即使摩托罗拉的产品没有满载，他们也可以协调众多货主的货源，并开辟班车运输，将过去的零担运输改为整车运输，从而大大降低了运输成本。

2. 运力分布合理化

将给每个城市分销商仓库配货转变为向 3 个配送中心配货。过去，摩托罗拉将每个分销商的订单货物直接发往该分销商的仓库。经常发生的情况是，各种型号的产品在全国各地的销售情况不同，这就造成经销商的实际销量与订货时的预期值有较大差异，有些分销商的货已销售完又继续订货；而有些分销商的货销售较慢，拥有部分库存。在这种情况下，总分销商需要在各地分销商之间进行产品调剂，以避免在推出新型号手机时旧型号产品在某个分销商处过多压货。这样，在调剂余缺的过程中就产生了额外的物流费用。

从 2002 年开始，摩托罗拉协同总分销商分别在北京、深圳、上海各建了一个物流库，并将流程改为：摩托罗拉将产品发到 3 个物流库，各分销商从就近的物流库取货，总分销商调剂产品只在 3 个物流库之间进行，减少了全国范围内的多点对多点的配送运输，从而降低了许多不必要的运输费用。另外，货物集中运输也减少了运费，摩托罗拉将节省下来的费用中的一部分作为补贴返还给分销商，提高了分销商与摩托罗拉业务配合的积极性。

3. 运输回程合理化

在国际端业务中，由于手机产品更新换代比较快，不适合海运方式，摩托罗拉主要采用空运方式。在美国的得克萨斯，摩托罗拉建有自己的配送中心，天津工厂生产的产品（如裸机、电池、充电器等）都是通过空运进行的，但是，由于从美洲地区回程的货物较少，造成整个航运业运力不平衡。为了解决这个问题，摩托罗拉与航空公司、物流服务公司 3 方签订了运输合作协议：摩托罗拉提供货源，航空公司提供舱位，货代公司保证运输正常以及运价稳定，这样，不仅满足了摩托罗拉的业务发展需要，也使合作各方都能获得稳定的收益，从而达到"多赢"的目的。

4. 完善的计划与系统

摩托罗拉手机厂的 ERP 项目于 1999 年年底启动，包含了原材料采购、材料管理、计划管理（其中包含销售计划、制造计划、生产调度等）、销售管理、质量管理、生产系统、协同制造、成本管理等各个方面的应用模块，并与天津生产厂原有的产品数据管理、产品研发、工程管理、仓储管理（包括 VMI）等相关系统进行了连接。比如，全球任何一个国家或地区的订单信息进入系统后，计划部门可以通过系统中预设的和更新的企业当前的生产能力、原材料配额情况等各种资源状况，迅速回馈给客户一个交货计划，同时，根据客户订单的要求对比库存信息，进行相应的原材料采购，配备生产线和人员，制订相应的生产计划。由于全球采用统一的系统，彼此间的生产和制造计划还可以进行相互协调。

目前，摩托罗拉手机厂的仓库由几个部分组成。一个是原料库，设在天津港保税区，采用了较为先进的供应商 HUB 管理模式。由于全球供应商都与 HUB 联网，供应商可以根据与摩托罗拉的计划共享系统（Schedule Sharing）来管理库存（VMI），库存状况非常透明。另一个是成品库，由物流服务商管理。摩托罗拉自己的仓库设在工厂里。现在，摩托罗拉的生产量已经是过去的 4 倍，但库存只有过去的 1/3，大约 30 多家大的零部件供应商在天津工厂的周边地区设有工厂或仓库，摩托罗拉每天将原料、零部件需求计划提供给这些供应商，供应商每天实行 4 次送货，真正实现了 JIT（Just-In-Time）生产。

课外训练

随着经济的发展，人们生活节奏的加快，生活水平的提高和对更好生活品质的追求，新鲜蔬菜销售走出传统模式，以现代配送方式走进家庭，步入工矿企业、学校社区是大势所趋。请大家为当地高校园区或工业园区的蔬菜配送设计一个方案（提示：可考虑多家单位共同配送）。

复习思考题

1. 简述配送方案的含义、特征和内容。
2. 如何设计配送方案？
3. 配送方案的执行和评价过程是怎样的？

项目六 评价配送作业绩效

岗位描述

该项目对应的岗位主要有配送主管、仓储主管、配送经理等。

知识目标

了解配送绩效及配送绩效评价的含义；了解配送绩效评价的原则和方法；掌握配送绩效评价的过程和应用。

技能目标

能比较绩效评价方法的优劣；会计算各种绩效评价指标；能结合案例根据绩效评价结果对配送活动提出改进意见。

教学方法提示

选择学生熟悉的当地企业配送案例（如电子商务下的配送），让学生自己制定绩效评价体系，然后由教师和企业专家来共同点评。

项目导读 ▶▶▶

一个成功的供应链绩效管理案例

电子制造服务（EMS）提供商弗莱克斯特罗尼克斯国际公司两年前便面临着一个既充满机遇又充满挑战的市场环境。弗莱克斯特罗尼克斯公司面临的境遇不是罕见的。事实上，许多其他行业的公司都在它们的供应链中面临着同样的问题。很多发发可危的问题存在于供应链的方方面面——采购、制造、分销、物流、设计、融资等。

1. 供应链绩效控制的传统方法

惠普、3COM、诺基亚等高科技原始设备制造商（OEM）出现的外包趋势，来自电子制造服务业的订单却在减少，同时，弗莱克斯特罗尼克斯受到来自制造成本和直接材料成本大幅度缩减的压力，供应链绩效控制变得日益重要起来。

与其他公司一样，弗莱克斯特罗尼克斯首要的业务规则是改善交易流程和数据存储。通过安装交易性应用软件，企业同样能快速减少数据冗余和错误。比如，产品和品质数据能够通过订单获得，并且和库存状况及消费者账单信息保持一致。第二个规则是将诸如采购、车间控制、仓库管理和物流等操作流程规范化、流程化。这主要是通过供应链实施软件诸如仓库管理系统等实现的，分销中心能使用这些软件接受、选取和运送订单货物。

控制绩效的两种传统的方法是指标项目和平衡积分卡。在指标项目中，功能性组织和工作小组建立和跟踪那些被认为是与度量绩效最相关的指标。不幸的是，指标项目这种方法存在很多的局限性。试图克服某些局限性，许多公司采取了平衡计分卡项目。虽然概念上具有强制性，绝大多数平衡计分卡作为静态管理"操作面板"实施，不能驱动行为或绩效的改进。弗莱克斯特罗尼克斯也被供应链绩效控制的缺陷苦苦折磨着。

2. 供应链绩效管理周期

弗莱克斯特罗尼克斯实施供应链绩效管理带给业界很多启示：供应链绩效管理有许多基本的原则，可以避免传统方法的缺陷；交叉性功能平衡指标是必要的，但不是充分的。供应链绩效管理应该是一个周期，它包括确定问题、明确根本原因、以正确的行动对问题作出反应、连续确认处于风险中的数据、流程和行动。

弗莱克斯特罗尼克斯公司认为，定义关键绩效指标、异常条件和当环境发生变化时更新这些定义的能力，是任何供应链绩效管理系统令人满意的一大特征。一旦异常情况被确认了，使用者需要知道潜在的根本原因，可采取的行动的选择路线，以及这种可选择行为的影响。以正确的行动对异常的绩效作出快速的响应是必要的。但是，一旦响应已经确定，只有无缝地、及时地实施这些响应，公司才能取得绩效的改进。这些响应应该是备有文件证明的，系统根据数据和信息发生以及异常绩效的解决作出不断地更新、调整。响应性行动导致了对异常、企业规则、业务流程的重新定义。因此，周期中连续地确认和更新流程是必要的。

在统计流程控制中，最大的挑战往往是失控情形的根本原因的确认。当确认异常时，对此的管理需要能确认这些异常的根本原因。供应链绩效管理应该也能在适当的位置上支持理解和诊断任务。这允许管理迅速重新得到相关的数据，相应地合计或者分解数据，按空间或者时间将数据分类。

3. 成功的例子

弗莱克斯特罗尼克斯公司的成功，确认了供应链绩效管理作为供应链管理的基础性概念和实践力量的重要性。

弗莱克斯特罗尼克斯使用了供应链绩效管理的方法，使它能确认邮政汇票的异常情况，了解根本原因和潜在的选择，采取行动更换供应商、缩减过度成本、利用谈判的力量。绩效管理的方法包括了实施基于 Web 的软件系统加速供应链绩效管理的周期。弗莱克斯特罗尼克斯在 8 个月的"实施存活期"中节约了几百亿美元，最终在第一年产生了巨大的投资回报。供应链绩效管理周期使弗莱克斯特罗尼克斯获得这样的结果。

识别异常绩效，弗莱克斯特罗尼克斯系统根据邮政汇票信息连续比较了合同条款和被认可的卖主名单。如果卖主不是战略性的或者订单价格是在合同价格之上的，系统就提醒买方。另外，如果邮政汇票价格是在合同价格之下的，系统就提醒货物管理人员可能的成本解决机会，向接近 300 个使用者传递的邮件通告包含详细绩效信息的 Web 链接和异常情况的总结。

弗莱克斯特罗尼克斯管理人员随后使用系统了解问题和选择方案。他们评价异常情况并且决定是否重新谈判价格，考虑备选资源或者调整基于业务需求的不一致。同样，采购经理分析市场状况、计算费用，然后通过商品和卖主区分成本解决的优先次序。在供应链绩效管理周期开始之前或者周期进行中，弗莱克斯特罗尼克斯确认数据、流程和行动的有效性。当实施它们的绩效系统时，弗莱克斯特罗尼克斯建立指标和界限，并且也保证数据的质量和合时性。使用绩效管理系统，弗莱克斯特罗尼克斯已经能通过资本化各种机会节约成本并获得竞争优势。

资料来源：http://tech.sina.com.cn/s/2008−07−15/1316733600.shtml

思考：本案例中是用什么方法进行绩效管理的？

任务一 制定配送绩效评价指标

任务分析：什么是配送绩效评价

（一）配送绩效评价的概念

所谓绩效是一个组织或个人在一定时期内的投入产出情况，投入指的是人力、物力、时间等物质资源，产出指的是工作任务在数量、质量及效率方面的完成情况。配送绩效是指在一定经营期间内物流配送的运行效率和取得的财务效益等经营成果。

配送绩效评价就是运用科学、规范的评价方法，对一定经营时期的企业配送活动的经营业绩和效率进行定量及定性分析，获取有关任务完成水平、取得效益、付出代价的信息，进而在管理活动中利用这些信息不断控制和修正工作的一个持续的动态管理过程。

（二）企业配送绩效评价应遵循的基本原则

1. 客观与公正的评价原则

企业配送绩效评价必须采用科学的方法和手段，坚持定量与定性相结合、静态与动态相结合，建立科学、适用的评价指标体系及标准，避免主观臆断。以客观立场评价优劣，公平的态度评价得失，合理的方法评价业绩，严密的计算评价效益。

2. 全面与系统的评价原则

企业配送绩效评价的主要对象虽然是配送活动的经营成果，但配送活动的经营成果的产生和形成涉及企业经营活动的全过程，是一个复杂的系统活动。因此，企业配送绩效分析，要将经营结果与经营过程、内部系统与外部系统相结合进行分析，多方收集信息，实行多层次、多渠道、全方位评价。

3. 经常化与制度化的评价原则

绩效评价是对现有能力、效率与效益的评价，也是对未来经营结果的一种预测。因此，对企业配送的绩效评价必须在制定科学合理的绩效评价制度的基础上，将正式评价与非正式评价相结合，形成经常化、制度化，才能充分了解配送系统的现实能力和潜能，才能发现组织中存在的问题，从而在改进中实施修正的管理。

4. 反馈与修改的评价原则

绩效评价的结果必须及时进行反馈，将反馈的两种结果区分开来。即把正确的行为、程序、步骤、措施坚持下去，发扬光大；不足之处，必须加以纠正和弥补。

5. 目标与激励的评价原则

对企业配送绩效的管理可以采用目标管理的方法，通过目标与激励相结合来有效实现预期绩效评价体系的设计目标。

(三) 配送绩效评价的步骤

企业配送绩效评价是一项复杂的工作，必须明确要求按照评价规则有计划、有组织、按步骤进行，这样才能保证绩效评价工作顺利进行并取得客观准确的评价结论。企业配送绩效评价的基本步骤如下：

1. 确定评价工作实施机构

由于企业配送绩效评价工作涉及面广、工作量大、要求高，因此，在评价过程中，为了得出客观、公正、准确的结果，往往需要成立评价实施机构。通常有两种方法：一是由评价组织机构直接组织实施评价，评价组织机构负责成立评价工作组，选聘有关专家组成专家咨询组。二是委托社会中介机构实施评价，先选择中介机构，并签订评价委托书，然后由中介机构成立评价工作组和专家咨询组。无论是谁来组织实施评价，对工作组和专家咨询的任务和要求都应该明确。

2. 确定评价指标体系

确定指标评价体系是连锁企业配送绩效评价工作的基础，评价方案的制定、材料的收集整理与计算分析，都是围绕着指标体系进行的。对配送活动的成效进行度量与分析，从而判断工作的存在价值，形成客观准确的评价结论，首先必须做的就是确定配送作业绩效评价标准。评价标准一般包括客户服务水平、配送成本、配送效率和配送质量等 4 个方面的指标体系。

3. 制定评价工作方案

企业配送绩效的评价工作方案是由评价工作组制定的工作安排，内容包括：评价对象、评价目的、评价依据、评价项目负责人、评价工作人员、时间安排、评价方法与标准、准备评价资料及有关工作要求等。评价工作方案由评价工作组根据有关规定制定，经由评价组织机构批准后开始组织实施，并送专家咨询。

4. 收集并整理基础资料和数据

根据评价工作方案的要求及评分的需要收集、核实和整理基础资料和数据，包括评价方法、评价准值、连续 3 年来的会计决算报表，以及有关统计数据和定性评价的基础资料，制作各种调查表，分发给调查对象，并提出填写要求，然后及时收回，并对数据进行分类、登记。

5. 进行计算分析、评价计分

计算分析与评价计分是评价过程的关键步骤，连锁企业配送的经营绩效主要就是通过一系列指标反映出来的，因此，在进行配送经营绩效评价时，应根据企业配送绩效评价的指标体系计算出相应的指标值，然后对指标值进行综合分析评价，并形成综合评价结果。

6. 形成评价结论

将企业配送绩效的综合评价结果与同行业规模相当的企业的配送经营绩效进行比较分析，也可以与企业自身的历史的综合评价结果进行比较分析，或者选择行业内先进水平的组织或企业为标杆进行对比分析。通过对企业配送绩效进行深入细致地分析判断，形成综合评价结论，并听取企业有关方面负责人的意见，进行适当的修正和调整，使评价结论能更客观、准确和全面地反映企业配送活动的实际情况。

7. 撰写评价报告

评价结论形成以后，评价工作者要按照格式要求撰写《企业配送绩效评价报告》。评价报告的主要内容包括：评价结果、评价分析、评价结论及相关附件等，送专家咨询组征求意见。完成报告后经评价项目主持人签字，报送评价组织机构审核认定，如果是委托中介机构进行评价，需加盖中介机构单位公章，方能生效。

8. 评价工作总结

评价项目完成后，工作组应进行工作总结，将评价工作背景、时间地点、基本情况、评价结果、工作中的问题及措施、工作建议等形成书面材料，建立评价工作档案。同时，报送企业备案。

任务实施：制定配送绩效评价指标

（一）配送绩效评价指标的制定原则

①制定的指标能反映组织整体或个别作业单位的业绩。

②制定的指标确实反映负责人或经理人的努力程度，同时，对于不是他所能控制的因素也应能适当显示。

③制定的指标要有助于问题点的分析，这样才能协助企业找到加强改进的方向。

在本书中，我们选取的配送中心业绩评价指标，既包含整体评价指标，又包含个别作业单位评价指标，同时，还可以考查各部门人员的努力程度。

(二) 配送绩效评价指标

1. 订单处理作业的评价指标

(1) 订单处理的数量指标

$$日均受理订单数=\frac{订单数量}{工作天数}$$

$$每订单平均订货数量=\frac{出货数量}{订单数量}$$

通过对日均受理订单数及每订单平均订货数量的分析，观察订单的变化情况，以拟定客户管理策略及业务发展计划。

(2) 订单处理的质量指标

$$订单延迟率=\frac{延迟交货订单数}{订单总数}\times100\%$$

该指标用于衡量交货的及时性。改善对策：找出作业瓶颈，加以解决；研究物流系统前后作业能否相互支持或同时进行，谋求作业的均衡性；掌握库存情况，防止缺货；合理安排配送时间。

$$订单满足率=\frac{实际交货数量}{订单需求数量}\times100\%$$

该指标用于衡量订货实现程度及其影响。改善对策：及时掌握库存的状况，防止缺货；制定严格的管理及操作规程，防止货损货差的发生。

$$紧急订单响应率=\frac{未超过12小时出货订单数}{订单总数量}\times100\%$$

该指标用于分析快速订单处理能力及紧急插单业务的工作情况。改善对策：制定快速作业处理流程及操作规程；制定快速送货计费标准。

2. 进出货作业绩效评价指标

(1) 作业人员的工作效率及工作时间指标

若进出货作业人员分开管理，则进出货作业评价指标如下：

①每人每小时处理进货量。

$$每人每小时处理进货量=\frac{进货量}{(进货人员数\times每日进货时间\times工作天数)}$$

②每人每小时处理出货量。

$$每人每小时处理出货量=\frac{出货量}{(出货人员数\times每日出货时间\times工作天数)}$$

③进货时间率。

$$进货时间率=\frac{每日进货时间}{每日工作时间}\times100\%$$

④出货时间率。

$$出货时间率=\frac{每日出货时间}{每日工作时间}\times100\%$$

若进出货人员共用，则评价指标应为：

⑤每人每小时进出货量。

$$每人每小时进出货量 = \frac{进出货量}{(进出货人员数 \times 每日进出货时间 \times 工作天数)}$$

⑥进出货时间率。

$$进出货时间率 = \frac{每日进出货时间}{每日工作时间} \times 100\%$$

（2）进出货工作的质量指标

进出货工作的质量指标包括进货数量误差率、进货品合格率、进货时间延迟率、出货数量误差率和出货时间延迟率，其计算公式如下：

①进货数量误差率。

$$进货数量误差率 = \frac{进货误差量}{进货总量} \times 100\%$$

②进货品合格率。

$$进货品合格率 = \frac{进货品合格的数量}{进货总量} \times 100\%$$

③进货时间延迟率。

$$进货时间延迟率 = \frac{延迟进货的货品总量}{进货总量} \times 100\%$$

④出货数量误差率。

$$出货数量误差率 = \frac{出货误差量}{出货总量} \times 100\%$$

⑤出货时间延迟率。

$$出货时间延迟率 = \frac{延迟出货的货品总量}{出货总量} \times 100\%$$

（3）作业设施设备的利用指标

作业设施设备的利用指标包括站台利用率、站台高峰率和装卸搬运设备利用率。

①站台利用率。配送中心的仓库与配送运输车辆之间的衔接部分称为站台。站台的数量是否合理直接影响着进出货工作的效率。对站台设置是否合理进行评价的主要指标是站台利用率。

$$站台利用率 = \frac{进出货车次装卸停留总时间}{站台泊位数 \times 工作天数 \times 每天工作时数} \times 100\%$$

②站台高峰率。

$$站台高峰率 = \frac{高峰期车辆数}{站台泊位数} \times 100\%$$

③装卸搬运设备利用率。

$$设备能力利用率 = \frac{设备的实际装卸搬运量}{设备的额定装卸搬运量} \times 100\%$$

$$时间利用率 = \frac{设备的实际工作时间}{设备的额定工作时间} \times 100\%$$

3. 储存作业绩效评价指标

（1）储存效率指标

储存效率指标包括仓库面积利用率、仓库空间利用率、单位面积保管量和库存周转率。

①仓库面积利用率。仓库面积利用率是指在一定的点上，存货占用的场地面积与仓库可利用面积的比率。它主要是评价储存区通道及储位布局的合理性。合理的储存区域布局应该充分考虑作业设备空间需求和选择恰当的设施布局方式，以尽量提高仓库面积利用率。

$$仓库面积利用率 = \frac{存货占用的场地面积}{仓库可利用面积} \times 100\%$$

②仓库空间利用率。

$$仓库空间利用率 = \frac{存货占用的场地空间}{可利用的存货空间} \times 100\%$$

③单位面积保管量。

$$单位面积保管量 = \frac{平均库存量}{有效面积}$$

④库存周转率。

$$库存周转率 = \frac{出货量}{平均库存量} \times 100\% = \frac{营业额}{平均库存金额} \times 100\%$$

（2）储存质量指标

①缺货率。缺货率是用于衡量缺货程度及其影响的指标。

$$缺货率 = \frac{缺货次数}{客户订货次数} \times 100\%$$

②呆废货品率。

$$呆废货品率 = \frac{呆废货品数量}{平均库存量} \times 100\%$$

$$= \frac{呆废货品金额}{平均库存金额} \times 100\%$$

（3）储存消耗指标

$$库存管理费率 = \frac{库存管理费用}{库存费用总量} \times 100\%$$

4. 盘点作业绩效评价指标

（1）盘点数量误差

盘点数量误差 = 实际库存数 - 账面库存数

（2）盘点数量误差率

$$盘点数量误差率 = \frac{盘点数量误差}{实际库存数} \times 100\%$$

（3）盘点品项误差率

$$盘点品相误差率 = \frac{盘点误差品项数}{盘点实际品项数} \times 100\%$$

（4）批量每件盘差品的金额

$$单位盘差品金额＝\frac{盘点误差金额}{盘点误差量}$$

5. 拣选作业绩效评价指标

（1）拣货人员作业效率指标

拣货人员作业效率指标主要包括人均每小时拣货品项数和批量拣货时间，其计算公式如下：

①人均每小时拣货品项数。

$$人均每小时拣货品项数＝\frac{拣货单笔数}{拣货人数×每日拣货时数×工作天数}$$

改善对策：拣货路径合理规划、储位合理配置、确定高效的拣货方式；拣货人员数量及工次合理安排；拣货的机械化、电子化。

②批量拣货时间。

$$批量拣货时间＝\frac{拣货人数×每日拣货时间×工作天数}{拣货分批次数}$$

批量拣货时间短，表示拣货作业快，即订单进入拣货作业系统至完成拣货作业所花费的时间短。

③拣取品项移动距离。

$$拣取品项移动距离＝\frac{拣货行走距离}{订单总笔数}$$

该指标用于研究拣货规划是否符合动作效率，并可检查拣货区布置是否合理。指标过高，表示人员在拣货过程中耗费太多的时间和体力，影响整体效率的提高。

（2）拣货数量指标

拣货数量常用指标为单位时间处理订单数、单位时间拣取品项数和单位时间拣取体积数，其计算公式分别为：

①单位时间处理订单数。

$$单位时间处理订单数＝\frac{订单数量}{每日拣货时数×工作天数}$$

②单位时间拣取品项数。

$$单位时间拣取品项数＝\frac{订单数量×每件订单平均品项数}{每日拣货时数×工作天数}$$

③单位时间拣取体积数。

$$单位时间拣取体积数＝\frac{发货品体积数}{每日拣货时数×工作天数}$$

（3）拣货质量指标

拣货质量指标主要表现为拣误率，其计算公式为：

$$拣误率＝\frac{拣取错误笔数}{订单总笔数}×100\%$$

（4）拣货成本指标

拣货成本指标包括每订单投入拣货成本、单位商品投入拣货成本和单位体积投入拣货成本，其计算公式分别为：

①每订单投入拣货成本。

$$每订单投入拣货成本 = \frac{拣货投入成本}{订单数量}$$

②单位商品投入拣货成本。

$$单位商品投入拣货成本 = \frac{拣货投入成本}{拣货商品累计总件数}$$

③单位体积投入拣货成本。

$$单位体积投入拣货成本 = \frac{拣货投入成本}{发货商品体积数}$$

6. 配送作业绩效评价指标

（1）人员负担指标

①平均每人的配送量。

$$平均每人的配送量 = \frac{出货总量}{配送人员数}$$

②平均每人的配送距离。

$$平均每人的配送距离 = \frac{配送总距离}{配送人员数}$$

③平均每人的配送重量。

$$平均每人的配送重量 = \frac{配送总重量}{配送人员数}$$

④平均每人的配送车次。

$$平均每人的配送车次 = \frac{配送总车次}{配送人员数}$$

（2）车辆负荷指标

①平均每台车配送吨公里数。

$$平均每车次配送吨公里数 = \frac{配送总距离 \times 配送总量}{配送总车次}$$

②平均每台车配送重量。

$$平均每车次配送重量 = \frac{配送总重量}{自有车重量 + 外车重量}$$

③空载率。

$$空载率 = \frac{空车行驶距离}{配送总距离} \times 100\%$$

（3）配送时间效率指标

①配送平均速度。

$$配送平均速度 = \frac{配送总距离}{配送总时间}$$

②单位时间生产力。

$$单位时间生产力 = \frac{配送营业额}{配送总时间}$$

（4）配送成本指标

①每吨重配送成本。

$$每吨公里配送成本 = \frac{自车配送成本 + 外车配送成本}{配送总重量}$$

②每容积货物配送成本。

$$每容积货物配送成本 = \frac{自车配送成本 + 外车配送成本}{配送总容积}$$

③每车次配送成本。

$$每车次配送成本 = \frac{自车配送成本 + 外车配送成本}{配送总车次}$$

④每公里配送成本。

$$每公里配送成本 = \frac{自车配送成本 + 外车配送成本}{配送总距离}$$

（5）配送服务质量指标

$$配送延迟率 = \frac{配送延迟车次}{配送总车次} \times 100\%$$

互动地带

在计算这些指标时所需的数据从哪里来？如何做好配送统计工作？可以利用信息化技术来获取动态数据吗？

任务二 选择配送绩效评价方法

任务分析：目前常用的配送绩效评价方法有哪些

目前国内外专家学者对物流绩效评价越来越重视，尤其在欧美等发达国家和地区，绩效评价已经成为企业管理的一项重要议程。国内外广泛应用的物流绩效评价方法主要有：层次分析法（AHP）、关键业绩指标法（KPI）、平衡计分法（BSC）、杠杆管理法、模糊综合评价法、数据包络分析法（DEA）等。以下分别做简要介绍。

（一）层次分析法（Analytic Hierarchy Process，AHP）

层次分析法（AHP）是美国运筹学家匹兹堡大学教授萨蒂（T. L. Saaty）于20世纪70年代初为美国国防部研究"根据各个工业部门对国家福利的贡献大小而进行电力分配"课题时，应用网络系统理论和多目标综合评价方法，提出的一种层次权重决策分析方法。其基本思想是将一个复杂的多目标决策问题作为一个系统，将目标分解为多个目标或准则，进而分解为多指标（或准则、约束）的若干层次，通过定性指标模糊量化方法算出层次单排序（权数）和总排序，以作为目标（多指标）、多方案优化决策依据。

利用层次分析法确定物流配送绩效指标的权重，借助成本仿真模型进行物流成本与物流配送绩效的综合分析，这种方法具有可操作性，但需要指出的是，对于每项指标的权重是根据专家来评判的，不同的专家对同一指标给不同的权重，因此，该方法具有一定的主观性。

（二）关键绩效指标法（Key Performance Indicators，KPI）

关键绩效指标法是把对绩效的评估简化为对几个关键指标的考核，将关键指标当做评估标准，把员工的绩效与关键指标作出比较的评估方法，在一定程度上可以说是目标管理法与帕累托定律的有效结合。关键指标必须符合 SMART 原则，SMART 是 5 个英文单词首字母的缩写。

S 代表具体（Specific），指绩效考核要切中特定的工作指标，不能笼统。

M 代表可度量（Measurable），指绩效指标是数量化或者行为化的，验证这些绩效指标的数据或者信息是可以获得的。

A 代表可实现（Attainable），指绩效指标在付出努力的情况下可以实现，避免设立过高或过低的目标。

R 代表相关性（Relevant），指年度经营目标的设定必须与预算责任单位的职责紧密相关，它是预算管理部门、预算执行部门和公司管理层经过反复分析、研究、协商的结果，必须经过他们的共同认可和承诺。

T 代表有时限（Time-bound），注重完成绩效指标的特定期限。

关键业绩指标法的优点：

1. 目标明确，有利于公司战略目标的实现

KPI 是企业战略目标的层层分解，通过 KPI 指标的整合和控制，使员工绩效行为与企业目标要求的行为相吻合，不致于出现偏差，能有利地保证公司战略目标的实现。

2. 提出了客户价值理念

KPI 提倡的是为企业内外部客户价值实现的思想，对于企业形成以市场为导向的经营思想是有一定的提升的。

3. 有利于组织利益与个人利益达成一致

策略性地指标分解，使公司战略目标成了个人绩效目标，员工个人在实现个人绩效目标的同时，也是在实现公司总体的战略目标，达到二者和谐、公司与员工共赢的结局。

关键业绩指标法的缺点：

1. KPI 指标比较难界定

KPI 更多是倾向于定量化的指标，这些定量化的指标是否真正对企业绩效产生关

键性的影响，如果没有运用专业化的工具和手段，是很难界定的。

2.KPI会使考核者误入机械的考核方式

过分地依赖考核指标，而没有考虑人为因素和弹性因素，会产生一些考核上的争端和异议。

3.KPI并不是针对所有岗位都适用

KPI方法在具体指标上常常看起来令人满意，但实际上这种方法扭曲了真实的绩效。因此，KPI方法常与其他方法结合起来使用，比如平衡计分法。

（三）平衡计分法（Balance Score Card，BSC）

平衡计分法即平衡计分卡方法，是近几年在美国许多公司中兴起的业绩评价方法。它把股东满意、员工学习和成长等绩效考核目标和财务目标结合起来，进一步把业绩评价指标与公司战略相联系，使之不仅仅局限于成本和利润这些传统指标，还包括创新能力等。这种方法突出的特点是：将企业的远景、使命和发展战略与企业的业绩评价系统联系起来，它把企业的使命和战略转变为具体的目标和评判，以实现战略和绩效的有机结合。

平衡计分卡体系实现了几个方面的有机协调和平衡：战略管理和经营管理的平衡、财务指标和非财务指标的平衡、内部人员与外部人员的平衡以及结果指标和动因指标的平衡，使用BSC可以帮助企业找出战略实现过程的深层次驱动因素，它包含着促使强项更强、弱势改进的平衡发展的思想。

（四）标杆管理法（Benchmarking）

标杆管理起源于20世纪70年代末80年代初。在美国学习日本的运动中，首先开辟标杆管理先河的是施乐公司，后经美国生产力与质量中心系统化和规范化。标杆管理的概念可概括为：不断寻找和研究同行一流公司的最佳实践，并以此为基准与本企业进行比较、分析、判断，从而使自己企业得到不断改进，进入或赶超一流公司，创造优秀业绩的良性循环过程。其核心是向业内或业外的最优秀的企业学习。对于标杆管理的方法，在具体实施的时候，并不是照搬照抄标杆，而是应该建立一个有明确目标、可达途径、可采用的方法，是可行可信的指导体系，使企业最终实现绩效的改良。针对物流系统标杆管理的实施，一般采用5个步骤分类处理标杆管理：第一个步骤，确定客户对标杆管理信息以及他们的需求，定义特别的标杆管理条目以及确定和保障需求资源；第二个步骤，选择、监督和管理一个标杆管理团队；第三个步骤，确定收集标杆管理信息的信息源；第四个步骤，收集真实的信息；第五个步骤，依照改善的建议和确立的方法实施。

（五）模糊综合评判方法

模糊综合评判是对受多种因素影响的事物作出全面评价的一种多因素决策方法，在模糊的环境中，考虑了多种因素的影响，出于某种目的对某事物作出的综合决断或决策。采用模糊综合评判方法是一种行之有效的方法。对于定性指标常采用专家评分或者问卷调查法来评价，具有一定的主观性，通过对评价指标赋予相应的权数进行综合评价，这样得到的评价结果更接近现实，更加合理。

（六）数据包络分析法（Data Envelopment Analysis，DEA）

数据包络分析是一个对多投入、多产出的多个决策单元的效率评价方法。它是1986 年由美国著名运筹学家 A. Charnes 和 W. W. Cooper 等学者创建的，可广泛使用于业绩评价。该方法由于不需要预先估计参数，在避免主观因素和简化算法、减少误差等方面有着不可低估的优越性。

任务实施：选择配送绩效评价方法

当前，物流配送绩效评价方法多种多样，但各有各的适用条件和范围，也都各有优点和不足。随着经济环境日益复杂和多变，要求我们的绩效评价方法不断革新和完善。在实践中，尽量采用两种或多种方法的合理结合无疑是很有效的方式，通过多种方法的集成，既克服了各自的不足，又兼备了各自的优点。

互动地带

试比较分析这几种绩效评价方法的优点和缺点。

任务三　评价及改进配送绩效

任务实施一：评价配送绩效

如前所述，配送绩效评价方法有很多，而且各有优缺点，最好是能组合使用。本书以关键绩效指标法（KPI）和平衡计分卡法（BSC）相结合为例介绍配送绩效评价。

（一）建立绩效评价指标

根据 BSC 和 KPI 的特点，我们建立一个综合两者特点的绩效指标评价体系，即在确定企业配送战略目标的基础上，将影响目标实现的关键因素层层分解到 BSC 的各个层面，明确影响各层面绩效结果达成的关键因素，从而明确配送部门的日常绩效表现与企业战略目标的关系。综合后的绩效指标包含短期绩效衡量指标和绩效成果指标。短期绩效衡量指标能为企业提供详细的配送业务的盈亏状况，使企业管理者能随时掌握企业配送的运行状况；而绩效成果指标是对短期绩效衡量指标达成效果的衡量，它能保证企业的配送活动不偏离企业要达成的战略目标。综合绩效评价体系的设计过程如下：

1. 确立企业战略目标

企业战略目标是对企业战略经营活动关键预期成果的期望值，是企业绩效评价的基础和依据。不同企业的配送活动支撑着不同的企业战略目标。战略目标作为绩效评价的起点，对准确制定绩效指标有着重要的意义。战略目标通常是在充分调查的基础上，由企业高管层共同商讨决定的。对战略目标决策来说，调查的关键点在于收集那些对企业未来具有决定意义的外部环境信息。而在决策过程中，企业高层要注意充分发挥参谋智囊人员的作用，根据实际需要，尽可能多地提出一些目标方案，以便与对比选优。

2. 提取关键成功因素

所谓关键成功因素是在战略目标实现过程中起到重要作用的少数关键因子。不同行业的关键成功因素各不相同。即使同是配送领域的企业，由于各自所处的外部环境的差异和内部条件的不同，其关键成功因素也不尽相同。如在面向装配制造企业的配送活动中，拣选和向生产线输送活动通常是关键因素；而家电连锁企业配送中的关键因素通常是采购和配送。因此，在寻找企业的关键成功因素时，首先要分析并找出行业的关键成功因素，然后，根据企业环境的不同与其自身条件找出符合本企业配送活动的关键成功因素。

3. 确定绩效评价指标

综合绩效指标是关键成果指标和关键绩效指标的组合，而这两项指标是第二步骤中关键成功因素和关键驱动因素的进一步细化成指标的结果。首先，应该确定企业的关键成果指标。关键成果指标通常是企业活动的结果，企业在选择时通常需要分析其所在行业的特点和企业的战略目标，但它不能为企业提供具体的信息，告诉企业想要改善这些结果需要做哪些工作。其次，应该寻找驱动关键成果指标完成的关键绩效指标（KPI）。关键绩效指标是那些对于特定业务单位来说是独特的指标，反映最能有效影响企业价值创造的关键驱动因素。寻找关键绩效指标的关键在于建立其和关键成果指标之间的紧密联系，要能对关键成果指标的达成起到实质性的效果。

（二）绩效评价体系的应用应注意的问题

1. 做好绩效评价体系的分解和衔接

为了促进各项关键绩效指标的落实，必须将企业的战略进行 KPI 逐级分解，最终把指标落实到每个岗位的每位员工身上，成为个人 KPI。只有这样，才能把个人绩效考核内容与平衡计分卡联系起来，并作为员工绩效考核的重要内容，使个人绩效与组织绩效挂钩，保证关键绩效指标的顺利完成。

2. 做好绩效评价体系的信息化

完善企业信息管理系统，将企业战略决策支持系统、BSC 平衡计分卡和企业绩效管理系统有机结合起来，实现企业关键绩效指标的实时采集、储存和传递，提高企业决策指挥能力，确保企业平衡计分卡的实施成功。

3. 做好实施绩效评价体系的组织工作

制定专门的部门（如人力资源部门）组织实施绩效评价体系，按时采集数据，统计分析数据，计算绩效评价结果。

任务实施二：配送绩效的管理与改进

绩效评价结果的公布不是绩效管理的结束。对企业来讲，绩效管理过程是一个循环，这个循环分为 5 步：绩效管理计划、绩效管理实施、绩效评价、绩效反馈以及绩效改进。

（一）绩效管理计划

绩效管理的第一个环节就是绩效管理计划，它是绩效管理过程的起点。企业的工作目标要落地，必须先将工作目标分解为具体的任务，落实到各个岗位上。在这个阶段，上下级一起根据本岗位的工作目标和工作职责来讨论，搞清在绩效计划周期内员工应该做什么工作，做到什么地步，为什么要做这项工作，何时应做完，以及员工权力大小和决策权限等。

（二）绩效管理实施

绩效计划制订后，被评估者就开始按照计划开展工作。在工作过程中，上级要对下级的工作进行指导和监督，对发现的问题及时予以解决，随时根据实际情况对绩效计划进行调整。绩效计划并不是在制订了之后就一成不变的，随着工作的开展会不断调整。在整个绩效期间内，都需要上级不断地对下级进行指导和反馈，进行持续的绩效沟通。这种沟通是一个双方追踪进展情况、找到影响绩效的障碍以及得到使双方成功所需信息的过程。持续的绩效沟通能保证上级和下级共同努力，及时处理出现的问题，修订工作职责。

（三）绩效评价

绩效评价是绩效管理的关键环节。企业要选择适当的评价方法，制定符合自身特点的评价指标，对配送业务的运营作出客观全面的评价。

（四）绩效反馈

根据绩效评价结果，企业决策层、管理层和操作层都要认真分析所在部门、所在岗位、本职工作中存在的问题，深入分析造成评价结果与目标的存在差距的原因。在企业内部开展访谈、会议、座谈和专家诊断等形式的自我剖析活动，找出不良绩效的原因，为绩效改进和下一轮的绩效管理打下基础。

（五）绩效改进

根据绩效评价结果及绩效反馈情况，及时调整企业的经营目标和改善具体作业环节。对于企业而言，要反思配送流程、配送各环节的作业方法、设施设备的利用方式、人员组织和分配等如何改革和完善。对于员工而言，要反思自己的工作态度、专业理念、技术水平、团队合作能力等方面如何转变和提升。只有正确做出绩效改进的方案，并在下一轮的绩效管理中严格实施，绩效管理的目标才能实现。

探索园地 ▶▶

耐人寻味的几种绩效评价现象

现象一：功劳与苦劳。我们常常可以听到这样的说法："我虽然没有功劳，但是我也有苦劳。""我没有什么惊人之举，但是我也是流血流汗的呀。""我流汗的时候，企业里还没有你呢！"，等等。人们只是关注自己对于企业的付出，但是，不关心这样的付出是否真的产生绩效，很多人的衡量标准是他自己的付出，而不是付出的效果。所以，常常看到的管理结果是有苦劳的人得到肯定；组织里熬年头的人得到重用。换句话说，人们常常以苦为乐，认为付出就是对得起组织，但是，我们都很清楚，只有功劳才会产生绩效，苦劳不产生绩效。

现象二：能力与态度。一家企业里有一个小李、一个小刘。小李是一个任劳任怨、勤勤恳恳的员工，每天都早来晚走，经常加班加点。小刘是一个准时上班准时下班，从不加班的员工。结果，小李得到表扬，成为优秀员工，而小刘从未得到表扬，更不会当选优秀员工。但是，如果你愿意好好思考，也许会出现这样一个问题：小李的表现恰恰是能力不够的原因，而小刘的表现正说明他的能力可以胜任这个岗位，完成任务。其实，关心态度还是关心能力是一个非常重要的问题，如果我们不能够正确对待能力和态度的关系，过多关注态度，结果就会导致组织中能干的人干死，不能干的人活得很好，原因是你关心态度而不是能力，让态度好的人得到肯定，结果导致大家关心态度，而不愿意真正地用能力说话。可是，只有能力才会产生绩效，态度必须转化为能力才会产生绩效。

现象三：才干与品德。德与才的取舍中人们希望德才兼备，如果二者不可兼得人们选择先德后才。品德和才干一直是对于人才评价的两个基本面，几乎所有的人都会选择德才兼备的人。很多人都很愿意同意这个选择，但我们面对的事实是，领导所面对的下属，一定不是德才兼备的，在这个前提下，如果再问如何选择，结果80%左右的人选品德。但是，我们必须知道，才干才产生绩效，品德需要转化为才干才会产生绩效。

资料来源：陈春花. 管理的常识. 机械工业出版社. 2010年01月出版

讨论：你对这三种绩效管理中的现象如何看待？

📖 **知识拓展**

企业绩效管理软件应用

许多企业开始尝试把商务智能工具引入绩效管理，以便高层人员洞悉企业的经营管理状况，使战略性的决策真正得到落实执行。下面以IBM公司运用Hyperion Performance Suite为例介绍商务智能在企业绩效管理中的应用。

Hyperion（Oracle）是财务计划和管理软件，包括关键绩效指标管理和分析工具的领先供应商，其产品被大多数财富500强企业用于财务报告记录和法规文件备案。Hyperion Performance Suite集成了Hyperion Intelligence和Hyperion SQR的特点，为企业提供了强大的绩效管理解决方案和丰富全面的报表功能。配合个性化的仪表盘，用户可以在查询分析环境中定制报表，以了解企业数据的本质，从而正确作出决策，提升企业绩效。

1. 可信数据的递送

Hyperion Performance Suite把数据存储在数据集市中，使IBM商业持续性和恢复服务部可以专注生成能够满足于用户需求的报告。此外，IBM 的供应链部服务于整个企业的制造、配送、财务和销售等部门。以前由于该部门缺乏可信的数据递送标准，非 IT 人员常常因为对查询操作不熟练，导致同一度量下所得的数据不同。而 Hyperion Performance Suite 的应用使供应链管理部门能够满足其他部门的各种需求，而不必花费很大精力处理表格数据不一致的问题。

2. 整合财务系统的信息

CIO 事务处是另一个与 Hyperion（Oracle）合作多年的 IBM 部门，它们有大约 5000 多名职员使用 Hyperion Performance Suite 的自动报告追踪业务单元和内部项目的情况。Hyperion（Oracle）对 IBM 巨大的企业运营数据库进行数据挖掘和多维分析，帮助确定哪些是优秀项目以及存在哪些问题。通过把财务数据与运营数据结合起来，Hyperion（Oracle）帮助 IBM 职员把握项目总体情况。此外，CIO 事务处还挖掘了 IBM 的许多大型财务系统数据。

3. 使用仪表盘创建报表模板

IBM 的全球报表管理信息系统是首个全球高级管理决策（Enabling Decisions for Global Execution，EDGE）系统。IBM 在建立该系统时，运用 Hyperion Dashboard Builder 创建标准模板并为全公司的决策者定制展示。EDGE 动态报告专注于供需信息、负载和收入信息，包括机会、订购信息以及二者所带来的收益。

在使用 Hyperion Dashboard Builder 之前，IBM 的员工都需要做几份报告分析信息，每个人都有不同的电子数据表和打印的表格，导致会议开始前的十几分钟都浪费在讨论哪些才是有用的数据，而没有分析数据本身。Hyperion Dashboard Builder 基于单一的数据库，不仅减少了报告的数量，而且能随用户需求很快地生成一致的报表。IBM 报表组长 Mary Norman 说，在全球范围内使用 EDGE 动态报告方案获取并发布机会，预定和收益的即时数据，销售部运用基于 Hyperion Dashboard Builder 的 EDGE 系统每天形成随需而变的报告，有助于避免周末结算时总收入数额偏离所引起的误差。每周形成的报告也有助于高层执行官了解整体运营情况。每次做一些新的事情时，只需在 Dashboard Builder 创建的报表模板中加入该项，而不用在每份报表中都更新一次。用户可以很容易地进行钻取等多维操作，找到他们所需的信息，以便专注于销售和管理。

4. 财务规划的智能化

除了 Hyperion Performance Suite，IBM 还使用 Hyperion Business Modeling 进行财务规划。该系统的模块化解决方案充分应用了商务智能，融合了基于活动的成本计划和财务建模以及基于 Web 的 what-if 分析，使 IBM 的分析师、主管和高层执行官们快速获取信息以便进行产品规划、预测评估等。Hyperion（Oracle）帮助 IBM 实现了先前人工规划任务的自动化，例如资料收集、报告存储和组成分析定位等。

资料来源：http://www.newmaker.com/art_36163.html

讨论：绩效管理软件对企业进行绩效评价有什么帮助？

课外训练

分别调查面向商业企业的配送绩效管理、面向制造企业的配送绩效管理和快递公司的配送绩效管理，并比较三种配送绩效管理的区别。

复习思考题

1. 什么是配送绩效和配送绩效评价？
2. 配送绩效评价方法有哪些？如何选择这些方法？
3. 如何进行配送绩效管理？

项目七 连锁零售企业配送情景实训

岗位描述

连锁零售企业配送中心一般均设置配送作业部和仓储作业部两大营运部门。其主要岗位有：仓库主管、仓管员及库工等仓储管理岗位；配送主管、理单员、派工员及配送调度员等配送管理岗位。

实训目的

通过该项目实训，学生要能够画出该配送中心的平面布局图和业务流程图，并利用所学理论知识和亲身实践体验提出优化方案或建议；能熟练所在岗位的各项操作，并力所能及地提出改善作业效率的措施；学习和体验企业文化，学会与同事有效交流沟通。

实训条件

该项目要求在电器零售、百货零售或医药零售等企业的配送中心实施，中心面积不小于 2000 平方米。

教学方法提示

教师可先带领学生参观该配送中心，然后将学生分成若干小组，每个小组安排到一个岗位上。企业在每个岗位上安排 1 名指导师傅指导该小组实习，并负责考核。

实训基地选择建议

教师可选择当地的苏宁、国美等企业的配送中心，或沃尔玛、大润发、家乐福等大型超市的配送中心。这些企业对实习生的需求较大而且注重企业的社会责任，便于建立合作关系。

实训考核方法

实训成绩可综合考虑考勤、企业指导师傅对学生工作完成情况的评价、学生提出的优化方案以及同事对该学生人际沟通方面的评价来加权评定。

任务一　参观配送中心运作

通过参观配送中心，最重要的是要明确该中心的组织结构，各部门的基本职责。本书以某电器配送中心为例，详细介绍其部门设置及职责分工。

（一）配送中心的组织架构及职责

1. 综合管理部

（1）基本职能

商品质量管理，作业现场监控，计划管理。

（2）基本职责

①监督检查配送中心各作业现场的作业规范。

②负责商品的出入库检验，及时汇总检验资料，并出具检验报告。

③协调与厂家、营销等相关部门间关系。

④协助处理坏机退厂工作。

⑤根据作业部门的具体需求负责仓库选址、仓库与外协车辆的谈判与相关协议签订。

⑥根据作业部门的具体需求，编制资源计划，合理组织与调配配送中心内的资源。

⑦调研、分析运力与服务市场及竞争对手现状，配合配送作业部改进配送方案并合理调整配送价格。

⑧配合人事部门提出人员需求，并协助工人招聘工作。

2. 配送作业部

（1）基本职能

信息受理，零售配送，长短途调拨作业管理，运费统计结算。

（2）基本职责

①负责所在公司销售的各类商品的零售配送，长途运输工作，保证作业的及时性与安全性，监督并改善服务质量。

②指导各作业点的零售配送工作。

③负责配送过程中的各类信息接收与处理。

④与仓储等相关部门进行有效沟通，保证配送作业顺利进行。

⑤优化配送方案，合理调整配送线路与价格，降低配送运作成本。

⑥负责运费统计结算并进行分析。

⑦维护与外协单位关系。

⑧负责对驾驶员、送货工的服务规范、作业流程等方面进行培训。

（3）各下属部门的基本职责

1）信息组

①规范接听电话，受理各类信息。

②处理各种投诉，解决或上报各种突发情况。

③汇总统计二次配送、投诉及各类差错等报表，上报并反馈给相关部门。

④及时办理无货、退换货等手续，并与相关部门做好衔接。

⑤对配送费用（包括二次配送）及时进行统计、结算与分析。

2）配送作业组

①负责所在公司商品零售配送过程中的及时性与安全性。

②指导各作业点的零售配送工作。

③及时准确打印各类配送单据并做好单据保管工作。

④优化配送方案，合理调整配送线路与价格，降低配送运作成本。

⑤根据投诉报表，分析原因，制定改进措施，提高服务质量。

⑥负责对驾驶员、送货工的服务规范、作业流程等方面进行培训。

3）运输作业组

①高效完成长途调拨、市内短拨作业任务，合理调整作业安排（包括装载量，到货时间等）。

②协助开发、组织各种社会运力。

③合理派工与调度，优化运输线路，降低运输成本。

④负责货物运输的安全与及时性，及时跟进查询，或解决突发问题。

3. 仓储作业部、现场库、中心库

（1）基本职能

各仓库的收、发、存管理，仓库商品的安全保障。

（2）基本职责

①保证仓库日常收发、存、退、移等作业按流程、制度进行，确保账务和实物相符。

②指导各作业点的仓储管理工作。

③与相关部门沟通、协调，确保仓储作业的顺利进行。

④分析库存量，按类别、品牌合理划分库区，分配各库存商品，平衡各库工作量。

⑤负责货物的安全保障工作。

⑥组织仓库盘点工作，汇总、编制各类仓储报表，定期上报。

⑦协助坏机的退厂工作。

⑧合理降低仓储成本。

⑨整理库区货物，并负责库区的卫生工作。

⑩对库工的作业流程、作业规范等方面进行培训。

⑪负责每日统计缺少附件的信息，同时每日要将报告传递给营销或工厂并跟进落实。

4. 车管部

（1）基本职能

车辆检测、维修、保养，车辆和驾驶员管理，跟进指导区域内车管工作。

（2）基本职责

①监督指导区域内各配送中心自备车管理制度在各用车部门的实施。

②监控区域内各配送中心的自备车的维修和燃油使用管理，合理控制车辆费用。

③监督并确保所购汽车配件的质量，并做好保管工作。

④制订车辆月、季、年度的维修、保养计划并组织实施。

⑤根据需要办理自备车的购置、上牌、规费交纳、变更、报废等手续。

⑥定期上报总部各类相关报表。

⑦建立、维护区域内各配送中心的自备车和驾驶员的相关档案，随时掌握自备车的车况和人员现状。

⑧具体实施驾驶员的招聘工作，考核其专业技能。

⑨负责驾驶员的业务技能培训与安全教育等工作。

⑩合理调配自配车，满足用车部门需求。

（3）各下属部门基本职责

1）车检组

①监督区域内各配送中心自备车管理制度在各用车部门的实施。

②监控区域内各配送中心自备车的维修和燃油使用管理，审核并报批相关车辆费用。

③监督并确保所购汽车配件的质量，并做好保管工作。

④制订车辆月、季、年度的维修、保养计划并组织实施，跟进指导。

⑤根据需要办理自备车的购置、上牌、规费交纳、变更、报废手续。

⑥定期上报总部各类相关报表。

⑦建立、维护自备车相关档案，随时掌握自备车的车况。

2）车管组

①具体实施驾驶员的招聘工作，考核其专业技能。

②建立驾驶员的相关档案，随时掌握驾驶员的现状。

③合理调配自配车，满足用车部门需求。

④负责驾驶员的技能培训与安全教育等工作。

5. 配送作业点

（1）基本职能

保障配送作业点仓储、配送作业的顺利完成。

（2）基本职责

①各项规章制度、作业流程、作业规范在作业点的贯彻实施。

②负责配送点的各类商品零售配送工作。

③负责作业点商品零售配送及仓储过程中作业的及时性与安全性。

④受理与处理零售配送过程中的各类信息。

⑤加强对作业点配送、仓储等各项费用控制。

⑥负责对驾驶员、送货工、库工的服务规范、作业流程等方面进行培训。

（二）配送中心的组织结构

配送中心的组织结构如图7-1所示。

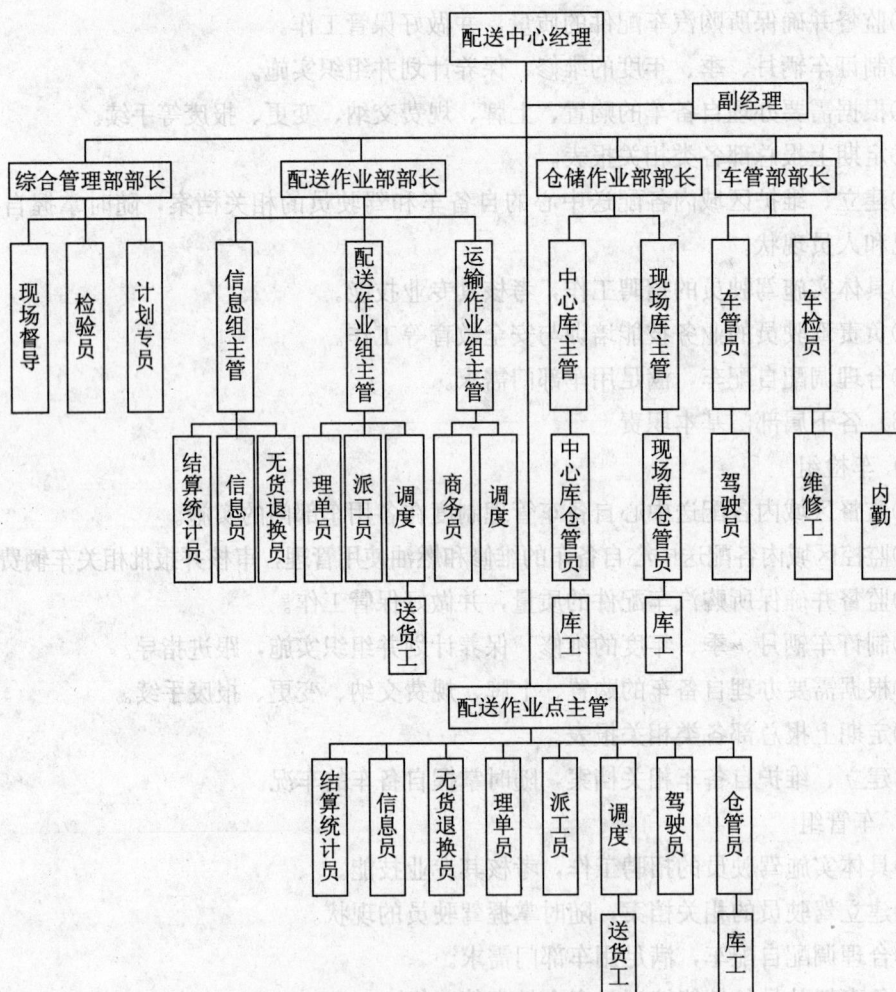

图7-1　配送中心组织结构

任务二　仓储管理岗位实训

任务分析一：仓储管理岗位的主要工作内容、原则及要求

仓储管理是配送中心运作的重要部分，仓储管理岗位主要是实现对货品的妥善管理，其主要内容有：验收入库，货品保管，货品发放，货品盘点，不良货品处理，退货处理，账务处理，安全维护，资料保管。

（一）仓库管理的一般原则

①仓管人员应该按货品的特性、体积、重量、数量、分库、分类、分区存放。

②仓库人员应绘制仓库平面图，标明各类商品存放位置，并贴于明显处。

③各类商品应堆码整齐，标记清楚。

④已验收商品、待验收商品和不合格商品应分区存放，并标记清楚。

⑤每月应核对商品账，遇有账实不符，应即时追查原因，经公司负责人核准后方可调整。

⑥仓库应设置相应的消防设备及消防器材和报警装置。

⑦仓库内应随时保持清洁、干燥和通风状态良好。

⑧加强火源、电源管理，做好防火、防汛、防盗，分类、分区存放。

（二）仓库管理的一般要求

仓库管理要求做到"三化"、"三保"、"三清"、"两齐"、"三一致"、"五防"。

①"三化"，即仓库规范化、存放系列化、养护经常化。

②"三保"，即保质、保量、保安全。

③"三清"，即材料清、规格清、数量清。

④"两齐"，即库区整齐、货品整齐。

⑤"三一致"，既账、物、卡一致。

⑥"五防"，即防火、防潮、防盗、防虫、防变形。

（三）6S 管理

所谓 6S 是指按步骤进行整理、整顿、清扫、清洁、素养、安全的 6 项活动。

①整理。明确区分要与不要，将要的留下来，不要的清除掉。实施整理的目的是节省空间，防止误发误用，防止积压变质，只管理需要的商品，以提高管理质量和管理效率。

②整顿。第一，把需要的商品以合理的方式分类摆放，并明确标记，以利于准确、快速地查找取用，减少混料、错发的现象。要做到：凡物必分类，有类必有区，有区必有标记。第二，把不要的商品处理掉。实施整顿的目的是便于查找。

③清扫。在整理、整顿后，要进行彻底打扫干净，杜绝污染源。实施清扫的目的

是因为干净明亮的工作环境有利于提高产品质量。

④清洁。清洁是一种状态，是维持整理、整顿、清扫的结果。实施清洁的目的是因为清洁的环境，能使人心情愉快，积极乐观。

⑤素养。所谓素养，是指养成遵守既定事项的好习惯，不论是在家庭或是在其他地方。实施素养的目的是培养遵纪守法、品德高尚、具有责任感的员工，营造团队精神。

⑥安全。所谓安全，分为安全作业、安全管理、卫生管理。安全作业是指减少安全事故的发生，确保安全生产；安全管理是指加强劳动保护，改善员工作业条件，保护员工在生产过程中的安全和健康；卫生管理是指加强公司的文明建设，使员工有一个清洁、安全、文明的工作环境。

实施 6S 管理的效果为：减少浪费，提高效率，保证质量，保障安全，树立企业形象。

任务分析二：仓储管理岗位职责

（一）仓库主管岗位职责

①在部门上级领导下，全面负责所在库区的各项行政和业务管理工作。

②负责组织所在库区员工和工人学习业务知识，教育员工牢记公司基本法及企业文化的所有内容，树立为客户、为销售服务的理念，不断提高业务技能和职业道德水平。

③严格按业务工作流程处理日常业务工作，带领本库所有人员圆满完成仓储任务。

④负责本库区对上级制定的各项规章制度的具体贯彻落实执行工作。

⑤负责对所在库区商品的装卸、堆码、储存等方面的管理工作。对违规现象进行制止，对违规行为进行查处，对重大问题应及时上报。

⑥组织本库员工认真开展 6S 管理活动，保证库区整洁。确保商品和员工人身安全。

⑦定期组织员工进行消防知识的学习，练习消防器材使用，指定专人负责管理，确保库房消防设施完好无损。

⑧不折不扣地完成上级交给的其他任务。

（二）仓管员岗位职责

①在本库区主管的直接领导下做好商品的收、发、存等业务管理工作，合理组织库工从事作业劳动，确保公司仓储任务的顺利完成。

②认真贯彻落实有关库区管理的各项规章制度，采取积极态度推行和采纳（积极采纳和推行）先进的科学管理方法，并确保实施"先进先出"等库房管理原则。

③保持高度的责任心，爱岗敬业，保质保量地完成工作任务。

④熟练掌握工作流程，明确业务要求，做到原始记录完整，账、物、卡相符。坚持盘点制度，不允许出现账物不符的现象，发现问题及时汇报。

⑤掌握库存商品的动态变化情况，及时反映并上报库存商品的积压、质变、残破等情况，供事业部品管了解并配合及时处理。

⑥随时保持库区储存条件良好，经常对库区通风、干湿、周围环境进行检查，确保库区安全。

⑦接待客户主动、热情，自觉维护企业形象，牢记公司服务宗旨。

⑧坚持对库区进行每日清扫，保持商品清洁。

⑨爱护库区设施和办公设备，对作业工具、桌椅、电脑的故障和毁损要及时报修。

⑩完成上级领导安排的所有兼职工作，以及其他临时性工作。

（三）库工岗位职责

①严格遵守员工行为规范，不折不扣地执行公司各项管理规定，遵守纪律，讲究职业道德。

②在库区主管和仓管员的领导下从事商品装卸、堆码和保管工作，服从管理、调度和安排。

③按规定的程序进行各种操作。爱护商品，遵守装卸规范，堆码作业时务必小心谨慎，轻拿轻放，严禁野蛮操作。

④严格按照仓库管理"九大原则"进行堆码作业，根据各类机型外包装上注明的堆码标准确定堆码层数，严禁商品倒置。

⑤商品进（出）货时必须检查入库商品的品牌、型号、数量和包装情况，商品需要入库（开箱）检验时应积极给予配合。

⑥爱护作业工具及设备，禁止将任何火种和易燃易爆物品带入库区，未经许可严禁携带外部人员进入库区。

⑦积极进行卫生清扫，保持室内和商品干净清洁，配合仓管人员进行下班闭库前的检查，关好门窗，切断水、电源。

⑧完成各项临时性的其他工作。

任务分析三：仓库安全管理准则

（一）安全管理总则

①为维护公共安全及避免人员、物品受到损害，特制订本准则。

②本准则包括火灾、盗窃及身体伤害的预防及抢险等一切措施。

③本公司物流中心安全管理，除执行政府法令规定外，均按本准则办理。

④主管以上的干部均应熟悉有关安全管理的准则，并监督属下人员严格遵守。

（二）火灾防护

①仓库内严禁吸烟及携带引火物品。

②仓库门应向外开，工作时间不得关门。

③易燃及爆炸等危险物品应放于安全地点，不得携入工作场所（特殊情况必须请示仓库领导同意方可）。

④灭火设备应按照规定设置，放在明显容易取用之地点，并定期检查，应保持随时可用之状态，同时，要熟悉使用方法。

⑤电线不得接用过大保险丝，用电结束后，应确保关闭电源。

⑥库内不得用电水瓶烧水，如需饮水到指定处打水。

⑦电器设备应经常检查、维护。

⑧炉灶、烟囱、煤气灶等易引起燃烧的设备应经常检查，下班时应检查处理后方可离开工作场所。

⑨使用电器设备易燃物发生故障时，或增设电器设备均应请示上级领导，后由专职人员办理。

⑩首先发现起火的人，应立即关闭电源或其他火源，在场员工均应立即协同灭火。

⑪发现火灾应迅速将着火物附近的可燃物移开。

⑫发生火灾时工作单位主管应一面参加抢救，一面沉着指挥救火，必要时速拨打119抢救。

（三）盗窃防范

①现金、贵重物品及机要文件，下班后应放置于安全橱柜中，指定专员负责保管。

②保安人员应随时注意仓库范围的进出人员。

③夜间执勤的保安人员，应于规定时间在公司内巡逻。

④携带物品出门时，应出具公司规定之物品携出证件，保安人员凭证查验放行。

⑤下班后必须关闭门窗、电源，并确认上锁。

⑥盗窃案发生后，应保护现场，第一时间上报及报有关单位侦察。

任务实施：仓管员岗位实习

学生参照上述岗位职责、操作规程，结合企业指导师傅具体安排在仓管岗位上实习。

任务三　配送管理岗位实训

任务分析：零售配送相关岗位职责

（一）配送作业部负责人岗位职责

①网络的建立与管理，保证配送作业部的工作顺畅、优质、高效、准确、及时地完成作业任务。

②部门工作计划的制订、下属员工的工作安排、指导与考核。

③依据当地交通现状、消费水平、营销要求，不断提出配送方案完善建议。

④组织作业人员进行工作技能学习、培训。

⑤确保配送、仓储作业的顺利进行，相关数据的统计、分析、汇总。

⑥负责集团各项作业制度及操作流程在作业部门的实施。

⑦协助完成作业成本控制方案的落实。

⑧负责对社会运力的开发，合理调配自有及社会运力、人力。

⑨管理自备车辆及驾驶员，监督自备车、外租车的服务质量及配送结果。

（二）理单岗位职责

①及时、准确地打印送货提单，核查有效性，及时将单据交至派工处。

②及时准确地进行电脑派工，打印送货登记汇总表；对未派工记录查明原因，并跟踪解决，及时修正派工信息。

③汇总当日无货情况，确认无误后，及时将汇总表传递至客服中心。

④根据客服回传无货到货计划表跟踪、落实到货情况，并将实际到货情况及时传递至客服中心。

⑤无货单据，并根据客服通知更改无货单据配送信息，将无货单据交派工安排。

⑥规范接听、回答、登记来电，并按要求修改配送电脑信息。

⑦及时处理各种配送投诉，如遇到不能处理的问题要及时上报并跟踪处理结果，并对投诉信息进行统计、汇总、分析监督。

⑧按日期或类型归类存放和例行检查提单、暂存单、欠款单等单据。

⑨严格按照单据交接规定与各商场、仓库交接，登记单据、凭证（入库单、撤销的提单等）。

（三）派工岗位职责

①根据配送任务开发、组织各种社会运力。

②根据每日的车辆需求，合理、公平、公正调配各种自备、社会运力。

③合理地安排送货路线，根据配送时间承诺及时完成派工分单、发单作业。

④监督、指导零售配送的提货装车作业，督促其及时出发，并跟踪送货车辆的在途情况。

⑤对送货人员进行业务技能的培训、考核。

⑥整理、装订送货登记表，留存备查。

（四）退换货岗位职责

①根据顾客要求，按退换货流程办理零售退换货、入库、冲红等相关手续。

②审核退换手续是否齐备，检验退换的机器故障是否与退换原因一致。

③对退换机责任的鉴定、分析，予以处理，保管退换货单据。

④定期与商场、仓库等相关部门核对退换机情况，并协助相关部门对差异情况跟进处理。

⑤定期将退换机统计数据、分析结果汇总上报。

（五）销单员岗位职责

①监督、审核送货的完成情况（欠款回收、退回入库等），及时在 ERP 中进行

修正。

②负责送货楼层费的核算。

③送货回执联的回收、保管。

④送货结算联、暂存单的回收，并交接给相关岗位。

⑤对未完工送货任务的跟踪处理。

（六）驾驶员岗位职责

①准确、安全、及时完成出车任务。

②负责驾驶任务中的其他工作，包括配送、调货驾驶中与相关部门、客户的联系及信息反馈，并监督提货、装卸作业。

③送货工人工作并负责欠款回收。

④准确及时地交接各种单据。

⑤维护车辆，确保车辆高效运行。

⑥保持车容整洁。

⑦按规定地点停放车辆。

任务实施：配送各岗位实习

学生参照上述岗位职责、配送操作流程，结合企业指导师傅具体安排在各岗位上实习，熟练掌握该岗位技能后，可向指导老师提出轮岗。若学时较多，建议学生轮遍所有岗位；若学时较少，可通过小组交流了解其他岗位的工作情况，从而达到熟悉所有配送岗位的目标。

实训拓展与提高

试比较你所实习的配送中心与沃尔玛嘉兴配送中心的异同点，并思考为什么会有种种差异。

沃尔玛嘉兴配送中心的运作管理

沃尔玛物流配送中心是收集多方货源统一配送商场的大型仓储建筑，主要职责是及时、准确地将货物接收和发送到各个商场。通过集中配送，简化单据操作流程、降低成本、缩短运输里程等途径，配送中心能够将商品及时准确配送至商场，确保商场随时都有现货供应。19世纪70年代，第一家沃尔玛配送中心在美国阿肯色州的本顿维尔设立。至今沃尔玛已在全球设立了250家配送中心，其中，中国有3家，分别坐落在天津市和广东省深圳市和浙江省嘉兴市。嘉兴配送中心位于浙江省嘉兴市秀洲王店镇，是沃尔玛在中国全新开设的第三个物流配送中心。该中心已于2009年1月12日开业。目前占地面积12万平方米；建筑面积4.4万平方米。最大处理量30万箱/每天。设普通收货门67个，稳定库存收货门18个，出货门72个。拥有分货设备2台，叉车

37 台。嘉兴配送中心将负责长三角地区甚至华东、华南地区的物流配送，它的建成将大大提高整个沃尔玛物流供应链系统的配送能力。该中心通过安装节能灯、太阳能墙、自然采光带、太阳能热水器等环保设备，每年能够节约 46.86 万度电，减少 445 吨二氧化碳的排放量。该配送中心的运营流程和组织架构如图 7-2 和图 7-3 所示。

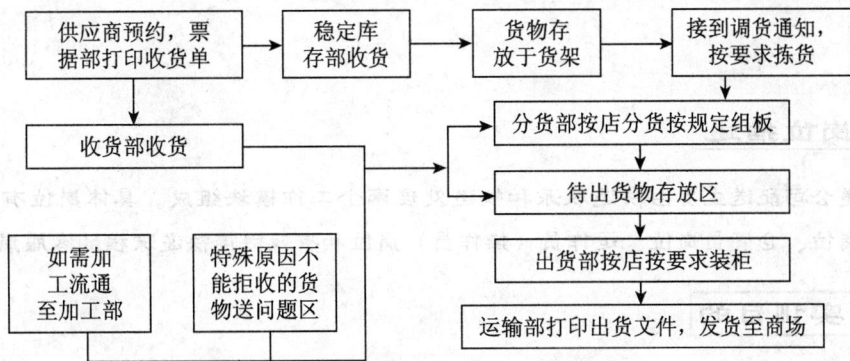

图 7-2 沃尔玛嘉兴配送中心流程

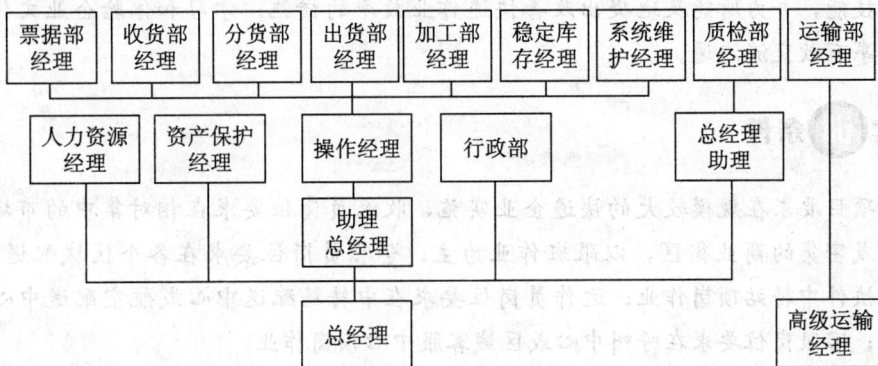

图 7-3 沃尔玛嘉兴配送中心组织结构

◆▷ **实训总结**

1. 提交一份实训总结，写清工作内容、工作感受、工作中遇到的问题及解决办法。

2. 以小组为单位讨论该中心的优化方案（可以是具体工作点的分析，也可以是整个流程的分析）。

3. 作为配送中心的工作人员你能胜任哪些岗位的工作？有哪些岗位你目前还难以胜任？你该如何制订学习计划以提高相应的能力？

项目八 快递企业配送情景实训

岗位描述

快递公司配送主要由快递收派和快递处理两个工作模块组成。具体岗位有：快递收派员岗位、仓管员岗位、运作员（操作员）岗位和有效链接快递流程的客服岗位等。

实训目的

通过该项目实训，学生要能够画出快递企业的组织架构和业务流程图，并利用所学理论知识和亲身实践体验提出快递流程优化方案或建议；能熟练掌握所在岗位的各项操作技能，并力所能及地提出改善快递作业效率的措施；学习和体验企业文化，学会与同事有效交流沟通。

实训条件

该项目要求在规模较大的快递企业实施，收派员岗位要求在相对集中的市场、工业园区或密集的商业街区，以跟班作业为主；仓管员岗位要求在各个区域配送中心、分点部快件中转站顶岗作业；运作员岗位要求在中转场配送中心或航空配送中心等顶岗作业；客服岗位要求在呼叫中心或区域客服中心顶岗作业。

教学方法提示

教师可先带领学生参观该企业的配送作业，然后将学生分成若干小组，每个小组安排到一个岗位上。企业在每个岗位上安排指导师傅指导该小组实习，并负责考核。

实训基地选择建议

学校可根据当地的实际情况选择当地的 EMS、顺丰、申通等相对比较大的快递企业，有机会的可以与国际四大快递巨头 UPS、DHL、TNT、FedEx 进行合作。这些快递企业管理规范，网络相对比较完善，具有公司独特的企业文化和完善的管理体系。

实训考核方法

实训成绩可综合考虑考勤、企业指导师傅对学生工作完成情况的评价、学生提出的优化方案以及同事对该学生人际沟通方面的评价来加权评定。实训期间的表现、反馈、评价和总结，都将作为对实习生评估的参考依据。

任务一　参观快递企业配送作业

任务实施

参观快递企业配送作业，是为了让学生能够直观感受快递配送各个岗位的实际工作情况，明确该中心的组织结构，各部门的基本职责。同时，了解快递配送流程，结合课本所学的理论知识去体验和实践，并根据自身的个性和特点，明确自己的发展方向，更有针对性和目的性的去学习，并发挥所长。本书以某快递公司为例，详细介绍了其部门设置及职责分工。

（一）快件配送主流程

快件配送主流程包含"快件收寄"、"快件处理（快件中转）"、"快件派送"和"快件运输"4个环节（如图8-1所示），共包含下单、收件、发件、中转、运输、出港、出口关务、国际运转、进口关务、进港、到件和派件等12个子流程。主流程与子流程的关系如下：

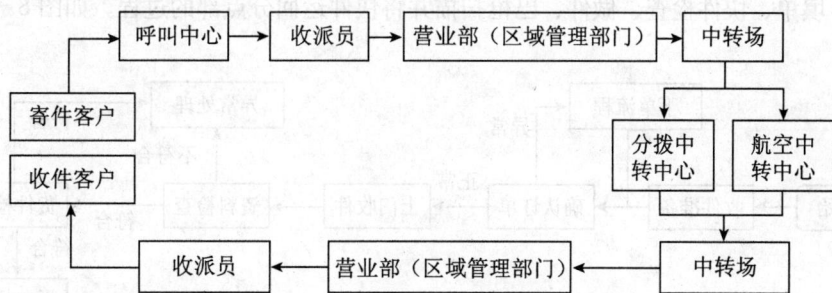

图8-1　快递公司快件中转配送流程

①快件收寄：下单流程、收件流程、发件流程。
②快件处理（快件中转）：中转流程、出港流程、出口关务流程、国际转运流程、进口关务流程、进港流程。
③快件派送：到件流程、派件流程。

④快件运输：是快件流通的必备环节，也是完成各个快递配送流程的主要手段。快件收寄、快件中转、快件派送3大环节都会涉及快件运输环节。

（二）具体流程

1. 下单流程

下单流程属于第一环节的第一项流程。下单流程，是指由客户端发起下单请求，客服代表按照公司规范流程将客户收件需求传达至收派员，属于收件业务流程的前端业务流程。如图8-2所示。

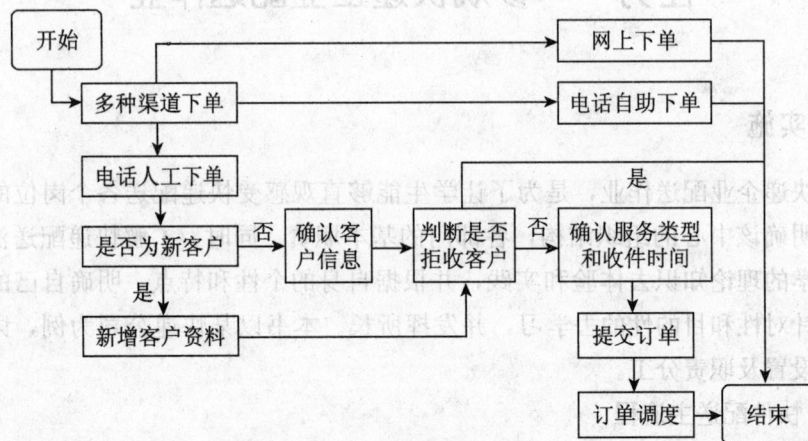

图8-2　快递公司下单流程

2. 收件流程

收件流程属于第一环节的第二项流程。收件流程，是指收派员从接受订单到上门收取快件、填单、快件检查、做件、巴枪扫描并将快件运回分点部的过程。如图8-3所示。

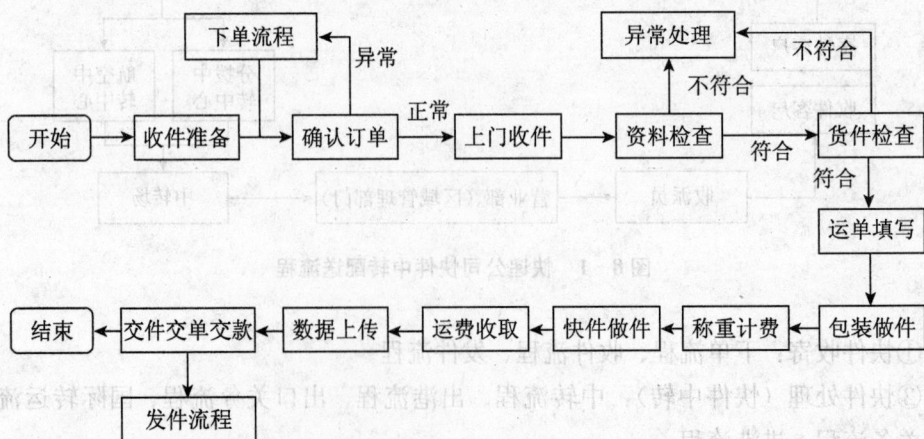

图8-3　快递公司收件流程

3. 发件流程

发件流程属于第一环节的第三项流程。发件流程，是指仓管员接收收派员收取的快件和运单，根据快件上的目的地代码将快件分拣、装车，在规定的时间内发车参加中转，同时，将"收件存根"联运单直接或间接交给输单员，并由输单员完成录单的整个操作过程。如图 8-4 所示。

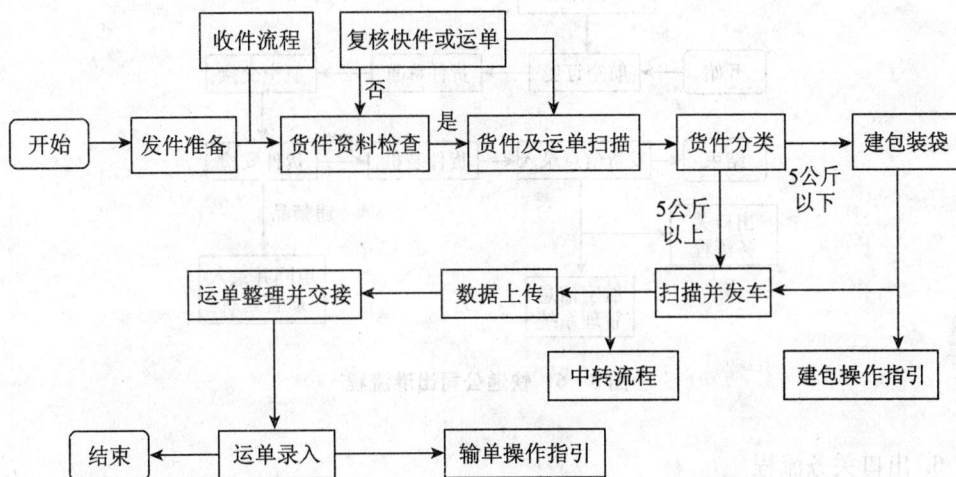

图 8-4 快递公司发件流程

4. 中转流程

中转流程属于第二环节的第一项流程。中转流程，是指从快件到达中转场开始，经卸车、分拣、扫描、装车等一系列动作，至快件离开中转场为止的整个过程。如图 8-5所示。

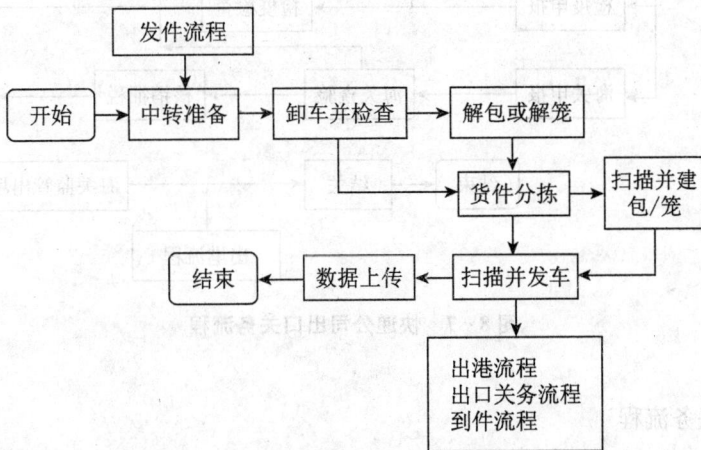

图 8-5 快递公司中转流程

5. 出港流程

出港流程属于第二环节的第二项流程。出港流程，是指航空组从接收到货物信息，通过货代或自行操作，将货物配载至航空器，并将出港信息录入航管系统的全过程。如图 8-6 所示。

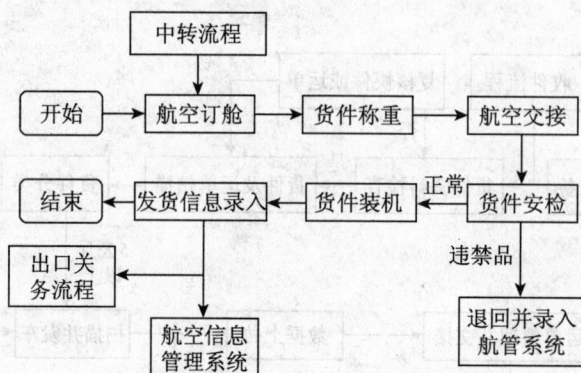

图 8-6　快递公司出港流程

6. 出口关务流程

出口关务流程属于第二环节的第三项流程。出口关务流程，是指审单员（含翻译员）、报检员、报关员审核出口报检报关单证，根据检验检疫及海关监管要求，办理出口货物检验检疫及海关手续的整个操作过程。如图 8-7 所示。

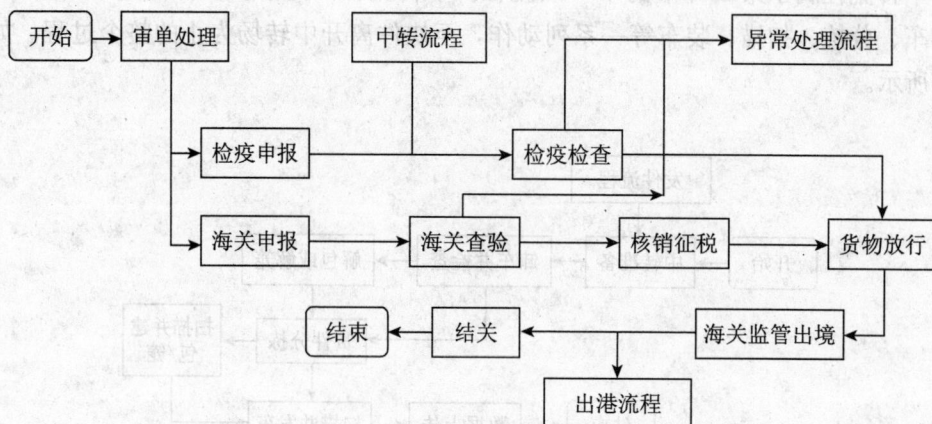

图 8-7　快递公司出口关务流程

7. 进口关务流程

进口关务流程属于第二环节的第五项流程。进口关务流程是指审单员（含翻译员）、报检员、报关员审核进口报检报关单证，根据检验检疫及海关监管要求，办理进口货物检验检疫及海关手续的整个操作过程。如图8-8所示。

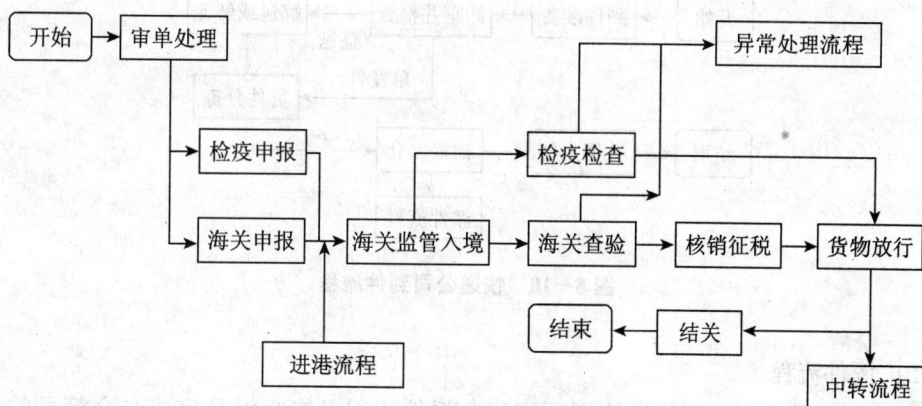

图8-8　快递公司进口关务流程

8. 进港流程

进港流程属于第二环节的第六项流程。进港流程，是指通过航管系统提取到进港航班信息，通过货代或自行操作，将货物从机场提取交接给中转场，并将进港相关信息录入航管系统的全过程。如图8-9所示。

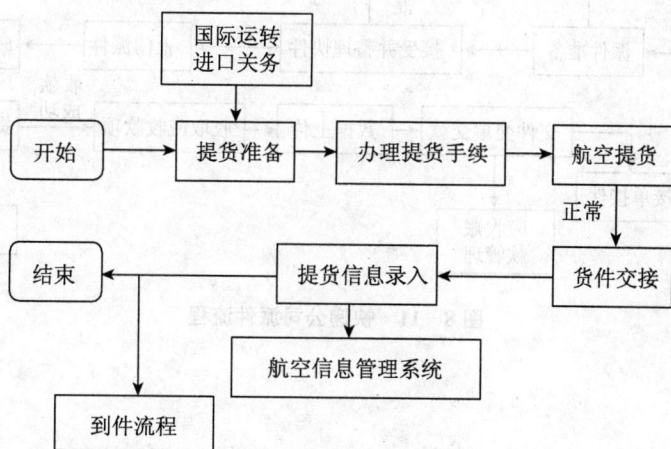

图8-9　快递公司进港流程

9. 到件流程

到件流程属于第三环节的第一项流程。到件流程，是指仓管员与司机交接到达分点部的快件，并对所有快件做卸车、解包或解袋、货件分拣、扫描出仓将快件交给收派员，最后接收收派员派件结束后的运单和滞留件的整个操作过程。如图8-10所示。

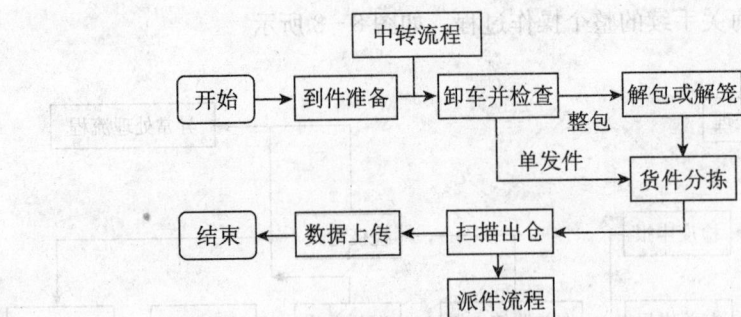

图 8-10 快递公司到件流程

10. 派件流程

派件流程属于第三环节的第二项流程。派件流程是指收派员完成与仓管员的出仓交接后，根据运单上的派件地址，在规定的时间内将快件送到正确的客户手上，并将派送成功后的运单和未派送成功的滞留件带回分点部交仓管员，将营业款交给指定人员；仓管员接收收派员交回的运单和滞留件，并完成运单交接及滞留件的跟进处理的整个操作过程。如图 8-11 所示。

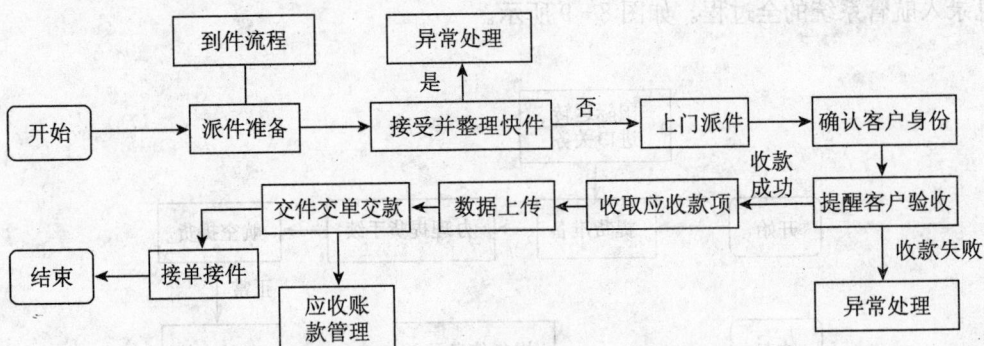

图 8-11 快递公司派件流程

任务二 仓管岗位实训

任务分析一：仓管岗位主要工作内容，能力标准及技能要求

仓管员主要负责区域部门内快件的交接验收、快件中转及物料的发放管理，做好异常快件的上报、跟进工作。仓管员是快件正常运转的保障，是联系收派员与下一中转环节的纽带。

（一）仓管员必须具备的专业知识

1. 场地设备

①了解公司场地和设备管理的操作规范。

②了解仓库和分点部设备操作的标准。

③了解基础网点/收派知识、地理知识，了解收派员服务区域及交件班次。

④了解交件台、分拣柜、办公台的维护常识。

2. 仓管操作

①了解公司收派件操作标准流程。

②理解公司滞留件操作流程。

③理解公司异常件处理流程。

④理解公司违禁品管理相关制度。

⑤了解公司运单填写规范、公司运费计算方式、目的地代码。

3. 基础运作

①了解基础中转运输知识、中转批次和报关批次，熟悉各班次截单发车的时间。

②理解各类型问题件产生原因和解决方法。

③了解各类投诉的产生原因和处理方法。

④理解二程接驳流程。

⑤了解运单交接制度。

⑥了解司机、财务、输单员、接单员和收派员的工作职责。

⑦了解运营成本基本概念。

4. 物料

①了解不同物料类型的不同管理方法和发放标准。

②了解分析物料使用情况及预测需求的知识。

5. 产品知识

理解公司产品特性、价格、服务范围和时效要求，以及最新服务品种、增值服务的相关信息。

6. 客户服务

①了解客户服务的基础概念。

②了解收派员服务标准。

③了解公司快件投诉、理赔流程。

④了解公司客户管理相关制度。

7. 公司制度与政策

①了解公司人、财、物标准化配置的制度。

②了解公司办公设备管理相关制度。

③了解公司师带徒的规定，使其起到培训新员工的作用。

④了解与业务相关的公司财务管理制度。

⑤了解员工绩效管理相关制度。

8. 相关法规政策

了解当地劳动法规和《邮政法》。

9. 竞争对手情况

了解本区范围内有竞争力的国内外快递公司的相关信息。

10. 行业知识与规范

了解快递行业服务标准和快递行业准入制度。

（二）仓管员必须具备的专业技能

1. 场地设备

①熟练使用巴枪，并掌握其维护方法。

②掌握磅秤、电子秤、打包机、传送带的使用方法，能准确称取和核查快件重量。

③掌握分点部仓库6S管理方法。

④掌握工具、物料存放位置规划，熟练取放工具物料。

⑤熟练使用分点部消防器材。

2. 仓管操作

①熟练使用信息化系统。

②熟练使用服务手册。

③掌握包装、分类打包和建包操作方法并正确标识快件。

④能够准确填写运单和贴单。

⑤能够辨认英文地址。

⑥掌握计算快件运费的方法，能快速准确的计算运费。

⑦掌握快速分拣和检查快件的方法。

⑧掌握检查快件和识别违禁品的方法，发现问题件并正确处理。

⑨掌握按规定流程处理滞留和异常快件的技巧。

⑩掌握分单操作的方法。

3. 客户服务

①掌握规范接听客户电话的流程和技巧。

②掌握应答客户常见问题及处理客户抱怨的技巧。

③掌握跟踪客户需求、理赔并反馈沟通的技巧。

（三）仓管员必须具备的个人素质

1. 职业规划

①了解并认同公司价值观。

②了解公司员工的职业发展通道。

2. 压力与时间管理

①掌握压力管理、时间管理技巧，适时调整心态。

②能够承担较大压力的工作。

3. 沟通能力

掌握基本的沟通技能，能够与业务相关者保持积极的沟通关系。

任务分析二：仓管岗位职责

（一）仓管员岗位职责

①做好出入仓库快件的交接验收工作。

②做好分点部内物料的管理工作。

③做好异常快件的登记、上报工作。

④做好滞留快件的登记、上报、跟踪、处理工作。

⑤做好快件质量检查工作。

⑥做好仓库防火、防盗工作。

⑦做好仓库卫生清洁工作。

⑧做好快件包装的检查工作。

⑨负责同区部相关部门、其他分点部、客户之间的信息沟通。

⑩协同直接上属完成其他相关工作。

（二）仓管组长岗位职责

①配合分点部经理和主管进行仓管员管理工作，参与仓库管理，对各交接流程提出细化建议或方案。

②部署做好出入仓库快件的交接验收工作。

③部署做好分点部内物料的管理工作。

④部署做好异常快件及滞留快件的登记、上报、跟踪、处理工作。

⑤部署做好快件质量检查工作。

⑥部署做好仓库防火、防盗工作。

⑦部署做好仓库卫生清洁工作。

⑧部署做好快件包装的检查工作。

⑨对仓管员工作进行监督，对流程中出现的问题进行跟进解决。

⑩安排好仓管员岗位同输单、财务、司机岗位的单证交接工作，保证各种单证的安全交接。

任务实施：仓管员岗位实习

学生参照上述岗位职责、快递操作流程，结合企业指导师傅具体安排在各岗位上实习，熟练掌握该岗位技能后，可向指导老师提出轮岗。若学时较多，建议学生轮遍所有岗位；若学时较少，可通过小组交流了解其他岗位的工作情况，从而达到熟悉所有配送岗位的目标。

任务三　运作岗位实训

任务分析一：主要工作内容、能力标准及技能要求

运作员主要负责对到达中转场的快件进行的装卸、搬运、分拣、扫描及信息的上报和反馈工作。作为快件流转的重要枢纽环节，是保障快件正常快速流通的关键岗位。主要工作内容是按照中转场的中转要求，准确、高效地完成中转日常工作，包括到发车登记、卸车/装车记录、补码、理货、解包/笼、建包/笼、分拣等，以及巴枪操作和数据上传。

（一）运作员必须具备的专业知识和业务知识

1. 场地设备

①理解中转场场地的设备管理操作规范。

②深刻理解各种中转设备的使用方法和规定。

③了解中转场操作设备配置标准。

④了解快件包装标准和打包方法。

2. 中转操作

①理解基础网点知识和中转运输知识。

②深刻理解每班次交单时间、发车时间。

③了解中转批次及报关批次。

④深入理解快件分拣、装卸、搬运操作流程和标准。

3. 基础运作

①了解仓管、司机、财务、输单员、接单员和收派员工作职责。

②理解营运质量管理基础知识。

③深刻理解各类型问题件产生原因和解决方法。

④理解公司违禁品管理相关制度。

⑤了解运营成本基本概念和公司成本相关规定。

⑥了解不同物料类型的不同管理方法和发放标准。

⑦了解物料使用情况分析及需求预测方法。

4. 公司制度与政策

①了解公司人、财、物标准化配置的制度。

②了解与业务相关的公司财务管理相关制度。

③了解员工绩效管理相关制度。

④了解公司师带徒的规定，使其起到培训新员工的作用。

⑤了解公司办公设备管理相关制度。

5．相关法规政策

了解当地劳动法和《邮政法》。

6．竞争对手情况

了解本区范围内有竞争力的国内外快递公司的相关信息。

7．行业知识与规范

了解快递行业服务标准和快递行业准入制度。

（二）运作员必须具备的专业技能

1．场地设备

①熟练掌握根据要求整理、整顿中转场现场的方法。

②熟练使用和维护巴枪。

③熟练使用和维护打包机、维护磅秤、传送带及电器设备。

④熟悉工具物料存放位置并熟练地取放工具物料。

⑤熟练运用快件捆绑技术。

⑥掌握信息化系统的操作方法。

⑦掌握中转场消防器材的使用方法。

2．中转操作

①熟练使用标准流程进行快件中转操作。

②精通快件分拣、装卸和搬运。

③掌握车辆的解封车操作。

④熟练使用包装、分类打包和建包操作技术并正确标识快件。

3．基础运作

①掌握处理滞留和异常快件操作流程。

②掌握各类问题件的异常处理方法。

③能够辨认英文地址。

（三）运作员必须具备的个人素质

1．职业规划

①了解并认同公司价值观。

②了解员工职业发展通道。

2．压力与时间管理

掌握压力管理、时间管理技巧，适时调整心态。

3．沟通能力

掌握基本的沟通技能，能够与客户、同事保持积极的沟通关系。

任务分析二：运作岗位职责

（一）运作员岗位职责

①指挥车辆停靠卡位。

②按照快件装卸原则，对到达和发出的快件进行装卸、码放、搬运。

③负责对进出港快件的分拣。

④班前准备工作检查巴枪、皮带机等分拣必备用具是否可以正常操作。

⑤负责对进出港快件按照规定进行建解包、笼操作。

⑥负责对到达本操作环节的快件进行巴枪扫描。

⑦负责对到达、发出车辆做好解封车操作，并对相关信息进行登记。

⑧负责对到达和发出的快件与分点部做好交接验收。

⑨负责对中转场的数据及信息上报、反馈工作。

⑩做好滞留快件的登记、上报、跟踪、处理工作。

⑪做好中转场的防火、防盗、卫生清洁工作。

⑫做好对中转场设备的日常清洁及维护工作。

⑬上级安排的临时任务。

⑭确保快件在中转场内的安全，无损坏，无遗失，确保公司利益不受侵害。

⑮确保中转场内营运设施的正常使用，确保设施不受损害。

（二）中转场主管岗位职责

对中转场的操作流程进行规范，对中转过程中的重大异常及突发事件进行处理和反馈，对中转批次/操作流程/中转场场地布局及设备配置等提出合理化建议，对营运质量管理工作负责（包含对问题件的控制分析、货物拉卸分析、航班准点率/载量分析、干线准点率/载量进行分析），对各项管理制度传达及落实并逐步推进作业标准化的进程等，达到保证和促进各项中转操作顺利、及时、安全进行的目的。

①规范中转场操作流程，保证快件正常运转，逐步推进作业标准化的进程。

②反馈、处理中转过程中重大异常及突发事件。

③传达、落实及跟进经营本部、总部的各项制度。

④分析中转批次、操作流程、中转场场地布局及设备配置等，并提出合理化建议。

（三）中转场经理岗位职责

全面负责中转场各项工作，保证快件在中转场的正常中转，提升本区营运质量。

①规范中转场操作流程，保证快件正常运转。

②中转过程中重大异常及突发事件的反馈、处理。

③中转场人员管理及团队建设。

④负责对中转场车辆进行管理，合理调配车辆及人员。

⑤负责对区部各项制度的传达及落实，逐步推进中转场作业标准化的进程。

⑥负责对中转过程中问题件的分析、控制，制订改进计划，提升营运质量。

⑦负责与区部各职能部门、分点部的沟通、协调，确保中转场各项工作有序开展。

⑧负责对中转批次、操作流程、中转场场地布局及设备配置等整体规划工作。

任务实施：运作员岗位实习

学生参照上述岗位职责、快递操作流程，结合企业指导师傅具体安排在各岗位上实习，熟练掌握该岗位技能后，可向指导老师提出轮岗。若学时较多，建议学生轮遍所有岗位；若学时较少，可通过小组交流了解其他岗位的工作情况，从而达到熟悉所有配送岗位的目标。

任务四　收派岗位实训

任务分析一：主要工作内容、能力标准及技能要求

收派员主要负责上门收取和派送快件、向客户宣传公司的业务和服务，并协助上级管理人员完成其他任务，是公司与客户之间最重要的联系纽带，是体现公司服务和形象的重要窗口。收派员是快件流程的核心部分，也是实现快递流程的首要环节。

（一）收派员必须具备的专业知识和业务知识

1. 收派件规划

①理解基础网点知识。

②了解客户所在街道、位置、客户派送时间及客户付款方式等信息。

2. 场地设备

①深入理解各种工具物料、填充材料的使用方法和规定。

②了解快件运输过程中车辆和快件的安全保障方法。

3. 收派件操作

①深入理解公司收派件操作标准流程。

②理解快件包装标准和标识标准。

③理解快件安全的知识和方法。

④理解违规禁寄品与违法禁寄品的意义并了解其种类。

⑤深入理解公司滞留件操作流程。

⑥深入理解公司异常件处理流程。

⑦理解公司运单填写规范、详细地址的标准填写方式、公司运费计算方式和目的地代码。

4. 基础运作

①理解中转运输知识，如每班次交单时间、发车时间、中转批次、报关批次以及交通法规等。

②了解运单交接制度。

③了解仓管员、司机、财务、输单员、接单员工作职责。

④深刻理解各类型问题件产生原因和解决方法。

5. 收款

①了解公司收款制度及月结款回收流程。

②了解收款通用常识及常见的收款风险和法律知识。

③理解各种付款方式的定义以及转第三方付款的要求。

6. 产品

深入理解公司产品特性、价格、服务范围和时效要求，以及最新服务品种、增值服务的相关信息。

7. 市场营销

①理解市场营销和销售的基础原理和方法。

②了解公司的营销策略和政策。

③了解客户关系管理的基本概念，以及建立和维护客户关系的基本方法。

④了解公司大客户销售和宣传的政策，以及折扣管理知识。

8. 客户服务

①理解客户管理和服务的基础概念。

②深刻理解收派员的客户服务标准。

③了解客户管理相关制度。

9. 公司制度与政策

①了解公司人、财、物标准化配置的制度。

②了解公司办公设备管理相关制度。

③了解公司师带徒的规定，使其起到培训新员工的作用。

④了解与业务相关的公司财务管理制度。

⑤了解员工绩效管理相关制度。

10. 相关法规政策

①了解当地劳动法规。

②了解《邮政法》和公司的理赔标准与原则，以及相互关系。

11. 竞争对手情况

了解本区范围内有竞争力的国内外快递公司的服务、产品特性等。

12. 行业知识与规范

了解快递行业服务标准和快递行业准入制度。

(二) 收派员必须具备的专业能力

1. 收派件规划

能够通过客户位置、派送时间以及交通情况等规划收派线路，以提高收派效率。

2. 场地设备

①熟练使用和维护手持终端。

②能够准确称取快件重量。

③能够安全使用交通工具、工具包，保持工具包整洁，物料充足，摆放对位，并熟练取放工具物料。

④熟练使用打包机。

⑤熟练使用分点部的消防器材。

3. 收派件操作

①能够按照公司快件操作标准流程操作快件。

②掌握快件包装操作技术，使用正确的包装和标识。

③熟练填写运单并贴单。

④能够辨认英文地址。

⑤熟练掌握服务手册查询方法。

⑥熟练正确的计算快件运费，掌握公司重量误差标准。

⑦掌握自检、互检的方法，发现问题件并正确处理。

⑧熟练掌握快件送达客户处时常见问题的处理办法。

⑨掌握识别违禁品的方法。

⑩能够按规定流程处理滞留和异常快件。

⑪掌握处理新四类问题件及客户投诉的技巧。

4. 收款

①熟练使用各种付款方式。

②掌握收款沟通技巧，及时收回客户款项。

5. 产品

能够准确地向客户提供公司产品的报价。

6. 市场营销

①掌握向客户宣传和推荐公司新产品和服务的技巧。

②能够维护本区域内老客户，并发现潜在客户和开发新客户。

③掌握月结客户开发和签订技巧。

7. 客户服务

能够为客户提供符合标准的服务，并不断提升服务水平。

(三) 收派员必须具备的个人素质

1. 职业规划

①了解并认同公司价值观。

②了解员工职业发展通道。

2. 压力与时间管理

①掌握压力管理、时间管理技巧，适时调整心态。

②能够承担较大压力的工作。

3. 沟通

掌握基本的沟通技能，能够与业务相关者保持积极的沟通关系。

任务分析二：收派环节主要岗位职责

（一）收派员岗位职责

①按照公司要求，安全、快捷、准确地完成日常收派件工作。

②确保客户快件不受损失，确保公司利益不受侵害。

③做好客户快件的运输及包装工作，维护公司在客户心中的良好声誉。

④负责及时回收散单货款和月结款项，并在规定时间内如数上缴财务入账。

⑤负责客户的开发和维护工作。

⑥宣传公司新业务及服务措施。

⑦负责帮带新同事。

⑧协助分点部负责人处理其他应急事务。

（二）区域主管岗位职责

依据公司业务发展方向及业务需求，完成区域内的业务开拓与维护、区域内相关管理等工作，以便落实总部、大区、地区相关制度及目标。

①负责传达公司政策，并完成区域日常管理工作。

②完成区域业务开拓及维护。

③负责区域内部用工风险管理。

④负责区域人员管理及团队建设。

⑤积极做好外部相关部门的沟通，保持良好的关系，确保分点部正常经营。

（三）区域经理岗位职责

贯彻和总部、地区的经营战略意图，确保公司各项制度的落实，促进分点部的发展。

①提高区域部门经营管理质量，确保分点部稳健发展。

②推动区域部门分点部品牌建设工作，提升品牌影响力。

③做好客户的开发与维护工作，开拓市场，扩大市场占有率。

④管控分区域部门部经营成本，保持利润率的持续增长。

⑤负责区域部门内、外部风险控制，以确保资金、用工等安全。

⑥处理区域部门日常管理实务。

任务实施：收派员岗位实习

学生参照上述岗位职责、快递操作流程，结合企业指导师傅具体安排在各岗位上实习，熟练掌握该岗位技能后，可向指导老师提出轮岗。若学时较多，建议学生轮遍所有岗位；若学时较少，可通过小组交流了解其他岗位的工作情况，从而达到熟悉所有配送岗位的目标。

任务五　客服岗位实训

任务分析一：主要工作内容、能力标准及技能要求

客服是快递实现正常运转的后勤保障，同时为客户提高个性化、针对性的服务。其主要工作内容有：负责订单信息维护，订单在调度系统中的处理、订单处理质量监控等服务工作；受理客户来电下单、咨询、投诉、小额理赔的处理，受理跟进内部问题件，为客户提供专业、有礼、热情、周到、贴切的优质服务；有计划、有组织、高效率地对现有客户群体进行维护，实现与客户的良性互动，最终提高客户满意度，挖掘客户新潜能；依据公司的客户服务政策及标准，快速处理客户赔偿要求，维护客户与公司关系；负责内部业务受理、信息维护支持、数据统计等协调服务工作。

（一）客服专员必须具备的专业知识和业务知识

1. 快件操作

①收派件操作标准流程。

②公司滞留件操作流程。

③公司异常件处理流程。

2. 基础网点

目的地代码。

3. 中转、报关

①收件各班次截单时间。

②中转批次。

③到件时效。

④进出口报关批次。

4. 运单

①公司运单填写规范。

②重量运费计算公式。

③运单背书条款。

5. 质量管理

问题件的界定与处罚标准。

6. 产品

公司最新服务品种。

7. 销售

①电话营销知识。

②公司营销策略和政策。

③与客户签订合同或协议的基本内容。

8. 客户服务

①客户服务规范。

②客户服务基本概念。

③理赔操作指引。

④客户投诉管理办法。

⑤媒体事件处理规定。

⑥客服操作标准流程。

⑦客服通话或对话质检标准。

⑧呼叫中心各项关键指标的含义。

9. 客户管理

①客户管理办法。

②VIP 客户服务菜单内容。

③客户需求分析的理论与知识。

10. 公司知识

①奖励与处罚管理规定。

②员工手册。

③财务报销流程。

④人力资源基础知识（任职条件、职业发展通道）。

⑤绩效管理办法及薪资方案。

⑥现场管理规范。

11. 环境知识

快递行业服务标准和快递行业准入制度。

（二）客服专员必须具备的专业技能

1. 收派件操作

协助对收派员的收派件服务过程进行监督。

2. 滞留件操作

滞留异常快件的处理方法。

3. 收款

协助监督收派员对问题件处理需要其配合回收款项及回收时效。

4. 客户服务

①客户下订单、业务咨询、快件查询、投诉建议的处理方法。

②客户服务规范用语及魔术语的使用。

③独立处理各类问题件及客户投诉。

④沟通技巧及客户投诉处理技巧。

⑤基本理赔谈判技巧。

⑥能够判断客户投诉事件的严重及紧急程度，灵活处理及适时升级。

5. 业务系统

①公司客户信息管理系统。

②投诉系统。

③新一代呼叫中心系统。

④时效查询系统。

⑤知识库系统等。

6. 客户关系维护

①能够根据客户的特征，制定有效的维护策略，确保公司与客户间的良好互动。

②具备对有个性化需求的 VIP 客户，制定个性化服务内容的技能，满足客户的特定需要。

7. 营销

①能够在恰当的时机向客户推广公司的产品或增值服务。

②能够主动向客户宣导公司产品、服务等各项优势。

③具备基本的大客户洞察能力，提供潜在的大客户线索。

④能够有效引导客户使用公司自助服务工具。

(三) 客服专员必须具备的个人素质

1. 办公软件使用

熟练掌握 Office 办公软件应用及电脑操作。

2. 良好心态

掌握压力管理、时间管理技巧，适时调整工作心态，保持良好的服务意识。

3. 团队合作

具备良好的团队合作意识，能够与业务相关者保持积极的沟通关系。

4. 职业规划

①了解并认同公司价值观。

②了解员工职业发展通道。

任务分析二：客服岗位职责

(一) 客服岗位职责

①负责接听热线所有来电，保持电话畅通，保证客户享受服务的及时、准确性。

②负责受理客户下单、业务咨询、查询、客户投诉等一次性可解决问题的回复、处理。

③负责受理客户反映的非一次性可解决问题，并及时将需要处理信息以工单形式流转至高级客服代表处理。

④负责接听内部来电，受理查台、备案、转单信息，保持电话畅通，及时为内部客户提供专业、热情、周到的优质服务。

⑤负责将本地区各分点部代码信息在调度系统中的维护完善，确保所有分点部代码信息与公司实际业务代码一致。

⑥负责将分点部提供的区域划分及收派件业务开展信息及时完整、正确的维护在调度系统相应模块中，确保业务正常开展。

⑦负责处理调度未自动分派的所有订单，确保每一订单正确及时发送至对应的收派员。

⑧负责受理收派员查台、转单以及对收派件过程中出现的异常情况的备案。

⑨负责新一代呼叫中心系统与调度系统信息同步的维护。

⑩负责对分点部区域及收派件组业务信息报备填写的规范性进行审核。

⑪对订单错误问题进行监控分析，并实施改善工作。

（二）客服主管岗位职责

①业务发展：掌握话务预测与人员规划原则；掌握客户人员配置标准。

②现场管理：排班管理；现场规范制度；现场监控与辅导；现场质量管理；现场应变管理。

③绩效管理：客户部绩效考核中的关键 KPI 指标；绩效管理的评估方法。

④突发事件处理：客户部的预警方案；常见客户部突发事件处理办法。

⑤运营、客户数据管理：运营管理与客户管理的数据说明；各报表、报告的撰写与分析。

⑥团队维护：了解各小组开展的各项工作及业务考核；学习组织及召开客户部会议；掌握各小组的服务质量，拟定提升方案；学习制度执行有效性和持续的检查监督。

⑦外部协调：与各职能部门或分点部的交流与沟通；与各职能部门或分点部双向的意见反馈及提供解决方案。

⑧计划/总结：学习根据运营管理或客户管理存在的问题，拟订改进计划并采取对策；学习收集并总结各小组工作中存在的问题，提出合理的解决方案并及时反馈至客户高级经理与各小组。

任务实施：客服岗位实习

学生参照上述岗位职责、快递操作流程，结合企业指导师傅具体安排在各岗位上实习，熟练掌握该岗位技能后，可向指导老师提出轮岗。若学时较多，建议学生轮遍所有岗位；若学时较少，可通过小组交流了解其他岗位的工作情况，从而达到熟悉所有配送岗位的目标。

实训拓展与提高

顺丰速运（集团）有限公司

顺丰速运（集团）有限公司（以下简称顺丰）于1993年成立，总部设在深圳，是一家主要经营国内、国际快递及相关业务的服务性企业。自成立以来，顺丰始终专注于服务质量的提升，不断满足市场的需求，在国内（包括港、澳、台地区）建立了庞大的信息采集、市场开发、物流配送、快件收派等业务机构，建立服务客户的全国性网络，同时，也积极拓展国际件服务，目前已开通韩国及新加坡业务。

长期以来，顺丰不断投入资金加强公司的基础建设，积极研发和引进具有高科技含量的信息技术与设备，不断提升作业自动化水平，实现了对快件流转全过程、全环节的信息监控、跟踪、查询及资源调度工作，促进了快递网络的不断优化，确保了服务质量的稳步提升，奠定了业内客户服务满意度的领先地位。

自有服务网络具有服务标准统一、服务质量稳定、安全性能高等显著优点，能最大程度地保障客户利益。顺丰自1993年成立以来，每年都投入巨资完善由公司统一管理的自有服务网络：从蜗隅中山，到立足珠三角，到布局长三角；从华南先后扩展至华东、华中、华北；从内地延展到中国香港、中国台湾，直至海外。

在大陆目前已建有2200多个营业网点，覆盖了国内32个省、自治区和直辖市，近250个大中城市及1300多个县级市或城镇。

1993年在我国香港特别行政区设立营业网点，目前营业网点覆盖了18个行政区中的17个（离岛区暂未开通）。

2007年在我国台湾设立营业网点，覆盖了台北、桃园、新竹、台中、彰化、嘉义、台南、高雄等主要城市。

2010年顺丰开通了收派服务，覆盖韩国全境。

2010年顺丰在新加坡设立营业网点，覆盖了新加坡（除乌敏岛外）的全部区域。

顺丰速运在1999年进入嘉兴市场来，经过不断发展壮大，于2007年9月成立顺丰速运嘉兴区，主要负责嘉兴、湖州地区的业务发展，服务网络遍布嘉湖各个地区。2009年得到秀洲区政府支持，作为物流重点扶持企业引进嘉兴物流园。2010年6月新的分拣中心正式入驻物流园区。嘉兴顺丰现有70多个营业网点，营运车辆120多台，拥有1万多平方米的分拣中心，员工总数达2000多名。所有收派员均配备先进的终端信息采集设备。公司正以规范管理和良好的服务质量不断满足客户的需求，以达成客户与公司的双赢。目前已成为嘉湖地区较具规模和极具影响力的快递企业之一。组织架构如图8-12、图8-13、图8-14所示。

```
                              ┌──────────┐
                              │  总经理   │
                              └────┬─────┘
   ┌──────┬───────┬───────────┼───────────┬──────────┬──────────┐
┌──────┐┌──────┐┌──────┐  ┌──────┐   ┌──────┐  ┌──────┐  ┌──────┐
│财务部高││企划部高││营运部高│  │行政部高│   │销售部高│  │人力资源部│  │客户部高│
│级经理 ││级经理 ││级经理 │  │级经理 │   │级经理 │  │高级经理 │  │级经理 │
└──┬───┘└──┬───┘└──┬───┘  └──┬───┘   └──┬───┘  └──┬───┘  └──┬───┘
                ┌──────┬──────┐
             ┌──────┐┌──────┐
             │中转场 ││营运  │
             │经理  ││经理  │
             └──┬───┘└──┬───┘
┌╌╌╌╌┐┌╌╌╌╌┐┌╌╌╌╌┐┌╌╌╌╌┐┌╌╌╌╌┐┌╌╌╌╌┐┌╌╌╌╌╌┐┌╌╌╌╌┐
┆财务部┆┆企划部┆┆中转场┆┆营运部┆┆行政部┆┆销售部┆┆人力资源┆┆客户部┆
┆各岗位┆┆各岗位┆┆各岗位┆┆各岗位┆┆各岗位┆┆各岗位┆┆部各岗位┆┆各岗位┆
└╌╌╌╌┘└╌╌╌╌┘└╌╌╌╌┘└╌╌╌╌┘└╌╌╌╌┘└╌╌╌╌┘└╌╌╌╌╌┘└╌╌╌╌┘
                ┌──────┐
                │分部经理│
                └──┬───┘
                ┌──────┐
                │分部各岗位│
                └──────┘
```

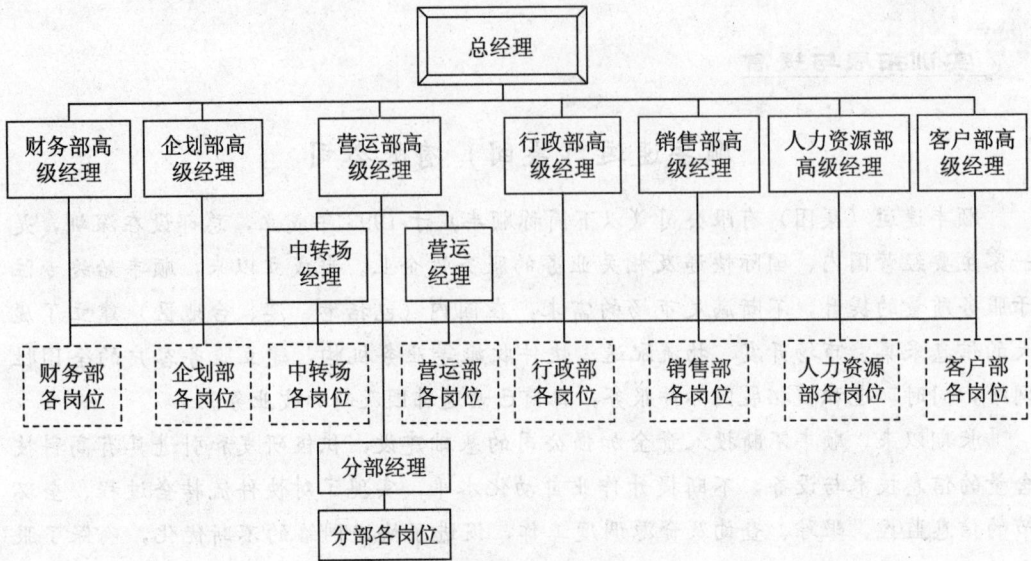

图 8-12　顺丰速运嘉兴区组织架构（1）

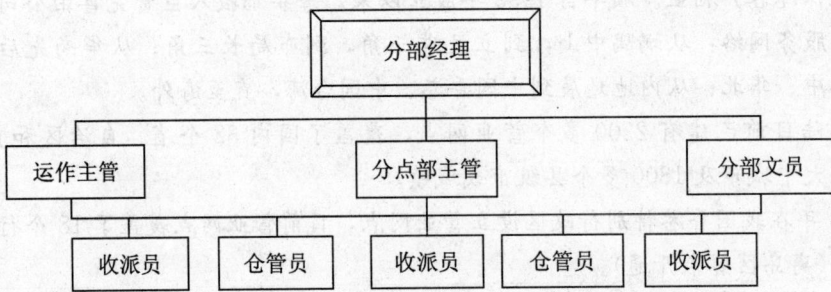

```
                     ┌──────────┐
                     │  分部经理  │
                     └────┬─────┘
        ┌───────────────┼───────────────┐
   ┌──────┐         ┌──────┐         ┌──────┐
   │运作主管│         │分点部主管│        │分部文员│
   └──┬───┘         └──┬───┘         └──┬───┘
   ┌────┬────┐    ┌────┬────┐         │
┌────┐┌────┐  ┌────┐┌────┐       ┌────┐
│收派员││仓管员│  │收派员││仓管员│       │收派员│
└────┘└────┘  └────┘└────┘       └────┘
```

图 8-13　顺丰速运嘉兴区组织架构（2）

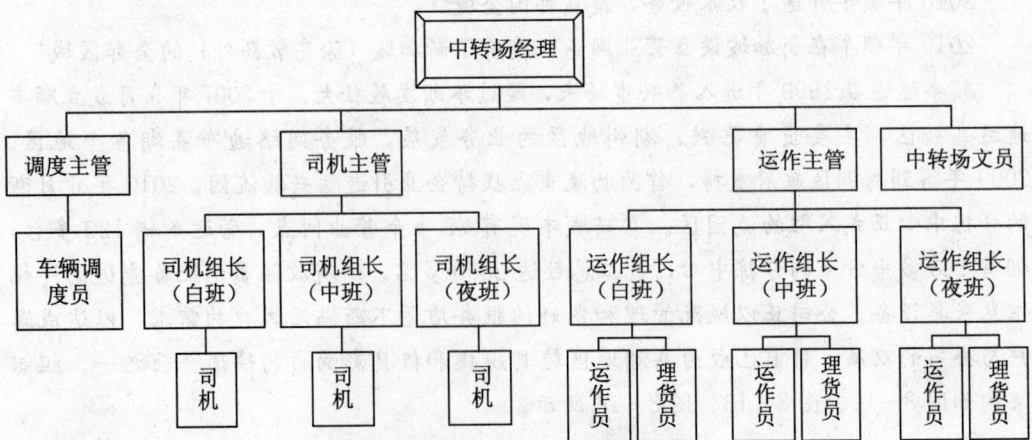

```
                          ┌──────────┐
                          │ 中转场经理  │
                          └────┬─────┘
   ┌───────────┬─────────────────┬───────────────┐
┌──────┐   ┌──────┐          ┌──────┐        ┌──────┐
│调度主管│   │司机主管│          │运作主管│        │中转场文员│
└──┬───┘   └──┬───┘          └──┬───┘        └──────┘
   │      ┌───┼───┐         ┌───┼───┐
┌──────┐┌──────┐┌──────┐┌──────┐┌──────┐┌──────┐┌──────┐
│车辆调 ││司机组长││司机组长││司机组长││运作组长││运作组长││运作组长│
│度员  ││（白班）││（中班）││（夜班）││（白班）││（中班）││（夜班）│
└──────┘└──┬───┘└──┬───┘└──┬───┘└──┬───┘└──┬───┘└──┬───┘
         ┌────┐┌────┐┌────┐┌──┬──┐┌──┬──┐┌──┬──┐
         │司机 ││司机 ││司机 ││运作││理货││运作││理货││运作││理货│
         └────┘└────┘└────┘│员 ││员 ││员 ││员 ││员 ││员 │
                          └──┘└──┘└──┘└──┘└──┘└──┘
```

图 8-14　顺丰速运嘉兴区组织架构（3）

▶ **实训总结**

1. 提交一份实训总结，写清工作内容、工作感受、工作中遇到的问题及解决办法。

2. 以小组为单位讨论该快递中转流程的优化方案，对中转环节提出科学性可行性的优化意见和建议。

3. 作为配送中心的工作人员，你能胜任哪些岗位的工作？有哪些岗位你目前还难以胜任？你该如何制订学习计划以提高相应的能力？

项目九　制造企业物料配送情景实训

岗位描述

本项目对应的主要岗位有：物料计划员、仓库管理员、物料配送员等岗位。

实训目的

物料配送中心是制造企业物流网络的一个重要节点，是高效益生产经营的供货枢纽，也是现代化企业物流系统中的一个关键环节。根据目前制造企业仓库部门面临客户需求周期短、生产计划多变、仓储条件有限、作业效率不高和业务管理处于被动地位等问题，通过讲授和学生参与成功案例讨论，使学生掌握如何搞好物料与备品备件库存控制，如何建立仓储人员的物流服务观念，掌握入库、出库规范操作、仓储科学规划、库位标识与目视化、批次管理、先进先出、确保账物一致，提高仓库利用率，实行高效配送等管理技能和操作方法。

实训条件

该项目要求在汽车零部件、电子元器件等大型制造企业的配送中心实施。

教学方法提示

教师可先带领学生参观企业的车间流水线及配送中心，然后将学生分成若干小组，每个小组安排到一个岗位上。企业在每个岗位上安排1名指导师傅指导该小组实习，并负责考核。

实训基地选择建议

教师可选择当地的汽车、电子等企业的配送中心。这类企业比较注重物流管理，便于开展实训。

实训考核方法

实训成绩可综合考虑考勤、企业指导师傅对学生工作完成情况的评价、学生提出的优化方案以及同事对该学生人际沟通方面的评价来加权评定。

任务一　熟悉制造企业物料配送作业实境

制造企业物料配送中心一般均设置生产计划与物料控制部，下设计划部和物流部。计划部下设生产计划和物料计划两个部门；物流部门下设配送作业部和仓储作业部两大营运部门。配送作业部主要负责生产用原材料或零配件的装卸搬运及配送，同时，负责产成品的入库和分拣；仓储作业部主要负责生产用库房原材料的分类、编号、记账和清查工作以及成品库房产成品的库存管理工作。

生产企业物料配送的基本思想就是对生产供应中的各类物资实施多品种、小批量的准时配送，从而达到对车间物流的合理组织。车间物流部门根据生产计划，将生产所需各项物料在物流节点、车间仓库进行必要的分拣、装配、配货等作业后，在正确的时间，以正确的形式送达正确的加工工段，同时，对使用完毕的各类容器负责回收、检验、入库。下面将详细介绍制造业物料配送的相关知识。

（一）制造业生产类型与物流配送特点

1. 连续型生产与离散型生产

现代制造系统按照其工艺过程特点分为离散型与连续型两大类，它们在某些方面存在着相似性，也各有其特殊性。

（1）连续型生产

在生产中，物料按一定工艺发生均匀连续地流动（常常呈现液态），伴随着能量的流动与转换，称为连续型生产。

（2）离散型生产

在生产中，物料按一定工艺顺序非连续地运动（单个、成批），称为离散型生产。

2. 备货型生产与订货型生产

按照组织生产的特点，可把制造型生产分为备货型生产与订货型生产。

（1）备货型生产（Make-to-Stock）

按照已有产品标准、系列进行生产，成品直接进入库存，维持一定的库存量来满足客户的需求。

（2）订货型生产（Make-to-Order）

按订单组织生产，客户通过订单提出产品的性能、质量、数量及交货期等要求，按客户的要求生产特定的产品。

3. 单件生产、大量生产、成批生产

按生产的专业化程度，生产的品种数、同一品种的产量、生产的重复程度衡量，分为单件生产、大量生产、成批生产，其特点如表9-1所示。

表9-1 单件生产、大量生产、成批生产比较

生产方式类型	生产特点				物流配送特点						
	品种数	批量	重复程度	连续性	物料需求计划	周期性	重复程度	连续性	采购、配送	供应商选择	物流协调
单件生产	少	小	低	差	较难预测相关需求，不宜准确制定	差	低	差	规律性差	多变	较难
大量生产	少	大	高	强	易于预测，易于制定	强	高	强	规律性强	合作伙伴	易于协调信息自动化
成批生产	多	大	高	强	面向订单，易于制定	强	高	强	全球采购适时适量	供应商复杂	易于协调信息网络化

(二) 制造业配送流程

1. 制造业配送的含义

围绕制造企业产品生产与销售所进行的供应配送、生产配送以及销售配送。

①供应配送是根据产品生产的需要所进行的原材料、零部件的配送。

②生产配送是根据生产工艺流程，在产品生产过程中所需要的原材料与零部件进行配送。

③销售配送是根据客户的需要围绕产品销售所进行的配送。

2. 制造业配送的特征

①复杂性：产品种类繁多；原材料、零部件繁多；工艺、流程复杂；组织过程复杂。

②有序性：流程、路线、顺序；连续、均衡；计划、节奏；协作、协调。

③配套性：生产—需求；产品—物料；上游—下游。

④定路线定时性：路线确定。

⑤高度准时性：供—需。

3. 制造业配送的一般流程

如图9-1所示。

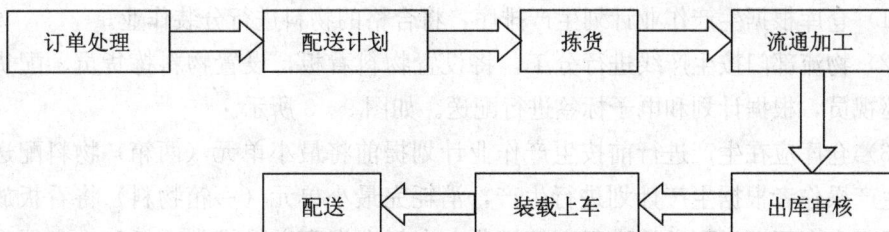

图 9-1　制造业配送流程

(三) 制造业物料配送

1. 物料配送的概念

物料配送是指物流部门根据生产作业计划或看板指令，多批次、小批量，将物料准时、及时的送到生产现场或工位的发货方式。

2. 物料配送业务流程

物料配送是按生产计划分装、备料，按生产现场需求指令进行及时、准确的送货。配送业务流程如图 9-2 所示。

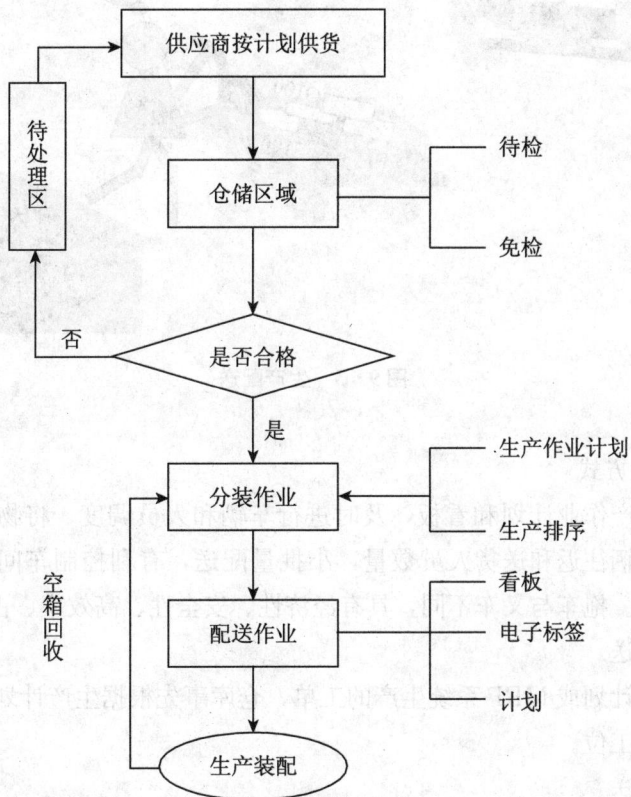

图 9-2　物料配送业务流程

（1）仓库根据生产作业计划生产排序，将合格的物料进行分装作业。

（2）物流部门按生产线进行分工，将设置物料看板，设置物料拣货员、配货员和车间巡视员，根据计划和电子标签进行配送。如图 9-3 所示。

（3）仓库应在生产进行前按生产作业计划提前将最小单元（两箱）物料配送到工位。生产操作者根据生产计划进行生产，消耗完最小单元（一箱物料）将看板放入指定位置，由车间巡视配送员进行空箱回收。车间巡视配送员携带看板和空容器到仓库取料，然后配送到工位，仓库进行记账。

图 9-3　生产配送

3. 物料配送方式

仓库根据生产作业计划和看板，及时进行车辆和人员调度，将物料准时配送到工位。可以减少车辆往返和送货人员数量，小批量配送，有利控制车间物料占用。采用拖车或人工发送。拖车与叉车不同，具有经济性、安全性、高效率、占通道小的特点。

（1）计划配送

按生产作业计划或 MRP 系统生产的工单，仓库事先根据生产计划进度进行配货并按时配送到各个工位。

（2）看板配送

在生产现场设置最低物料库存，一般为两箱物料，当消耗完一箱时，生产操作人员将原箱内的看板置于收集箱内，车间巡视配送员巡查看板收集箱和看板回到仓库，根据看板信息备货，将物料和看板送回原处。

（3）电子看板配送

在生产现场设置最低物料库存，一般为两箱物料，当消耗完一箱时，生产操作人员按下电子灯，此时，货架上的电子标签灯亮起，液晶屏会显示工位和需求数量。仓管人员按电子标签显示的信息进行备料分装操作，发完一种物料就按下灯，此时，灯就熄灭，表明该物料已完成发货操作。

4. 配送模式创新——JIT 与 VMI

①供应商 JIT 直送工位管理方法。

②供应商 JIT 配送的方式。

③供应商寄售库存（VMI）管理方法。

知识拓展

上海通用汽车配送系统案例

1. 供应商直送工位

如图 9-4 所示。

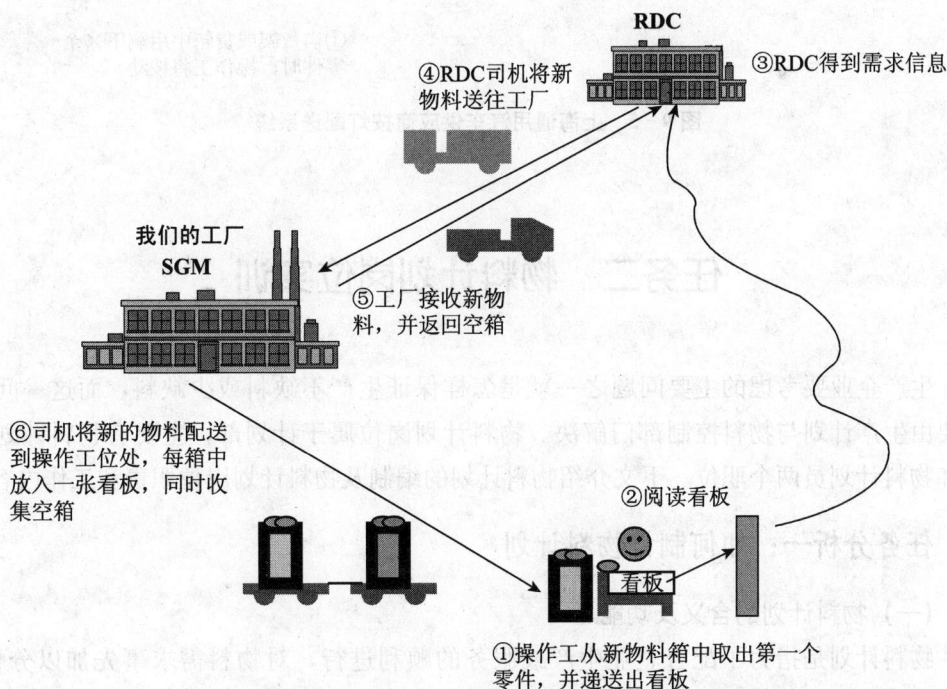

图 9-4 上海通用汽车供应商直送工位配送系统

2. 按灯配送系统

如图 9-5 所示。

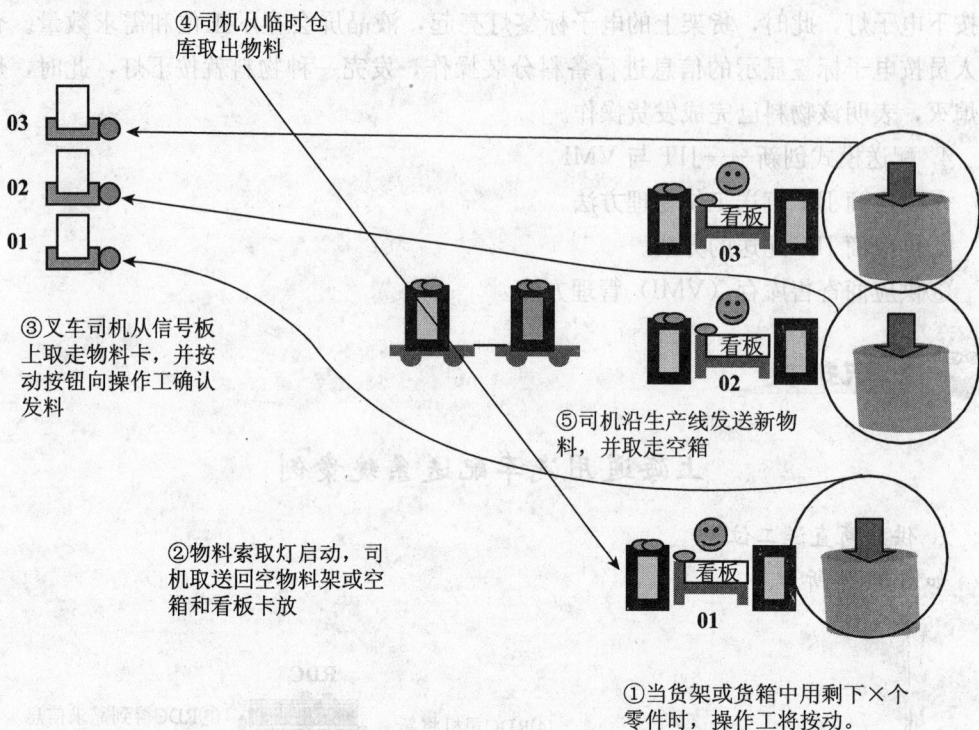

④司机从临时仓库取出物料

03

02

01

③叉车司机从信号板上取走物料卡，并按动按钮向操作工确认发料

看板 03

看板 02

⑤司机沿生产线发送新物料，并取走空箱

②物料索取灯启动，司机取送回空物料架或空箱和看板卡放

看板 01

①当货架或货箱中用剩下×个零件时，操作工将按动。

图 9-5　上海通用汽车供应商按灯配送系统

任务二　物料计划岗位实训

生产企业要考虑的主要问题之一就是怎样保证生产不缺料或少缺料，而这一问题主要由生产计划与物料控制部门解决。物料计划岗位属于计划部，主要有物料计划经理和物料计划员两个职位。下文介绍物料计划的编制及物料计划岗位职责和工作内容。

任务分析一：如何制订物料计划

（一）物料计划的含义及功能

物料计划是指为了配合企业生产或服务的顺利进行，对物料需求事先加以分析，以确定物料的需用状况。物料计划是企业为了保证其生产顺利进行而制订的，它是一个企业在计划期内物料控制的行动纲领。编制合理的物料计划可以确保企业在需要的时候获得所需物料，使企业的生产活动能平稳、顺利的进行。物料计划的作用不仅仅局限于物料控制部门，它还是采购部门采购的依据，财务部门预算的基础，生产部门生产的前提。因此，在编制物料计划时，必须与企业的销售计划、生产计划、采购计划及库存计划相协调。

（二）物料计划的编制

物料计划编制程序如图 9-6 所示。

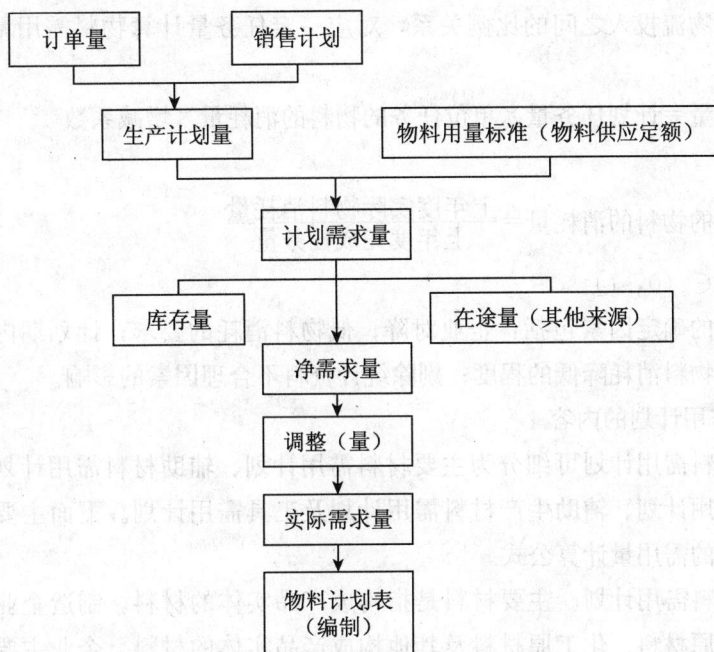

```
┌───────┐   ┌───────┐
│ 订单量 │   │销售计划│
└───┬───┘   └───┬───┘
    └────┬──────┘
   ┌─────▼──────┐      ┌──────────────────────┐
   │ 生产计划量  │      │物料用量标准（物料供应定额）│
   └─────┬──────┘      └──────────┬───────────┘
         └──────────┬─────────────┘
              ┌──────▼──────┐
              │  计划需求量  │
              └──────┬──────┘
   ┌───────┐   ┌─────▼──────┐   ┌────────────────┐
   │ 库存量 │   │  净需求量   │   │ 在途量（其他来源）│
   └───────┘   └─────┬──────┘   └────────────────┘
              ┌──────▼──────┐
              │  调整（量）  │
              └──────┬──────┘
              ┌──────▼──────┐
              │  实际需求量  │
              └──────┬──────┘
              ┌──────▼──────┐
              │  物料计划表  │
              │   （编制）   │
              └─────────────┘
```

图 9-6　物料计划编制程序

1. 物料需用计划

物料需用量是指企业为了完成计划期内生产、维修、基建、技术措施、科研等任务所必须的物料数量。计算物料需用量是编制物料计划的重要环节，是企业物料控制的重要依据。

（1）物料需用量的计算方法

物料需用量是按每种物料的具体品种和规格分别计算的。不同用途、不同种类的物料，需用量的计算方法也不同，可归纳为直接计算法和间接计算法。

①直接计算法。又称定额计算法，用生产计划规定的产量乘以某物料的消耗定额（在一定技术水平和组织条件下，制造单位产品或完成单位工作量所规定的必须消耗的物料数量标准）。

物料需用量＝计划任务量×该种物料的消耗供应定额

其中：

消耗供应定额＝工艺定额×（1＋供应系数）

例：企业下年度计划生产某种机床 1500 台，钢材消耗工艺定额为 300 千克/台，供应系数为 3.5%，求：计划年度的钢材需用量。

解：钢材需用量＝1500×300×（1＋3.5%）＝465750（千克）

定额计算法核定物料需用量既准确又简便，企业应积极创造条件，尽可能采取这种方法。

②间接计算法。又称比例计算法或比例预测法。它是以历史统计资料为依据，找出产品产出与物流投入之间的比例关系，对应一定任务量计算物料需用量的方法。一般计算公式为

物料需用量＝计划任务量×单位任务的物料的消耗量×增减系数

其中：

$$单位任务的物料的消耗量＝\frac{上年度实际物料消耗量}{上年度完成任务量}$$

增减系数∈（0，1]

增减系数的确定因素包括：企业对降；低物料消耗的要求；计划期内企业采取各种节约措施使物料消耗降低的程度；剔除统计资料不合理因素的影响。

2. 物料需用计划的内容

按对象物料需用计划可细分为主要材料需用计划、辅助材料需用计划、燃料需用计划、动力需用计划、辅助生产材料需用计划及工具需用计划。下面主要介绍主要材料和辅助材料的需用量计算公式。

①主要材料需用计划。主要材料是指构成产品实体的材料。制造企业中的主要材料一般指金属原材料、化工原材料及其他构成产品实体的材料。企业主要材料需用量的计算，一般采用定额计算方法。

②辅助材料需用量。辅助材料的种类多、用途广，确定需用量的方法也是多种多样。辅助材料需用量的计算公式是

某种辅助材料的需用量＝（计划产量＋废品量）×该种辅助材料的消耗定额

某些辅助材料没有消耗定额，其需用量可用间接计算法计算。其计算公式为

$$某种辅助材料的需用量＝\frac{上年实际消耗量}{上年产值}×计划年度产值×（1－可能降低的百分比）$$

3. 确定物料订购量

物料订购量是指计划期内企业需要的物料采购总量。物料订购总量是物料申请量和采购量的总称。按时间长短分，有年度订购总量和季度、月底订购总量；按综合程度分，有类别物料订购总量和个别物料订购总量。

物料订购总量的一般计算公式为

物料订购总量＝计划期物料需用量＋计划期末物料库存量－计划期物料其他来源

其中：

①计划期物料需用量由需用计划确定，是计算物料订购总量的决定性指标。

②计划期末物料库存量是保证下一个计划期初生产正常进行所需要的预计库存量。

③计划期初库存也是一个预计库存量。从编制计划开始到执行计划尚有一个时间间隔，这个间隔称为预计期。预计期内既有物料进货，也有物料消耗。计划期初库存的计算公式为

计划期初库存＝编制计划时实际库存量＋预计期内计划进货量－预计期内计划消耗量

④计划期物料其他来源，包括已订未到的、企业之间调剂的物料等。

4. 编制物料计划表

物料计划表有月度物料需求计划表、周物料需求计划表和公司物料需求计划表。见表9-2、表9-3、表9-4。

表9-2　　　　　　　　　　　　**月度物料需求计划表**

日期：_____年___月___日　　　　　　　　　　　编制：____审核：____批准：____

项次	物料代码	品名规格	前月库存		上月			本月				备注
			仓库	已订未到	库存	计划用量	积存	计划请购	库存	计划用量	积存	

表9-3　　　　　　　　　　　　**周物料需求计划表**

料号：型号/规格　　　　　日期：_____年_____月_____日　　　　　共_____页第_____页

项次	物料代码	品名规格	单位用量	第_____周			……	第_____周			备注
				批号	批量	需求量		批号	批量	需求量	
	生产前库存量										
	已订未到量										
	生产需求量										
	已指定用途										
	使用后库存量										
	建议采购量										

表9-4 ×××公司物料需求计划表

订单号：＿＿＿＿ 生产批号：＿＿＿＿ 批量：＿＿＿＿ 日期：＿＿＿＿ NO.：＿＿＿＿

项次	规格	单位用量	单位	购备时间	预计用量	调整量	请购量	需用时间	备注

批注日期：＿＿＿＿ 审核：＿＿＿＿ 编制：＿＿＿＿

5. 物料需求计划（Material Requirements Planning，MRP）

MRP 是对 MPS 的各个项目所需的全部制造件和全部采购件的网络支持计划和时间进度计划，是一种计算物料需求量和需求时间的系统，在需要的时候提供需要的数量，一种库存订货的计划方法。MRP 要解决的是与 MPS 规定的最终产品相关联的物料的生产和采购计划。如图 9-7 所示。

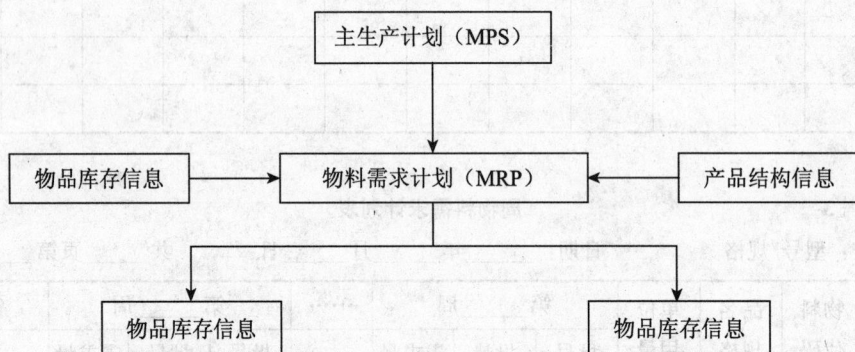

图 9-7 物料需求计划

MRP 主要涉及以下 4 个问题：

①要生产什么？生产多少？（来源于 MPS）

②要用到什么？［根据物料清单（BOM）展开可知］

③还缺什么？（根据计算结果）

④何时安排？（根据计算结果）

物料需求计划编制步骤：

①生产信息收集。根据生产计划的安排，进行有效的原材料统计与分析。统计分析包括生产用料的名称、数量、品种、产地、规格、现生产用量、库存拥有量、生产采购在途库存量、使用时间等信息。

②确定生产用料性质。根据生产用料表（BOM）进行生产用料分析，确定有哪些物料为常用物料，哪些物料为特殊物料。

③编制采购计划。针对不同原材料的需求时间、数量、价格、库存量编制企业生产用料的采购计划。

任务分析二：物料计划岗位职责

1. 物料计划员

物料计划员的主要职责是在物料经理的领导下，全面负责企业物料供应计划，编写企业年度物料计划，并根据实际情况进行及时调整，确保生产作业所需的物料及时供应。其工作内容主要有以下几个方面：

①根据生产计划制订物料需求计划。

②当生产计划需求发生变化时（订单或预测），分析物料供应，提出风险分析报告。

③与仓储部确认物料到货进度，收集物料需求计划的执行状况，在生产前确认物料的到货情况，确保生产的连续性。

④物料可供应性分析。

2. 物料计划经理

不仅要负责物料计划的把关，还要充分的考虑物料的供应链管理和物料的库存管理。主要工作内容如下：

①根据生产进展，具体编制各种年度、季度、月度采购供应、采购计划，在批准后落实执行。

②根据审核批准的每月主要材料、辅料的供应清单，与各采购员及时协调。

③定期了解材料的库存情况，以及生产和销售情况。

④适时提出或修改下期采购计划，避免进料积压或物料短缺的现象。

⑤具体了解、收集生产资料市场的供求状况、价格及消耗定额等信息。

⑥考察公司物料损耗水平，提出损耗数据和改进建议。

⑦督促和配合仓库管理员定期对物料仓库进行盘点清查，发现账、物、卡不符时，找出原因并予以调账或上报处理。

⑧指导采购、仓库管理员进行采购、物料的资料、账册、报表的搜集、整理和归档工作，及时编制相关的统计制表，以及利用计算机管理采购和物资工作。

⑨配合其他部门处理公司的呆滞材料处理工作。

⑩与车间主任配合进行物料部门相关工作。

任务实施：物料计划岗位实习

学生参照上述岗位职责、操作规程，结合企业指导师傅具体安排在物料计划岗位上实习。

任务三　仓管岗位实训

仓管岗位实训主要是要明确仓储部门的组织结构，了解仓管岗位的基本职责。

（一）仓储作业部组织结构

如图 9-8 所示。

```
              生产计划与物料控制部经理
                      │
        ┌─── 文员 ────┤
        │             │
  ┌─────────┬─────────┴──────┬──────────┐
生产计划   物控计划        仓储科长      采购科长
 科长       科长
                              │
                 ┌────────────┼──────────┐
              材料仓主管    成品仓主管   搬运主管
                 │
        ┌────┬───┴──┬────┐
        A    B      C    D
       料    料     料   料
       组    组     组   组
       长    长     长   长
        │    │      │    │
       仓    仓     仓   仓
       管    管     管   管
       员    员     员   员
```

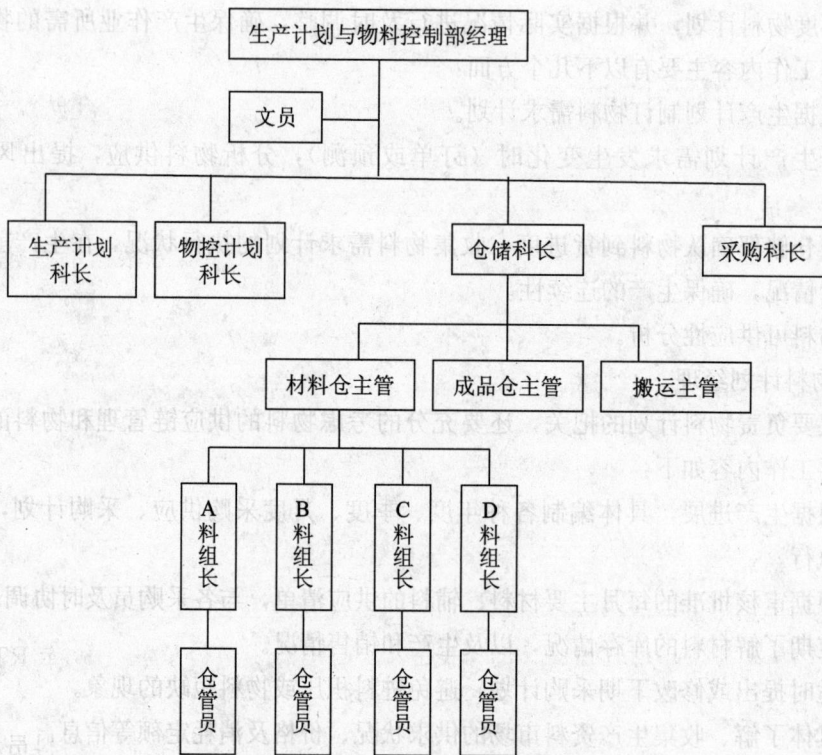

图 9-8　仓储作业部组织结构

（二）仓管岗位的工作内容

1. 仓库物料管理

①仓库应清楚地划分区域：进料检验区、成品出货区、保税材料区、非保税材料区、成品区、退料区、其他物料区，所有物料均应分区存储。

②仓管员应随时检查在库物料的状态，包括包装、标签、储位等，防止变质和防火。

2. 生产工单发料、退料

①工单备料：生产计划员发出工单领料单 Picking List 给仓库和物料员，并注明备

料时间（一般应为生产日期的前一天）。仓库在注明的备料时间当天备好料。已备好料但是临时取消生产的料，最好办理退料入库。

②工单发料：物料员在备料日期用工单领料单 Picking List 至仓库领料，或者由于材料消耗超出正常的标准时，物料员使用工单超领单至仓库领料。双方根据单据数字清点发料实物后，物料员将材料转移至生产备料区整齐地放置。

③工单退料：工单生产结束后，生产物料员在规定的时间里，用工单退料单，将多余的物料退回仓库。双方根据单据数字清点退料实物后，由仓管员在单据上签字，收入仓库。

④凭证：物料员和仓库保存好工单领料单 Picking List、工单超领单和工单退料单作为记录原材料用量的凭证。

⑤仓库做账：仓管员应在发料后，1 天内根据工单领料单 Picking List 和工单超领单将各种物料的实际领料情况录入 ERP。

3. 生产成品收料

生产物料员用成品入库单将生产合格的成品送入仓库，双方根据单据数字清点成品实物后，由仓管员在单据上签字，收入仓库。

4. 出货管理

①备货：根据生产计划通知和运输车辆实际到达时间，及时备货、打包、贴唛头，将待出货放置在成品出货区，等待运输车辆。

②装车：将所有货物装入车厢。注意尽量最大限度的利用车厢内空间，降低单位运输费用。

③出货单据：签发提货单交给运输车辆司机，记录车辆牌号、司机姓名等信息。

5. 不良品退供应商

①进料检验不良品：进料检验的不良品由进料检验标示后，放入仓库 RTV 库位，并录入 ERP。

②生产线不良品：经 MRB 会议决定的生产线的供应商不良物料由物料员填写工单超领/退料单，并标注 RTV，退给仓库。仓库应将供应商不良物料存储在仓库 RTV 库位，并录入 ERP。

③采购应定期（每月或每季度）检查系统内的 RTV 物料清单，以便及时处理 RTV 物料。仓管员在供应商来换货时，应及时将 RTV 物料退给供应商。

6. 报废

经 MRB 决定的报废品暂时储存在报废品库位。当数量比较多时，仓管员应向上级建议及时处理报废品。

7. 其他发料

非工单发料的物料需求，由各部门填写领料单，部门经理和物流经理批准后，由仓库发给领用人。仓管员须将发料及时录入系统。

8. 盘点

使用循环盘点和定期盘点的办法来检查实际库存和系统库存的相符程度（账物相符），向上级报告库存准确程度，并且查明存货发生盈亏的真正原因、库存货物的质量情况和有无超过储存期限的存货。盘点应遵循以下步骤有序地进行：准备工作，盘点日期的确定，盘点人员的培训，清理仓库，盘点方法的确定，差异原因的追查和盈亏的及时处理。

（三）仓储管理规定

1. 物料收货及入库

①需严格按照仓库单据作业管理流程中有关"收货确认单"的流程进行作业。

②采购将 PO 总单送到仓库后，仓库人员需要将货物放到仓库内部，不允许放在仓库外，尤其不能隔夜放在仓库外，下班后必须将货物检查放在仓库内部。

③收货时需要求采购人员给到 PO 总单，没有时需要追查，直到拿到单据为止。没有 PO 总单的采购可以 PO 单代替。仓库人员负追查和保管单据的责任。

④所有产品确认必须仓库人员和采购共同确认。新产品尤其需要共同确认。仓库安排打印条码时对物料进行扫描确认。新产品需要仔细核对物料的产品描述，以避免出错。客服借料后如发现贴错条码应及时反馈，仓库予以更正。

⑤仓库与采购共同确认 PO 物料数量时，如发现如 PO 总单上的数量不符，应找相应采购签字确认，由采购联络处理数量问题。

⑥物料摆放需要按照划分的区域进行摆放，不得随意摆放物料，不得在规划的区域外摆放物料，特殊情况需要在 2 小时内进行整理归位。

⑦原则上当天收货的物料需要当天处理完毕。不测试的当天安排点数、打印条码、贴条码、打印收货确认单、进行 PO 总单入库信息的统计，点数入库。

⑧需要测试的，需要当天确认数量、放至待检区；检验完成的，马上安排打印条码、贴条码、打印收货确认单、进行 PO 总单入库信息的统计，点数入库。

⑨测试借料必须填写借料单且需要注明该物料是刚采购的 PO 物料还是库存物料，以便后续确认累计入库数量。测试检验完成后归还仓库需要点数确认，且需要将良品和不良品进行区分放在指定区域。

⑩仓库入库人员必须严格按照规定对每一个 PO 入库物料进行数量确认，即是确认登账入库数量和实际入库数量（可查贴条码人员最后点数数量和自己点数确认的数量）是否相符，不符合的需要追查原因到底和解决完成（有借料的需要见到相关单据，测试坏的需要补单且不能登账入库，如登账入库需要开"退厂通知单"扣除等同入库数量）。

⑪入库物料需要摆放至指定储位，物料盒放不下时可以放在箱子里，箱子不能放在超过 2 米远的地方。

⑫所有入库物料需要贴完条码，且外箱上需要有物料标示，包含物料 SKU 和储位信息。

⑬"收货确认单"需要按流程要求先给仓库入库人员确认登记再给到仓库经理签字后才能给到采购。

2. 客户退料

①需严格按照仓库单据作业管理流程中有关"客户退货单"的流程进行作业。

②如客服部门未按流程要求负责对客户的退料进行登记，并标示 SKU、数量、填写"客户退货单"，可要求客服部门处理。

3. 物料出库（出库调拨领料）

①需严格按照仓库单据作业管理流程中有关"取货单"、"出库单"、"调拨单"、"领料单"的流程进行作业。

②包装组给到的取货单无特殊原因当天必须全部完成取货。欠料的在每天下班前补货完成。

③取货单按照储位分类的原则进行取货，取货错误由出货组负责统计。

④取货时注意胶盆不要堆积过高损坏产品。取完货后将推车放在出货组指定位置。

⑤根据"出库单"（"调拨单"）发完货后需要及时将物料给到相关部门，并要求其签名确认。

⑥内部领料需要部门主管签字，总经理签字方可发货。

4. 物料借料

①需严格按照仓库单据作业管理流程中有关"借料单"的流程进行作业。

②"借料单"上特别需要注明物料 PO 号，以便于后续识别进行物料入库作业。

③已办理归还的可以装订存档，未归还的不予装订，需要对当事人进行追查，直到归还物料或开具相关单据作归还手续。

④物料借料和归还时仓库办理人均需要签名确认，借料人未签名的不予办理借料。

5. 物料报废

①需严格按照仓库单据作业管理流程中有关"报废单"的流程进行作业。

②发现库存物料不良时需要及时处理或报告上级处理。

③需要严格区分开库存物料报废部分、采购 PO 来料不良不能退回报废部分、客户退回不良报废部分并分别保管和做标示。

6. 退厂物料处理

①需严格按照仓库单据作业管理流程中有关"退厂通知单"的流程进行作业。

②采购来料不良物料需要及时给采购处理并要求其签字，可以暂放仓库。

③不良物料不允许给采购办理借料以充不良数量。

④5S（整理、整顿、清扫、清洁、素养）管理：每天按照 5S 管理的原则由责任人根据卫生值日表对负责区域内进行清洁整理工作，清理掉不要、不用和坏的东西，将需要使用的物料和设备按指定区域进行整理达到整齐、整洁、干净、卫生、合理摆放的要求。

⑤节约：每天中午下班、下午下班后由 5S 卫生值日人将电灯、电器、马达开关关

闭，下午下班需要关电脑、饮水机。平时注意节约用纸、文具、包装材料，爱护使用设备、电脑等。

⑥安全（含门禁）：每天下班后由 5S 卫生值日人检查仓库安全，按仓库"十二防"安全原则检查货物，异常情况及时处理和报告。

7. 物料管理（异常处理及呆滞物料处理）

①物料品质维护：在物料收货、点数、借料、贴条码、摆放、入库、归位、储存的过程中，遵循仓库"十二防"安全原则，防止物料损坏，有异常品质问题进行反馈处理。

②发现物料异常信息，如储位不对、账物不符、品质问题需要及时反馈处理。

③每月对库存物料进行呆滞分析和召开会议进行处理，根据处理结果对物料进行分别管理。

④保持物料的正确标示和定期检查，由仓库管理责任人负责。对标示错误的需要追查相关责任。

8. 单据、卡、账务管理

①仓库所有单据需要按照仓库单据作业管理流程中的登账方式和要求当天按时完成。

②需要给到财务的单据打印电脑联和手工单据一起给到财务。

③每月的单据登账人员需要保管好。上月仓库所有单据统一由指定责任人进行分类保管。遗失需要追查相关责任。

④仓库对贵重物料、包装材料进行卡账登记，由指定人员管理。

⑤库存物料发现账物不符时需要查明原因，查明原因后根据责任轻重进行处理。

9. 盘点管理

①盘点人员根据仓库盘点作业管理流程对物料进行盘点。

②盘点时作业人员根据"盘点内部安排"文件进行相关作业。

③盘点过程中发现异常问题及时反馈处理。

④盘点时需要尽量保证盘点数量的准确性和公正性，弄虚作假，虚报数据，盘点粗心大意导致漏盘、少盘、多盘，书写数据潦草、错误，丢失盘点表，随意换岗等，不按盘点作业流程作业等需要根据情况追查相关责任。

⑤盘点初盘、复盘责任人均需要签名确认以对结果负责。

（四）仓管员岗位职责

①入库的物料和成品应分堆放整齐，杜绝不安全因素，并设物料卡，入库前标示清楚。

②严格执行入库手续，物料或成品进仓时，仓管人员要核实数量、规格、种类是否与单一致，物料入库必须有单据并把单据交给文员做账。

③存货入库后应及时入进销存账（卡），准确登记。

④领用物料部门应开具领料单，若需配套领料时，应配套领用；仓管人员应按审

核无误的领料单和先进先出的原则发料。

⑤成品库须按发货单发货，手续不全不与发货；如遇特殊情况，则须获得公司领导同意后方可发货。

⑥车间领用物料或成品发货后应及时登记有关账卡。

⑦仓管人员应坚持日清月结，凭单下账，不跨月记账，按时上交报表，做到账、物、卡、证一致。

⑧为使仓库存货账实相符，必须做好日常盘点和月末盘点工作。

⑨随时了解仓库的储备情况，有无储备不足或超储积压、呆滞和不需要现象的发生，并即时上报。

⑩定期上报不合格存货资料，并根据有关规定即时处理。

⑪做好防火、防盗、防爆工作并保持库内清洁、整齐、空气流通；定期检查存货、防止存货变质。

⑫严禁在仓库内吸烟、用火和乱接使用电器。

⑬上下班前应做好门、窗、电、水的开关工作。

⑭仓管人员要按时上下班，遵守公司各项规章制度；如遇工作忙，要延长工作时间，仓管人员要无条件服从。

⑮仓管人员要立足本职，坚守岗位，熟练业务，具备高度责任感，要乐于听取他人意见或批评，服从领导、以礼待人、热情服务、自觉维护本公司的良好形象和声誉。

⑯仓管人员要妥善保管好原始凭证，账本以及各类文件，要保守商业秘密，不得擅自将有关文件带出厂外。

⑰仓管人员如不履行自己的职责，对公司的财产造成损失，公司有权追究其经济责任；对厂情况严重的，应追究其法律责任。

⑱仓管人员调动或离职前，首先办理账目移交手续，要求逐项核对点收；如有短缺，必须限期查清，方可移交，移交双方及上级主管人员必须签字确认。

（五）仓管员工作原则

物料管理须按照几点原则：先进先出，物以类聚，三账（实物、卡、电脑账）合一，物料按规定存放等。

①先进先出原则（FIFO）。

②锁定库位原则。某物料固定摆在某库位，实物所放库位必须要与 ERP 系统中的一致。

③专料专用原则，不得随意挪用对应订单的物料。

④库存的 ABC 管理原则。

⑤"六不入"原则。有送货单而没有实物的，不能办入库手续；有实物而没有送货单或发票原件的，不能办入库手续；来料与送货单数量、规格、型号不同的，不能办入库手续；IQC 检验不通过的，且没有领导签字同意使用的，不能办入库手续；没

办入库而先领用的，不能办入库手续；送货单或发票不是原件的，不能办入库手续。

⑥ "五不发"原则。没有提料单，或提料单是无效的，不能发放物料；手续不符合要求的，不能发放物料；质量不合格的物料，除非有领导批示同意使用，否则，不能发放物料；规格不对、配件不齐的物料，不能发放；未办理入库手续的物料，不能发放。

⑦ 一次出库原则。物料出库必须准确、及时及一次性完成，生产线领用物料必须要拉回自己生产线所属位置，不能再堆放在仓库的范围，以免造成混乱和差错。

⑧ 门禁原则。除仓管人员和搬运人员因工作需要，其他人员未经批准，一律不得进入仓库；严禁任何人在进出仓库时私自携带物料；有来宾视察时，须在主管级以上人员陪同下方可进入仓库。

⑨ 日事日毕、日清日高原则。每个仓管员在每日工作结束时，进行当天的相关账物的自我确认和核查，确保账目的平衡，找出不足、及时改进，第二天才能进步和提高。每日对所管的物料库位至少巡查 1～2 次，保证在库物料的品质、安全和 6S 状态达标，确保物料有正确标识，该退的要退给供应商或放入退货区，以免产生呆滞。仓管员当日的单据当日必须传给录单员，而录单员当日的单据必须在当日录入系统。

⑩ 以旧换新原则。对有规定的物料，严格按照"退旧才能换新、领新必先退旧"原则办理。

任务实施：仓储管理岗位实习

学生参照上述岗位职责、操作规程，结合企业指导师傅具体安排在仓储管理岗位上实习。

实训拓展与提高

在现代企业生产组织过程中，劳动力成本支出占企业生产成本总支出的比重越来越少。企业生产所用的原材料和外购件的成本约占企业生产总成本的 70%～80%，企业生产物料控制和库存管理在生产组织和经营管理过程中显得越来越重要。企业所有的生产活动必须以保证生产顺利进行，满足生产物料准时供应作为基础方可执行。因此，重视和研究物料运作流程与物料库存管理成为企业生产管理的一个重要内容。请结合自己实习的企业，画出企业物料运作流程图。

▶ 实训总结

1. 提交一份实训总结，写清工作内容、工作感受、工作中遇到的问题及解决办法。

2. 以小组为单位讨论该企业在物料控制方面的优势和不足。

3. 作为制造企业生产计划与物料控制部的一名员工，你能胜任哪些岗位的工作？有哪些岗位你目前还难以胜任？你该如何制订学习计划以提高相应的能力？

参 考 文 献

［1］马俊生，王晓阔．配送管理［M］．北京：机械工业出版社，2010.

［2］陈修齐．物流配送管理［M］．北京：电子工业出版社，2009.

［3］邓汝春．物流配送实务［M］．北京：中国铁道出版社，2008.

［4］徐天芳，王清斌．物流方案设计与应用［M］．大连：东北财经大学出版社，2006.

［5］霍云福，刘洪斌，孙云早．现代物流解决方案设计原理［M］．北京：人民交通出版社，2005.

［6］王转．配送中心系统规划［M］．北京：中国物资出版社，2003.

［7］陈春花．管理的常识［M］．北京：机械工业出版社，2010.

［8］安鸿章．岗位研究的理论和实践［M］．北京：中国建材工业出版社，1991.

［9］尹隆森．岗位说明书的编写与应用［M］．北京：北京大学出版社，2003.

［10］李永生，郑文岭．仓储与配送管理［M］．北京：机械工业出版社，2004.

［11］张念．仓储与配送管理［M］．大连：东北财经大学出版社，2004.

［12］刘伟．现代物流输配送系统［M］．北京：科学出版社，2006.

［13］董宏达．生产企业物流［M］．北京：清华大学出版社，2009.

［14］吕炳泉．现代生产企业物流运作管理［M］．长沙：湖南科学技术出版社，2003.

［15］成志明．苏宁：背后的力量——信息化天梯［M］．北京：中信出版社，2010.

［16］蓝庆新．我国商贸物流配送体系存在的问题及建设思路［J］．北京工商大学学报：社会科学版，2004（4）：61 - 65.

［17］王述英．现代商贸物流配送组织体系的理论依据和基本框架［J］．中国流通经济，2002（6）：7 - 10.

［18］程书强．论配送中心的储位规划管理［J］．中国储运，2003（3）：50 - 53.

［19］程欣．物流企业岗位的设置及特性研究［J］．物流工程与管理，2009（8）：52 - 55.

［20］朱各海．物流方案设计实例介绍［J］．集装箱化，2002（11）：23 - 25.

［21］共同配送的典型案例——北京朝批商贸［J］．物流技术与应用：货运车辆，2009（3）.